中国城市建设技术文库
国家自然科学基金青年项目（42101187）
中央高校基本科研业务费（2021WKZDJC015）

The Theory and Empirical Studies
for China's City-regional Governance

中国城市区域治理
理论与实证

单卓然 张衔春 著

华中科技大学出版社
http://www.hustp.com
中国·武汉

图书在版编目(CIP)数据

中国城市区域治理理论与实证/单卓然,张衔春著. —武汉:华中科技大学出版社,2021.11
(中国城市建设技术文库)
ISBN 978-7-5680-7494-0

Ⅰ.①中… Ⅱ.①单…②张… Ⅲ.①城市管理-研究-中国 Ⅳ.①F299.23

中国版本图书馆 CIP 数据核字(2021)第 221315 号

中国城市区域治理理论与实证
Zhongguo Chengshi Quyu Zhili Lilun yu Shizheng

单卓然 张衔春 著

策划编辑:易彩萍
责任编辑:易彩萍
封面设计:王 娜
责任监印:朱 玢

出版发行:华中科技大学出版社(中国·武汉)　　电话:(027)81321913
　　　　　武汉市东湖新技术开发区华工科技园　　邮编:430223
录　　排:华中科技大学惠友文印中心
印　　刷:湖北新华印务有限公司
开　　本:710mm×1000mm　1/16
印　　张:17
字　　数:343 千字
印　　次:2021 年 11 月第 1 版第 1 次印刷
定　　价:88.00 元

本书若有印装质量问题,请向出版社营销中心调换
全国免费服务热线:400-6679-118　竭诚为您服务
版权所有　侵权必究

本书得到国家自然科学基金青年项目(项目编号:42101187),中央高校基本科研业务费(项目编号:2021WKZDJC015)的资助。

作者简介 | About the Authors

单卓然

华中科技大学建筑与城市规划学院副研究员,硕士生导师,美国华盛顿大学访问学者,湖北省新型城镇化工程技术研究中心研究员,健康城市研究国际网络联合倡议人,湖北省科技厅项目评审专家,"武汉城市研究网络"专家。长期致力于区域与城市空间规划、大数据支持的消费行为与商业空间组织等方面研究。主持国家自然科学基金1项、湖北省社会科学基金1项,湖北省科技创新计划1项。发表期刊论文60余篇,出版著作3部,主持、参与规划研究与工程实践30余项,其中6项获国家及省部级奖。

张衔春

浙江大学公共管理学院百人计划研究员,博士生导师,中国区域科学协会会员,浙江省国土空间规划学会长三角一体化专委会副秘书长,全国地理学研究生联合会第三届学术指导委员会委员,中国地理学会会员,曾任《国际城市规划》杂志海外联络站香港站联络员及期刊导航栏目撰写人。长期致力于城市与区域治理、国土空间规划及城市空间增长与土地政策方面研究,着重研究当前中国城市区域化现象,以尺度重构及制度理论关注地方政府角色及治理结构变迁问题。主持和参与国家级课题2项。在 *Land Use Policy*、*Urban Geography*、*Cities*、*Eurasian Geography and Economics*、《地理科学》《地理研究》及《城市规划》等国内外知名期刊发表论文30余篇。

目 录
Contents

理 论 篇

内涵·模式·价值：中西方城市治理研究回顾、对比与展望 …………………………………………………………… (3)

比较视野下的大都市区治理：概念辨析、理论演进与研究进展 …………………………………………………………… (15)

中国城市区域治理的尺度重构与尺度政治……………… (29)

新型城镇化概念内涵、目标内容、规划策略及认知误区解析 …………………………………………………………… (42)

中国城市群制度一体化评估框架构建——基于多层级治理理论 …………………………………………………………… (55)

西方城市政体理论：研究论域、演进逻辑与启示 ……… (68)

中国城市群空间规划的历史演化与空间逻辑——基于新国家空间视角 …………………………………………… (80)

精明增长政策下美国城市多中心治理研究……………… (97)

美国新城市主义运动：发展、批判与反思……………… (111)

英国"绿带"政策对城乡边缘带的影响机制研究………… (128)

焦点地域·创新机制·历时动因——法国复合区域治理模式转型及启示 ………………………………………… (144)

兰斯塔德"绿心"保护：区域协调建构与空间规划创新 … (159)

中国实证篇

珠三角城市区域治理的尺度重构机制研究——基于产业合作项目与交通基础设施项目的比较 ……………… (179)

"城市区域"主义下的中国区域治理模式重构——珠三角城际铁路的实证 …………………………………… (195)

深汕特别合作区协同共治型区域治理模式研究………… (209)

跨界公共合作视角下珠三角一体化战略实施评估及启示 ……………………………………………………………（220）
城市区域经济一体化水平测度：基于深莞惠次区域的实证研究 ……………………………………………………（232）
长株潭城市群多中心网络治理机制研究 ……………（250）

理论篇

内涵·模式·价值:中西方城市治理研究回顾、对比与展望

摘要 为给现阶段我国行政体制改革、行政管理权下放、国家治理能力创新提供国际经验与比较样本,系统回顾西方学术界在城市治理内涵及模式研究中的理论成果与我国城市治理研究的理论成果,深入分析西方治理研究的最新动态,指出我国城市治理研究的强化方向。研究发现:西方语境中治理形成的本质在于公私伙伴关系的认知,公私伙伴关系叠合于不同地域尺度形成城市治理和区域治理等概念;城市治理将治理概念具体化,其理论模式较为成熟,现已形成多学科交叉研究框架。西方治理研究的最新方向是协作型治理及治理价值,协作型治理研究已从理论模型构建逐步转向案例实践分析。治理价值研究尚处于价值体系构建阶段,注重合法性与民主责任性分析;我国城市治理概念与模式研究在系统继承西方治理研究成果的基础上,进行了有效的理论本土化,侧重在丰富的个案分析基础上归纳符合国情的治理模式,并开始逐步重视公共利益的界定与公民社会作用及公众参与实现路径。研究认为:我国一方面要加强对协作型治理及其实施路径的研究,另一方面要加强对差异化城市治理模式价值的分析,促进治理研究向纵深化发展。

关键词 治理;城市治理;内涵;模式;价值

1 引言

"治理"议题自中共十八届三中全会后正式进入我国高层领导决策行动纲领,而其在国际层面已有成熟的理论基础、丰富的研究成果及广泛的实践经验。近十年国际主流学术期刊与著作研究内容显示:治理研究已从传统理论框架延伸至案例实证及多元治理模式分析,治理理论的地域文化性、部门差异性愈发得到重视[1]。Urban Studies 更于2014年组稿数篇,系统回顾全球治理研究经验。我国治理研究始于20世纪90年代,对治理概念已具有初步认知,认为其具有政府权力有限而高效运作,政府(government)、市场(market)和公民社会(civil society)互相合作与制约、以平等协商代替强权命令[2]等理论内涵。随着近些年"空间生产、尺度"等政治经济学概念及理论的引介[3],以及我国行政体制改革、简政放权及政府与市场关系重塑,传统经验主义模式正逐步消退[4],亟待以新的国际视野,借鉴西方治理经验,促进构建符合中国国情的特色治理理论体系。西方研究及实践经验表明,治理的地域文化及空间尺度性十分显著,集中体现在全球治理、区域治理、城

市治理及社区治理四个层面[5],而治理理论研究与实践案例也由此展开。

2 西方治理研究:内涵与模式

2.1 治理、城市治理内涵

由于治理研究跨公共管理、地理学、城市政治学、社会学及经济学等学科[6],使得"治理"一词用法丰富多样,但核心在于"公私合作伙伴关系",并随不同尺度的地理概念叠加,形成"城市治理""区域治理""大都市区治理"等概念。

2.1.1 治理

治理早期作为统治(government)的同义词出现[7],而后在多学科交叉研究中逐渐剥离,形成若干定义,包括最小政府、公司治理、新公共管理学、善治、社会控制治理(socio-cybernetic governance)和自组织网络治理六个分支[8]。其中,最小政府以政府为立足点,认为实现政府花费减小就是治理[9];公司治理则认为治理的主要原则包括信息公开性、完整性及民主负责制[10];社会控制治理认为其可理解为社会—政治系统中出现的某种结构或模式,不能被简化为单主体及一类特殊的主体群[11]。也有定义侧重于关注政府部门与非政府部门的关系,认为治理代表着不同利益相关者的共同社会决策。诸多定义对治理内涵的理论认同基线,是将其定义为公私部门的伙伴关系(public-private partnerships)[8]。治理最早出现在政治学领域,随后被纳入经济学范畴,并在"公司治理"中被结构化地抽象为政府—市场—社会的理论模式。而今,治理作为社会管理层面的抽象化概念,认为政府、市场或社会公民在社会事务处理上均存在盲目性与决策失效,因此必须通过形成公私伙伴关系实现善治。

绝对政府控制的科层式治理及市场控制的市场治理均为理论模式,而现实生活中治理模式表现为公私不同程度混合治理,即多中心治理(network governance)。

2.1.2 城市治理

城市是最基本的地域管理单元,与治理相结合丰富了城市政治学的学科内涵。亨德里克斯(Hendriks)将城市治理定义为通过制度化的设计与安排,去塑造有效的、正确处理城市问题的能力,其中涉及政府与非政府部门(non-governmental actors)[12]。城市自此成为学术"包涵体(inclusion)","治理"范畴与主体可通过城市边界界定。

现有文献中对于"城市治理"或"城市管治"的概念阐述并不多见。值得一提的是 Laurila 将城市治理与社会福利相联系,认为那些发生在城市范围深刻影响社会福利条件的活动是城市治理的核心所在[13]。虽然研究视角不同,但是强调公共部门与私人部门处理城市问题的互动是其基本出发点。全球绝大多数国家都是以城市为基本管理单元,城市政府目标、权力空间范围、对私人资本的依赖程度使得城市治理形式因地而异。

2.2 城市治理模式

城市治理模式研究将城市政治学与治理理论相结合,分析不同体制内的治理模式。通过从超国家至地方层面的社会经济文化等结构性因素分析,将治理研究纳入多学科交叉的研究框架。治理模式研究一方面建立治理理论与城市政治学的增长联盟、增长机器、城市政体等理论的联系,另一方面将适用性、治理价值、"善治"等分散的模式研究统一起来。

皮埃尔的城市治理模式建立制度理论与城市政体理论的联系,系统地将"城市治理"划分为管理型城市治理、社团型城市治理、支持增长型城市治理与福利型城市治理[14],并归纳出四种治理模式的制度性因素。

Hendriks 依据决策制定者类型(政府官员、商业精英、市民大众)及决策类型(独断选择性决策、综合交流性决策)构建二维坐标系(图 1),将城市治理分为城市市场治理(urban market)、城市政体治理(urban regime)、城市信任治理(urban trust)及城市平台治理(urban platform)。此新型分类方式虽尚未得到学术界的一致认同,但理论上已将研究框架覆盖到城市政治学领域[12]。

西方城市治理模式研究,一方面在理论上归纳了公私伙伴关系的多种形式,把管理学、政治学、地理学等多学科领域统筹起来,开拓了多学科交叉研究;另一方面,在实践上证明不同政治文化(权力高度集中或权力多中心政体)均可实现现代化的治理形式,理论模型对多主体行为及政府公共政策制定有一定指导意义。

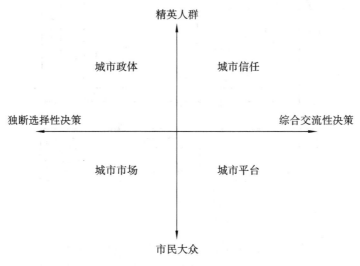

图 1 Hendriks 的城市治理模式示意图

(资料来源:根据参考文献[12]翻译)

3 西方城市治理研究新探索——协作型治理与治理价值体系

协作型治理是西方治理研究的最新方向,旨在充分调动并发挥各方主体的能动性,其实用化的操作流程、多元化的目标制定促使其在全球众多城市及区域中得以应用。"治理"价值研究也是西方学术界的热点话题,除了对合法性与民主责任性的个案分析及案例检验,还根据价值特征(输入、系统自身、输出)逐步形成完整的治理价值体系。

3.1 协作型治理模式

协作型治理(collaborative governance)是一种高度抽象的范式性治理模式,可以在多尺度的地域单元实现。Ansell 和 Gash 将协作型治理定义为一种统治性的安排,这种安排要求一个或多个公共机构与非政府主体共同参与到集体决策的制定过程中,而此过程应该是正式的、一致的且综合权衡的过程,并以实现公共政策、管理公共项目及财产为目的[15],如图 2 所示。

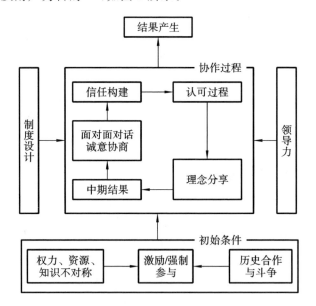

图 2 协作型治理模式运行框架图
(资料来源:根据参考文献[15]整理绘制)

起始条件是系统运行关键。利益主体对权力、资源及知识掌握的不对称性、合作或斗争的历史过程将对参与者产生激励效应或者强制效应。初始条件完成后,通过协商等机制在参与群体之间建立信任,同时针对特定的治理目标形成一致认同。各方表达观点,分享理念,交流学习,进而达到中期协商的结果。为了达到最终目标,需要进行面对面的讨论与协商,如果成功,则会形成最终结果,否则循环继续,直到获得各方认可的结果为止。协商过程之前必须有良好的制度设计保证主体间良性互动,并依靠强力的领导决策能力,统筹安排协商的全过程。

3.2 治理价值体系

治理价值研究一方面可以判断治理模式是否形成"善治";另一方面可以推动治理研究纵深化,摆脱静态描述性的研究方式。"治理"价值研究主要集中于合法性(legitimacy)和民主责任性(accountability)。Hendriks 构建完整的治理价值体系使得治理价值理论逐步完善。

3.2.1 合法性与民主责任性

合法性、民主责任性是评价治理模式与治理价值的核心要素。治理合法性包括合乎法律规定性(legality)、合理性(justifiability)及全体一致性(consent)[16]。三个概念可进一步拓展形成输入、输出与系统自身价值[13]。有学者认为可信力(credibility)也应是合法性的有机组成部分,并以荷兰的区域住房管治为例,分析可信力是如何维护"善治"实现住房项目的落地与成功[17]。Lau 以剑桥市边缘地区的城市扩展过程为例,认为治理过程中的合作伙伴关系的灵活性在空间治理过程是可以提高合法性的输出价值,优化民主与效率[18]。合法性的研究已经构成了治理研究价值体系的重要组成部分,在体系内部不同的合作关系、合作背景及合作结果可以被检验,包括治理模式。Haikio 以一个城市网络为研究对象,检验其中不同利益主体的合法性基础,并发现传统的合法性基础正在向基于网络型的实践转化[19]。

民主责任性也是经常受检验的治理核心价值,主要包括责任的分工与承担。Buster 检验了民主责任性对制度安排的影响,通过对大都市区治理的民主责任性研究,认为民主责任性不仅可以帮助地方实现一系列的政治目标,而且可以提高管理及对有争议的地区的实际控制[20]。

3.2.2 城市治理价值体系

Hendriks 的城市治理价值体系中,输入价值主要体现响应性及程序正义性,输出价值强调有效性与程序正义性,系统价值的核心是恢复及平衡(表1),与程序结合提高了治理价值的可操作性[12]。

表1 Frank Hendriks 的治理价值体系构成表

核心价值	价值内涵	价值内容
响应	由谁制定规则	代表性、和谐一致性、参与性、可达性、开放性
有效	规则效果如何	盈利性、效率、价值的增加、创新、问题解决
程序正义	规则的法律性	法定诉讼程序、合法性、正确性、可预测性、完整性和文明、透明性和民主责任制、比例性和公平竞争、公平性和平等的权利

续表

核心价值	价值内涵	价值内容
恢复	如何操作规则	动态稳定性、自我调节、可持续性、可接受性、多样性的融合
平衡	检查与平衡	抗衡势力和责任性、检查与平衡、监督、控制

表格来源：根据参考文献[12]翻译整理。

1. 响应（responsive）

响应包括代表性、和谐一致性、参与性、可达性和开放性，即治理过程需要体现各方利益主体诉求，决策是综合与多方参与的。其中，代表性要求多个利益主体参与决策过程，参与者代表利益群体诉求；和谐一致性要求决策及行动等达成共识，鼓励利益妥协与让步；参与性要求各方利益主体参与决策，而非被动参与或不作为；可达性和开放性则要求治理系统开放，参与途径多元化，治理过程可见、可监督。

2. 有效（effective）

有效包括盈利性、效率、价值的增加、创新、问题解决。其中，盈利性要求决策产生正经济效益，若涉及社会公益项目，则产生正面社会效益；效率考虑治理过程与结果的速率，行动及各环节的连贯性；价值增加指治理产生的效益相较之前有增加；创新表现为创新性工艺、管理制度、合作模式、技术手段；问题解决核心是供需关系，衡量标准为是否切实解决了社会问题。

3. 程序正义（procedural justice）

程序正义包括法定诉讼程序、合法性、正确性、可预测性、完整性和文明、透明性和民主责任制、比例性和公平竞争、公平性和平等的权利。其中，法定诉讼程序和合法性分别指治理过程符合法律规定的程序操作、无违规程序治理、内容及方式得到法律明文确立；正确性及可预测性表现为程序合理而正确且下一步程序可预测且符合逻辑；完整性和文明指程序善始善终，不存在不符合社会文明的程序与过程；透明性和民主责任制指决策过程透明、公开，治理的每一步都有明确的责任主体；比例性和公平竞争指程序中各方按比例决策及投票，竞争环境公平且不存在暗箱操作；公平性和平等的权利指各方利益主体地位、权利等平等，不存在明显差异。

4. 恢复（resilience）

恢复包括动态稳定性、自我调节、可持续性、可接受性、多样性的融合。其中，动态稳定性要求在一定时期内治理模式与结构稳定且可操作；自我调节指治理模式根据外界环境变化而发生自我调整与优化；可持续性要求在一定长时间内产生良性效益不断运转；可接受性要求系统符合各方利益主体及社会等多元因素的发展要求，避免与现状条件格格不入；多样性的融合要求治理中元素多样、方式方法灵活且符合现状要求。

5. 平衡（counterbalance）

平衡包括抗衡势力与责任性、检查与平衡、监督、控制。其中，抗衡势力与责任性要求治理过程不存在明显主导势力，整个系统相制约且各方承担责任；检查与平衡指力量平衡与相互纠错；监督指内部相互监督且同步受外界监督；控制是指系统成员在一定责权范围内可以控制结果与决策，且外界监督力量亦具有系统控制权。

治理的内涵、模式及价值研究是西方治理研究的重要部分。一方面，其作为基础理论研究为案例实证及理论深化划分了学科边界并构建跨学科的理论框架；另一方面，国外部分学者在治理其他领域研究也进行了相关探索。如Rosol研究城市绿色空间治理中的公民参与，发现柏林对于高度自发组织项目具有较高的政治认可和参与热情，其作为新自由主义的表达形式与变化中的公众参与形式相适应[21]。Hudalah和Firman等以非正式制度因素为工具，分析印尼大都市区治理模式的形成原因[22]。Pemberton和Morphet以英格兰治理尺度重构为例，探讨如何利用过渡政策，在治理模式上践行欧盟框架下的治理规范[23]。

4 我国城市治理研究回顾

国内城市治理研究始于20世纪90年代初。2000年以来，伴随以"城市与区域管治""城乡治理与规划改革"为主题的国内国际会议相继召开，我国人文地理学者、城市规划学者、公共管理学者等已陆续发展出丰富的理论与实践研究成果。

4.1 城市治理内涵及模式的中国化

在城市增长联盟理论、城市增长机器理论、城市政体理论及城市治理理论被引入的同时，城市治理内涵及模式开始了本土化的理论进程。

内涵形成本土化的内涵认同。张京祥根据国外治理理论，将治理定义为通过多集团的协调对话，最大程度调动不同社会团体的资源，通过补充政府管理的不足，达到"双赢"的综合社会治理方式[24]。早期城市治理内涵深刻地阐释了治理的本质属性，但是，未能摆脱西方治理语境。之后，伴随治理概念在不同尺度、不同地域的实践研究，治理内涵的本土化逐步展开。伴随国家治理体系创新与治理能力的提高，中国"治理现代化"包括能否建立强有力的国家，提高国家满足社会期望的能力及是否建立公众问责的国家，实现公民及公民社团政治参与制度化[2]。由此可见，中国化的治理内涵，强调现阶段科层政府体系及现状行政管理体制的结构调整与优化，政府成为治理现状及研究的重点，公民社会与市场逐步开始扮演越来越重要的角色。

模式构建上，一方面，部分学者将国外的经典治理模式引入国内，如陈振光、胡燕将皮埃尔的城市治理模式引入中国[25]；另一方面，大量基于国外不同国家的具有国家特色的治理模式与经验也传入国内，包括美国[26]、德国[27]、法国[28]、荷兰[29]

等。这些具有不同特色的治理模式及经典的治理模型有效拓宽了国内学者的研究视野,促使国内学者也开始思考中国城市治理实践模式。案例实践层面,治理模式的归纳结合我国的政治管理现状特征及地方情况,产生多种治理的模式,如南京城市治理[30]、常州城市治理[31]等。相关研究重在分析行政区管理权碎化、政府强力主导、省直管县、行政体制改革等背景下,我国治理机制的模式特征与经验教训。总体而言,在政府主导型的治理机制下,市场的作用尚未得到最大限度发挥,公共参与也亟待提高,治理机制在中央政府与地方政府的利益博弈中演化与发展。案例研究形成的城市治理模式颇为丰富,深刻地揭示出我国治理现状的复杂性与多变性。

4.2 我国城市治理研究新方向:公共参与

在传统以政府为主要关注点的城市治理研究框架下,近些年国内研究开始逐步关注市场与公民社会的重要作用,尤其是公民意识觉醒下的公共参与问题研究,并集中于公共利益的界定与实现公共参与的途径两方面。

"公共利益(common good)"有别于"公众利益(public interests)"。根据学者梁鹤年的分析,此二者的差别来源于"共"与"众"之别,进而涉及东西方文化的差异,"小我"与"大我"的社会表现。"公众利益"是不同私利之间竞争妥协的结果,是纯政治性、制度化的产物。西方国家以私利为本,公利为用。而"公共利益"是服务于整体目的的理性追求,是"大我"。中国具有实现"大我"的现实基础与文化背景,运作上应以求同为本,存异为用[32]。基于此来理解公共利益似乎又过于虚无缥缈,经过长久"公""私"利益之辩,有学者系统归纳了公共利益的属性,包括:①开发性与非排他性;②主观性与广泛性;③可变性与层次性三方面[33]。而公共利益的重要特征是具有社会分享性,即不同主体在社会分享过程中是无差异的。同时,公共利益的社会分享既有自愿的,又有强迫的[34]。2011年,《国有土地上房屋征收与补偿条例》的颁布,中央政府以列举的形式对公共利益作出界定,排除了在实际操作中以公共利益为旗号的非法侵占等活动,提高实施层面的可操作性。然而,过于具体地限定公共利益的范围反而导致公共利益的界定更加模糊,内涵与外延的同时扩大在实际操作中难以实现。从历史上看,公共利益的界定应该伴随该国的经济社会发展的不同阶段,呈现动态且不断完善的过程。

公共参与实现路径上,国内学者日益聚焦于公民社会价值作用,逐步认识到公共参与只是治理的特定阶段与形式,有效的良性治理是臣属型与参与型的"公民文化"[35]。现阶段,我国社会公共参与组织培育尚不健全,单位参与、社区参与、社会组织参与均未占据主导地位,参与人数不足三分之一[36]。一方面,由于NGO组织受到体制、资金、人员等限制,公共参与只能在有限范围内发挥部分社会治理职责;另一方面,由于现状制度设计缺陷、监督主体地位及权限不平等等原因,公共参与机制在公共决策中甚至面临失效风险[37]。基于此,一批学者就如何促进参与路径展开讨论,罗小龙等依托自组织治理网络提出在城市规划管理体系中建立城市规划公众参与委员会组织,将民众、专家、行业代表、官员等按比例纳入[38]。孙施文基于公共参与主体随管理者及对参与本质理解的差别,从公共参与制度客体上提出程序性的制度设计,包括:使成员中每一分子自由表达意见、保持各意见之间的平等性、使不同意见汇聚为整体所接受的一致意见[39]。

我国的治理研究继承、发扬西方传统治理研究的思路与方法,并结合我国行政管理体制,探索中国的特定治理内涵与模式。随着西方城市政治学与政治经济学的引入,近些年南京大学、中山大学、中国社科院等研究机构针对协作型治理、参与式规划的核心内涵展开一系列研究,表现为对公共参与实施路径的探索。

5 对比与展望

对比中西方治理研究,在研究方法上,相较西方基于政治经济文化路径的综合研究方法,国内以实证分析为主,关注在我国不同地域形成的具有地方特色治理模式,鲜有涉及治理本质内涵的深层次探讨[40]。在治理内涵研究中,最初借鉴了西方的治理定义,后来,逐步赋予中国化的治理定义与诠释。由此可见,西方治理研究是"根",中国治理研究是"枝",在中国特殊的语境下,对治理的理论体系作出补充与完善。模式研究上,中国经典的治理理论模式相较于西方的治理理论模式提出较晚,在学术界尚未形成较之西方的理论认同,尚未形成良好的实践指导意义。从治理的转变范式来看,中西方都摒弃了传统的科层治理和市场治理模式,在承认政府失灵与市场失灵的基础上,认识到公民社会在治理过程中的重要作用。西方公民社会及公民组织发展成熟,治理过程中在灵活性有余的前提下,开始关注合法性与具体的伙伴关系的责任性问题,这是相较于中国的进步之处。而我国公民社会发展尚处初级阶段,如何界定公共利益与实现公共参与成为当下的治理研究的重要话题,而西方学术界则早在20世纪末便完成了这些学术议题的理论与实践探讨。在基于权力地位平等的治理模式下,西方学术界开始探讨何为"良治",价值体系包括哪些;而这些内容,在国内则鲜有探讨,源于公民社会发展阶段的差异。总体来看,中国的治理研究继承西方的研究传统与路径,对城市政治学、政治经济学等理论作出了有力的补充。并且,结合中国的国情,发展了中国特色的治理研究路径。

我国城市治理研究具有特殊性,未来还需进一步跟进西方城市治理研究的最新动态,首先要探索协作型治理模式在中国实现的可能性及实现的方式与方法,特别关注政府与市场关系及有效公共参与的实现路径,使得协作型治理模式可以在中国实现,成为治理过程中的新常态。其次,要重视城市治理价值研究,一方面将其作为推动治理理论微观化的推手;另一方面将其作为检验地方治理模式是否符合"善治"标准的重要工具。总体而言,协作型治理的实施路径与治理价值应是我国下一步城市治理研究的主流方向。

参考文献

[1] Chan R C, Hu Y. Urban governance: a theoretical review and an empirical study[J]. Asian Geographer, 2004, 23(1-2): 5-17.

[2] 张京祥, 陈浩. 空间治理: 中国城乡规划转型的政治经济学[J]. 城市规划, 2014(11): 9-15.

[3] 殷洁, 罗小龙. 尺度重组与地域重构: 城市与区域重构的政治经济学分析[J]. 人文地理, 2013(2): 67-73.

[4] 张京祥. 国家—区域治理的尺度重构: 基于"国家战略区域规划"视角的剖析[J]. 城市发展研究, 2013(5): 45-50.

[5] 胡燕, 孙羿, 陈振光. 中国城市与区域管治研究十年回顾与前瞻[J]. 人文地理, 2013(2): 74-78.

[6] Rhodes R A. Understanding governance: policy networks, governance, reflexivity and accountability[M]. Beijing: Open University Press, 1997.

[7] Stoker G. Governance as theory: five propositions[J]. International social science journal, 1998, 50(155): 17-28.

[8] Rhodes R AW. The new governance: governing without government[J]. Political Studies, 1996, 44(4): 652-667.

[9] Stoker G. Local governance in Britain [J]. Glasgow Department of Government, University of Strathclyde, 1994(11): 6.

[10] CIPFA. The chartered institute of public finance and accountancy, corporate governance in the public services[M]. London: CIPFA, 1994(5): 6.

[11] Kooiman J. Social-political governance: overview, reflections and design [J]. Public Management, 1999, 1(1): 67-92.

[12] Hendriks F. Understanding good urban governance: essentials, shifts, and values[J]. Urban Affairs Review, 2014, 50(4): 553-576.

[13] Laurila H. Urban governance, competition and welfare[J]. Urban Studies, 2004, 41(3): 683-696.

[14] Pierre J. Models of urban governance the institutional dimension of urban politics[J]. Urban Affairs Review, 1999, 34(3): 372-396.

[15] Ansell C, Gash A. Collaborative governance in theory and practice[J]. Journal of Public Administration Research and Theory, 2008, 18(4): 543-571.

[16] Beetham D. The legitimation of power[M]. London: Macmillan, 1991.

[17] Levelt M, Metze T. The legitimacy of regional governance networks: gaining credibility in the shadow of hierarchy[J]. Urban Studies, 2014, 51(11): 2371-2387.

[18] Lau M. Flexibility with a purpose: constructing the legitimacy of spatial

governance partnerships[J]. Urban Studies,2014,51(9):1943-1959.

[19] Häikiö L. Expertise, representation and the common good: grounds for legitimacy in the urban governance network[J]. Urban Studies, 2007, 44(11):2147-2162.

[20] Buser M. Democratic accountability and metropolitan governance: the case of South Hampshire, UK[J]. Urban Studies,2012,49(13):2853-2871.

[21] Rosol M. Public participation in post-fordist urban green space governance: the case of community gardens in Berlin[J]. International Journal of Urban and Regional Research,2010,34(3):548-563.

[22] Hudalah D, Firman T, Woltjer J. Cultural cooperation, institution building and metropolitan governance in decentralizing Indonesia[J]. International Journal of Urban and Regional Research,2014,38(6):2217-2234.

[23] Pemberton S, Morphet J. The rescaling of economic governance: insights into the transitional territories of England[J]. Urban Studies, 2014, 51(11):2354-2370.

[24] 张京祥,黄春晓.管治理念及中国大都市区管理模式的重构[J].南京大学学报,2001(5):111-116.

[25] 陈振光,胡燕."管治":理论角度的探讨和启发[J].城市规划,2001(9):25-28.

[26] 易承志.美国的大都市区政府治理实践[J].城市问题,2001(9):85-89,96.

[27] 唐燕.德国大都市区的区域管治案例比较[J].国际城市规划,2010(6):58-63.

[28] 张衔春,胡映洁,单卓然,等.焦点地域·创新机制·历时动因——法国复合区域治理模式转型及启示[J].经济地理,2015(4):9-18.

[29] 巴特·兰布特雷.多中心化对提升大都市区竞争力的利与弊——以荷兰兰斯塔德地区为例[J].陈熳莎,译.国际城市规划,2008(1):41-45.

[30] 顾朝林.南京城市行政区重构与城市管治研究[J].城市规划,2002(9):51-56,60.

[31] 甄峰,简博秀,沈清,郑俊.城市管治、区划调整与空间整合——以常州市区为例[J].地理研究,2007(1):157-167.

[32] 梁鹤年.公共利益[J].城市规划,2008(5):62-68.

[33] 田莉.城市规划的公共利益之辩——《物权法》实施的影响与启示[J].城市规划,2008(1):29-32,47.

[34] 陈庆云,鄞益奋,曾军荣.论公共管理中的公共利益[J].中国行政管理,2005(7):17-20.

[35] 罗小龙,罗震东.城市管治及其本土化研究中的若干问题思考[J].规划师,2002(9):15-18.

[36] 中国社会科学院社会发展战略研究院.中国公众参与调查报告[R].2012.

[37] 张衔春,边防.行政管理体制改革背景下规划审批制度优化对策[J].规划师,2014(4):28-32.

[38] 罗小龙,张京祥.管治理念与中国城市规划的公众参与[J].城市规划汇刊,2001(2):59-62,80.

[39] 孙施文,殷悦.西方城市规划中公众参与的理论基础及其发展[J].国际城市规划,2009(1):233-239.

[40] 张衔春,赵勇健,单卓然,陈轶,洪世键.比较视野下的大都市区治理:概念辨析、理论演进与研究进展[J].经济地理,2015(7):6-13.

该文发表于《城市发展研究》2016年第2期,作者为张衔春,单卓然,许顺才,洪世键。

比较视野下的大都市区治理：
概念辨析、理论演进与研究进展

摘要 "治理"是国际上处理区域事务的基本理念,强调多利益协调、多元协同等理念,大都市区治理是区域治理的重要尺度层面,也最能体现政府、市场、公民社会三者关系。在剖析治理、区域治理及大都市区治理等概念的基础上,梳理了大都市区治理理论的发展脉络,进一步研究国内外大都市区治理的主要内容,并进行比较与评述。国内外大都市区治理理念一致,但由于国情差别,研究领域、关注重点、治理机制和具体实践差别较大。国外较为注重"多元利益协调"基础上大都市区治理问题研究,充分考虑各方面诉求,并关注地区社会公平、公共资源和环境问题;国内较注重"政府间关系"基础上的大都市区治理研究、本土化探讨等,实践中均以政府为主导,对其他利益诉求考虑不充分。

关键词 治理;大都市区治理;理论内涵;机制;比较研究

经济全球化及我国社会经济快速发展与转轨背景下,大都市区逐渐成为国家空间管制的主要尺度单元,"治理"作为大都市区协调多重地方行政单元、推动区域公共事务管理的重要手段,从制度设计、多元参与及利益协调三方面深刻影响区域产业一体化与城乡发展统筹。2014 年 8 月,*Urban Studies* 杂志组稿数篇,系统回顾近十年大都市区治理(city-regional governance)的研究成果。总体上,近年来国内外大都市区治理研究成果日趋丰富且成熟,研究内容逐步从理论研究走向实践应用,学科基础逐步由经济、国际关系转向经济、政治、管理、地理、区域规划等多学科交叉。

采用"治理"理念协调区域发展是我国社会经济发展的必然选择,高速城镇化进程使得经济区和城市群成为国家经济发展和区域管理的重要地域单元。截至2014 年底,我国已形成 11 个城市群、14 个城市群雏形,预计到 2030 年将形成不少于 30 个城市群。自 20 世纪 90 年代初引进"区域治理"概念以来,随着大中小城市协调发展的区域政策出台及各城市群区域规划的陆续编制,"大都市区(城市群)治理"问题逐步得到重视。"十二五"规划纲要指出"促进区域协调发展和城镇化健康发展,实施分类管理的区域政策和各有侧重的绩效评价";《新型城镇化规划》提出"建立城市群协调发展机制"。

目前,不同研究因所处语境差异,对于"治理"一词尚无统一定义。本文首先梳理治理、区域治理、大都市区治理定义,进而立足于大都市区治理理论发展进程,分阶段讨论其代表思想、代表人物及主要实践,并分别对国内外大都市区域治理研究成果进行归纳总结,剖析比较其异同点,最后提出未来研究设想。

1 概念辨析

1.1 治理

"治理"一词扎根于西方政治经济制度之下,定义复杂多样。根据新制度经济学家奥斯特罗姆的观点,广义"治理"包括:自上而下轻民主、重科层的单中心治理模式,完全自下而上、完全市场主导的市场治理模式,以及两者并存的混合治理模式。现代社会中,完全单中心或市场治理模式几乎不存在,混合治理模式最为常见,政府、市场、公民社会的多中心互动治理也最为有效。而从狭义看,"治理"指代秩序、规则和社会统治方式的新变化,特指以摆脱传统封建的"单中心"治理及绝对市场化治理为目标,强调政府、市场、公民社会的互动治理,其间伴随着公私部门分界线的逐渐模糊过程[1]。1989年,世界银行[2]定义"治理"即为达到发展目的而在一个国家经济与社会资源的管理中运用权力的方式。全球治理委员会则称"治理"是各种公共的或私人的个人和机构管理其共同事务的多种方式的总和,是多利益协调并采取共同行动的持续的过程。由此可见,狭义"治理"是一种多主体参与协商解决的过程。"治理"理念早期常应用于行政管理、社会学领域,后延伸至各学科。其中,地理学界尤其关注大都市区治理。

1.2 区域治理

区域治理可理解为"治理"在区域层面的应用。"区域"具有原始空间性、主动划分性和内部相似性[3],有学者指出区域治理的核心是多中心、参与式、合作型的公共管理治理模式[4];区域治理不仅是一种规则活动,更是持续互动过程,是协调、多主体、双向运行的过程[5]。丹麦学者安妮·梅特·卡亚尔[6]和国内学者俞可平[7]将区域治理定义为:在区域范围内,政府、非政府、公众等机构团体在保证自身自主性权力的前提下,通过某种手段、制度或机构在多元、协商、多利益协调的基础上,解决区域公共问题的过程或状态。

区域治理包括三个层次——全球及国家间区域治理、国家层面区域治理、大都市区治理。全球及国家间区域治理主要研究全球化背景下国家角色转换、在无政府状态下的合作模式路径[8]和合作机制路径[9],如贝阿特·科勒-科赫等对欧盟发展机构和成员国关系、政策与公共职能执行之间关系的研究[10],欧洲空间展望计划(ESDP)的欧盟协调平衡发展策略[11]等。国家层面区域治理如布伦纳的"地域重划"理论[12]、英国的"开发地区"(development area)等政策[13]、以新欧盟国家为案例关于治理模式的研究[14]等。大都市区治理现已覆盖了大伦敦、纽约地区、华盛顿地区、长三角、珠三角等地,并日益受到学术界的广泛研究和关注。另外,流域治作为区域治理的一种特殊类型,关注流域污染、跨区划协调等问题。

1.3 大都市区治理

美国协调委员会定义了标准大都市区(SMA)的概念,即一个较大的人口中心地及与其具有高度社会经济联系的邻接地域的组合;城市群一般认为是指一群地域相近,又有一定的行政、交通、经济、社会等联系的城市组群。学术界通常认为城市群是由若干都市区组成的多核心、多层次网络,都市区强调单个大城市的核心结构。本文不再对其概念单独进行区分,均统称为大都市区。大都市区治理即大都市区层面解决公共问题的过程及手段,是区域治理领域研究最深入、实践最广泛的内容。近年来,不同政治制度和社会背景下的大都市区治理模式路径及实践研究日益丰富。

2 大都市区治理理论发展脉络

大都市区治理成为跨学科学术热点时间虽短,但治理研究最早可追溯到20世纪早期的欧洲地理学及社会学领域。治理理念的出现与既有范式失灵密切相关,政体理论、公共选择理论、有限政府理论、新自由主义等理论范式均受其影响。20世纪50年代以来,学术界对"区域发展、公共管理"议题的探讨深刻影响了大都市区治理理论的形成。1990年后,全球化步伐的加快和欧盟的一体化发展,促进了以"新区域主义"(New Regionalism)为代表的现代治理理论崛起,进一步完善了大都市区治理的内涵、路径、体系,并开始注重既有实践的理论化。

2.1 20世纪50年代后的"区域主义、区域发展"问题

始于20世纪50年代的"区域主义、区域发展"研究对大都市区治理理论发展产生了重要影响。区域主义、区域一体化、政体理论、公共选择理论、区域竞争力等理论思想,大都市区、城乡关系等新视角,共同促进其最终形成与发展。

区域一体化理论鼻祖厄恩斯特·哈斯[15]认为区域经济一体化将逐渐向政治一体化过渡,认为"整合"的区域主义是解决邻近民族国家问题的重要途径,为政体理论、新区域主义的产生奠定了基础。经济学家A.赫希曼认为区域增长与其不平衡性相伴而生,刘易斯的"二元经济结构论"、佩鲁和弗农的"增长极理论(Growth Pole Theory)"及其变体"中心—外围理论(Core-Periphery Theory)"等均是区域发展研究的经典论断。20世纪60年代由詹姆斯·布坎南创立的"公共选择学派"强调市场的作用,反对政府干预,打破了政府主导一切的"单中心"模式。保罗通过研究美国政府纵向和横向关系,指出政府间关系受到法律和政府间竞争动力的影响。波特在《国家竞争优势》等论著中提出"钻石模型",标志着管理主体多元化、治理手段现代化等思想的开端。地理学家戈特曼聚焦美国多核心、多层次的大都市带(megalopolis),研究视角由城市转向城市群区域问题。

2.2 20世纪90年代后的"新区域主义"

20世纪90年代后,全球社会经济发展呈现网络化、复杂化、多元化等特征。这一背景下欧盟、北美自由贸易区等联合体的兴起对区域事务处理方式提出新的挑战。以诺尔曼·帕尔默、戴维·鲁斯克、比约恩·赫廷[16-18]等学者为代表的"新区域主义"研究为解决区域问题提出新的思路,新区域主义强调"区域熔炉性、自上而下、多层次网络协作",其特征可概括为:治理手段、多部门、过程性、协作性、网络化结构[19]。地域重划(rescaling)理论是新区域主义理论的深化和拓展,麦吉Desakota模型[20]、道格拉斯的区域网络模型[21]等区域均衡发展理论的出现,也可认为是新区域主义理论在复杂多元制度地域下的变形与应用。

系统的治理理论形成于1990年后,罗西缩、罗茨、斯托克等人探讨了治理的内涵,罗西缩认为治理是共同目标支持的、管理主体不确定的活动;斯托克概括了治理的五个要点,即主体多样性、界线责任模糊性、公共服务外包普遍化、参与者自主网络的形成、政府手段多样性[22]。国内学术界20世纪90年代引入区域治理理论,俞可平、陈瑞莲、顾朝林等学者对治理理论、区域公共管理、大都市区治理等展开研究;2000年顾朝林在南京城市区域管制会议上将治理引入地理学。目前,大都市区治理已经成为政治、经济、公共管理、地理学等多个领域的研究热点,其发展脉络如表1所示。

表1 大都市区治理发展脉络一览表

	内容	20世纪早期	20世纪50—80年代	20世纪90年代以来
国外	发展阶段	早期研究,未形成治理体系流派	形成研究体系,提出区域发展和管理问题,未提出"治理"一词	对大都市区治理进行全面研究,产生新流派
	代表思想	中心地理论、区域规划理论	区域主义、整合理论、多中心理论、二元经济结构论、增长极理论、区域竞争力等	新区域主义、政体理论、治理、地域重划、城乡均衡发展理论
	代表人物	克里斯泰勒(W. Christaller)、阿伯克隆比(Abercrombie)、盖迪斯(Patrick Geddes)等	厄恩斯特·哈斯(Ernst Haas)、詹姆斯·布坎南(James Mcgill Buchanan)、刘易斯(W. A. Lewis)、佩鲁(Francois Perroux)、麦克尔·皮特(Michael Porter)等	诺尔曼·帕尔默(Norman D. Palmer)、戴维·鲁斯克(David Rusk)、库克(Cook)、尼尔·布伦纳(Neil Brenner)、贝阿特·科勒-科赫(Beate Kohler-Koch)、麦吉(MeGee)等

续表

	内容	20世纪早期	20世纪50—80年代	20世纪90年代以来
国外	涉及领域	地理学、社会学	地理学、社会学、政治学、国际关系、区域规划	多学科、多领域
	主要内容	系统的规划方法、公众参与、大区域规划、中心地等级服务网络等	区域行政整合、建立大区域政府、多要素整合的地区竞争力提升、强调区域不平衡增长；英国发展区等区域政策	注重多方合作、多利益协调与自下而上的过程；全球、国家、区域尺度的变化使权力、利益得以协调；强调区域的均衡协调发展；欧洲一体化、北美自由贸易区协作、亚太经合组织协作
	主要实践	大纽约市成立 大伦敦规划	纽约、华盛顿等大都市区规划、行政区划调整、部门合并；泰晤士河、莱茵河等水污染治理	大都市连绵区治理与均衡发展；ICPR等多国协作流域治理组织
国内	发展阶段	—	早期区域规划、工业布局研究，未涉及大都市区治理问题	大都市区治理的引入和全面研究
	代表思想		国外思想借鉴、国内早期研究	区域主义、新区域主义、治理与善治、不均衡发展理论
	代表人物		严重敏、宋家泰、陆大道、谢庆奎等	俞可平、陈瑞莲、顾朝林、张京祥等
	涉及领域		地理学、政治学、城市规划	多学科、多领域
	主要内容		中国城市群空间体系、政府间关系研究、点轴渐进理论等	行政区划调整、城镇体系研究、区域规划方法理论、城市群空间结构、政府间横向纵向关系
	主要实践		国家工业布局、全国国土总体规划、三线建设等	各城市群区域规划、各城市群联席会议、行政区划调整等

3 国外大都市区域治理研究进展

3.1 大都市区域治理模式及路径研究

西方大都市区区域治理模式的研究主要聚焦于单中心模式、多中心模式(公共选择主义)以及新区域主义模式三种(图1),对不同区域治理模式实现路径的研究亦十分广泛(图2)。迄今为止,尚未就何种模式更为有效达成共识。部分学者倡导单中心模式,将区划调整和制度性合并作为核心要义。如维克多·琼斯通过研究芝加哥等大都市区,认为其区域治理核心是建立庞大自治政府,重点应推动市县合并、重组及建立联邦政府[23]。肯尼斯(Kenneth Newton)也强调建立区域大规模政府的必要性,并指出其路径领域应集中在协调整合公共服务、执行战略功能等方面[24]。部分学者倡导多中心模式,认为地方自治更为关键。如查尔斯·蒂伯特认为只有在区域内发挥政府的多中心特性——即有限的政治融合,才能有效地解决外部经济和非经济问题[25],而倡导推动超社区改造、坚持多中心主义是促使该模式实现的重要手段[26];还有部分学者认为前两者虽具备理论可行性,但均无法形成有效实践[27],进而更加奉行新区域主义模式,推崇强调多层治理、多重参与、多方价值。多琳·梅西、阿迈、库克[28-30]等多位学者均是该模式的坚定支持者。罗纳德指出,大都市区多中心模式的形成应以公民社会治理结构为基础,尤其应强调多方利益的协同融合[31]。欧盟发展协会(EURADA)基于新区域主义构建形成了协调内源性和外源性经济发展,以"经济支撑、人力资源、区域吸引力"为核心关注领域的机制路径[32]。此外,阿尔伯特大学城市区域中心在研究了欧美12个城市群区域治理案例后,指出大都市区区域治理可能并不存在"最佳路径",实现上述任一模式均需要充分考虑当地文化背景下的公私关系、动机和价值体系,促进利益相关者共同讨论并形成谈判十分重要[33]。

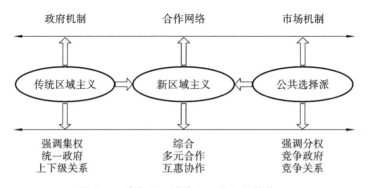

图1 三种主要区域治理理论之间的关系

(资料来源:根据吴端坚的《新区域主义兴起与区域治理范式转变》的插图补充修改)

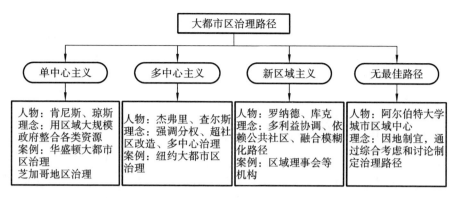

图 2　国外关于大都市区治理路径的探讨分析图

3.2　大都市区域治理实践研究

随着全球化进程的加快,"地方政府间的跨域特性使得碎片化的区域政府有开展集体行动的必要,利用区域治理减少发展的负外部性已经成为共识"[34-35],如美国华盛顿大都市区 1957 年成立了华盛顿大都市委员会(MWCOG)并延续至今,很好地解决了区域交通、环境、基础设施等问题;纽约大都市区虽没有形成统一区域政府,但于 1929 年成立了区域规划委员会(RPA),之后又成立了大都市运输局(MTA),在横向协作、公众参与基础上关注公众住房、贫困、安全等区域问题。

在此基础上,学术界对大都市区区域治理实践的研究也愈发广泛。威廉·巴恩斯基于既有区域治理实践,从容量和目标上构建大都市区区域治理的结构框架[36]。安妮·斯坦尼克通过研究大量都市区区域治理案例,发现其治理过程可用博弈论的囚徒困境博弈、讨价还价博弈及保证博弈等模型解释[37]。尼克尔斯通过研究法国大都市区治理模式,发现多层级政府机构、政府与公民社会的对抗性能够促进治理模式的形成[38]。休伯特与卡斯特分析德国三个地区的三种治理模式,认为结构制度因素、治理主体因素是导致治理模式形成的关键原因[39]。

3.3　大都市区治理研究新趋势

当前,西方大都市区治理研究的最新焦点在于通过案例实证研究,探讨各类治理模式下的公私部门合作关系(partnership)的有效性问题。例如,比瑟姆与帕金森认为,大都市区治理结构的合法性(legitimacy)取决于公私部门合作关系的合法性(legality)、合理性(justifiability)及一致性(consent)[40-41]。莱维勒及塔玛拉在此基础上,完善合作关系的合法性内涵,补充认为可信力(credibility)也应作为有效合作关系的重要特征[42]。刘杏雯基于剑桥案例进一步研究发现,合作关系的灵活性虽然会破坏输入合法性(input-legitimacy)即民主责任制(democratic accountability),但却对输出合法性(output-legitimacy)有较为强烈的正向促进作用[43]。约翰·哈里森研究亚特兰大门户策略后,指出私人资本甚至在某种程度上可以取代政府,从而使公私合作转变为非政府的空间治理(non-state spatial governance)[44]。西蒙·彭伯顿等通过分析英格兰在欧盟框架下的辅助性原则和地域融合政策,发现建立过渡性地域单元(transitional territories)是治理结构创新的有效举措[45]。另有部分学者试图通过特案重塑管治空间,重点分析如何通过法律确认新的管治领域[46]。

4 国内大都市区治理研究

虽然我国大都市区(城市群)治理理念是伴随 20 世纪 90 年代后期治理和新区域主义兴起而产生的,但自 20 世纪中期以来,以严重敏[47]、宋家泰[48]、于洪俊[49]等为代表的地理学、城市规划学者对城市群空间、区域政策问题的研究已经为我国大都市区治理研究打下坚实基础。近年来,珠三角、长三角、京津冀、长株潭等城市群也针对治理模式、方法手段等议题展开实践探索。

4.1 大都市区域治理模式研究

总体上,我国大都市区治理实践还是以政府为主,非政府团体、企业、个人等在治理协调中的作用不显著,还未真正从行政管理过渡到治理。我国大都市区治理以"单中心"和"多中心"为主,是政府主导型治理[50]。在政府统揽状况下,新城建设、基础设施建设、经济资源分配等区域协调问题均是以行政力量为主导进行。

张京祥等建议"双层模式"的"都市圈地域管理"方式,由国家、省、大都市圈机构形成的第一层履行区域性事务职能,由市县形成的第二层进行具体事务[51]。珠三角、长株潭等地各城市由于处于单一省级政府管辖,上级政府在治理中起到重要作用,治理模式强调从上到下的作用[52];长三角和京津冀地跨多个省市,治理模式介于多中心协商和网络化多元协商之间,如"上级部门指导规划、协商机制、市长联席会议"等[53],并越来越注重公众参与;也有学者认为南京都市圈是"新区域主义"的城市群治理模式,规划编制和治理过程中得到各级政府、学术机构、企业部门等的多方参与[54]。

4.2 大都市区域治理手段及实践研究

政府间关系协调——包含纵向和横向协调两层。政府间横向关系的发展适应了我国市场经济的基本要求[55],也逐渐成为城市群政府间关系的研究重点,政府间关系协调一般通过设置区域机构和制度协调机制来进行。谢庆奎指出政府间关系包括中央与地方、地方与地方、部门之间的关系,并进行了基础性系统分析[56];陈瑞莲深入地探讨了区域公共管理的基本理论和珠江三角洲的政府公共管理模式[57]。如在长株潭城市群建设管理过程中,长株潭试验区建设管理委员会扮演"大区域政府"的角色,对长株潭各项事务起到了统筹治理、监督协调的重要作用。

区划调整与尺度重构——对于城市群府际协调的"区划调整"手段,毛蒋兴[58]、张京祥[59]等学者以珠三角、长三角为考察对象,剖析了经济区、行政区、区域体制问题。张京祥从"尺度重构"的视角对国家区域调控手段、行政区划调整进行剖析,指出区划调整的刚性尺度重构和国家战略区域规划的柔性尺度重构对区域治理产生影响[60]。

区域规划、政策——我国区域规划从理论到实践成果丰硕,研究大多从城镇体系、政府协作、资源空间配置角度出发,以"自上而下、注重体系结构"等"单中心"思想为主,逐渐注重多元参与的治理手段。顾朝林对城市群、城镇体系、区域规划方法进行了系统探讨[61],崔功豪等对区域及城市群理论基础、分析方法、规划协调手段等进行了系统梳理[62],周一星、陆大道、宁越敏[63-65]等大批地理学、城市规划学者推动了区域规划政策的发展。如长江三角洲地区区域规划、珠江三角洲地区改革发展规划纲要、长株潭城市群区域规划等规划政策被相继编制出来,提出了组织协调方式、机构设置、发展路径等方面的政策建议。

5 国内外研究比较与展望

5.1 国内外大都市区治理研究比较

5.1.1 研究内容比较

国内外区域治理无论从研究领域、主导思想、关注重点还是模式路径、手段、具体实践上均存在较大差别。研究领域上,国外较为注重理论研究,对模式及其路径机制更为关注,国内则偏重实践的理论化研究;主导思想上,国外虽然多种流派并存但更倡导"新区域主义"理念,国内研究则偏向政府间的"多中心协调问题"研究;关注重点上,国外更多地关注公共资源、社会贫富差距、生活环境等问题,国内则重在促进经济发展、优化组织结构和区域基础设施;治理模式上,国外存在单中心、多中心、新区域主义三种(这里所提的治理模式不同于奥斯特罗姆的制度经济学治理模式),国内并未充分考虑公众需求,通常是基于政府之间关系的单中心和多中心模式;治理手段上,国内外差别不大,主要有政府关系协调、区划调整与尺度重构和制定区域规划政策三种;具体实践上,国外强调多利益的协调,而国内以刚性的、从上到下的规划政策为主,行政色彩较为浓厚。

值得一提的是,近年来国内治理问题研究在引进西方思想和实践过程中逐渐转向"新区域主义"思想,而具体实践中又难以实现"多利益、无绝对权威式的治理",导致一定程度的理论和实践脱离。但随着我国社会经济的发展,采用治理理念解决大都市区问题已成为总体趋势。

5.1.2 差异原因

造成上述差别的原因是多方面的,如国家社会经济发展状况、政治制度、社会背景等等。梳理国外区域治理理论产生和演进脉络不难发现,每种思想和模式的提出皆根植于当时社会背景:大都市区政府等"单中心"理论是为了解决地方政府碎片化造成的一系列问题；"多中心"理论是在功能主义导致区域政府过于强势、上下级关系桎梏的情况下，为激发地方政府竞争活力而提出的；新区域主义又是在全球化和区域化背景下，针对区域发展表现出的网络化、熔炉性等特征而提出的创新论断。我国社会经济尚处于高速发展时期，政府调控甚至掌握着区域发展中的各方面事务，因此以"单中心"思想为核心的一系列手段仍将广泛应用。但是，随着我国城市群的发展，城市群区域治理、各级政府协调问题成为学术研究的热点，地区保护主义、诸侯经济等特征又使以"多中心"思想为主的系列研究和实践相继展开。究其根本，是国内外社会背景及其制度差异使然。国外契约式的公民社会是治理思想萌生的土壤，这与自古希腊开始的"公民大会、全民议事"一脉相承；而现阶段中国政府较为强势，公众参与的观念还没有深入人心，虽然区域治理越来越采纳多方协调、综合治理的思想，但在具体实践中尚显欠缺。

5.2 结束语

我国大都市区治理领域研究处于起步阶段，大都市区治理均以政府为主导展开。学术界虽大力倡导新区域主义理念，但总体上仍然属于扎根于政府主导背景的实证研究。国外大都市区治理研究虽具有理论指导和经验借鉴意义，但由于社会背景和制度差异，我国大都市区治理模式、路径必须遵循自身国情和各地区社会经济发展规律。

未来伴随全球化、区域化浪潮和我国现代行政制度建设，政府上下级关系将可能出现弱化，地方政府间合作将日益频繁，政府对市场的干预将进一步减少，此背景下的中国新型府际关系、多层次网络化治理议题尤其需要学术界给予更多关注；随着各类区域规划的不断出台，区域尺度重要性的不断提升，大都市区治理必将成为未来我国区域治理研究领域的重点。相关研究应借助庞大的实践市场优势，将国外先进理念的引入与国内丰富的区域治理实践相结合，注重多元利益协调发展机制的构建，创新采用模型分析方法解决棘手问题。

参考文献

[1] Gerry Stoker. Governance as theory: five propositions[J]. International Social Science Journal, 1998, 50(1): 17-28.
[2] World Bank. Governance and development[R]. World Bank, 1992.
[3] 蔡之兵, 张可云. 区域的概念、区域经济学研究范式与学科体系[J]. 区域经济评论, 2004(6): 5-12.
[4] 叶林. 找回政府："后新公共管理"视阈下的区域治理探索[J]. 学术研究, 2012(5): 67.
[5] 马海龙. 区域治理：一个概念性框架[J]. 理论月刊, 2007(11): 73-76.
[6] Matte Kjaer Anne. Governance[M]. UK: Polity Press, 2004.

[7] 俞可平,毛寿龙,程杞国,等.治理理论与公共管理(笔谈)[J].南京社会科学,2001(9):40-43.

[8] 贝娅特·科勒-科赫,贝特霍尔德·里滕伯格.欧盟研究中的"治理转向"[J].马克思主义与现实,2007(4):89.

[9] Stefan A Schirm. Transnational globalization and regional governance[J]. French Politics and Society,1996.

[10] 贝阿特·科勒-科赫,等.欧洲一体化与欧盟治理[M].顾俊礼,译.北京:中国社会科学出版社,2004.

[11] 谷海洪,诸大建.公共政策视角的欧洲空间一体化规划及其借鉴[J].城市规划,2006(2):60-63.

[12] Neil Brenner. New state spaces:urban governance and the rescaling of statehood[M]. Oxford University Press,2004.

[13] 彼得·霍尔.城市和区域规划[M].邹德慈,李浩,陈熳莎,译.北京:中国建筑工业出版社,2008.

[14] Laszlo Bruszt. Evolving regional governance regimes:challenges for institution building in the CEE countries[R]. New Models of Governance,2006.

[15] Haas Ernst B. The Uniting of Europe[M]. Stanford:Stanford University Press,1958.

[16] Norman D Palmer. The New Regionalism in Asia and the Pacific[M]. Lexington:Lexington Books,1991.

[17] David Rusk. Cities without suburbs[M]. Washington D. C.:Woodrow Wilson Center Press,1995.

[18] Bjyrn Hettne. Globalization and the New Regionalism:the second great transformation[C]//Bjyrn Hettne, Andros Innotai, et al. Globalism and the New Regionalism,Basingstoke:Macmillan,1999.

[19] Wallis Allan D. The third wave:current trends in regional governance[J]. National Civic Review,1994(3):290-310.

[20] McGee T G. Labour force change and mobility in the extended metropolitan regions of Asia[M]. Mega-City Growth and the Future,UN:University Press,1994.

[21] Douglass Mike. A regional network strategy for reciprocal rural-urban linkages[J]. Third World Planning Review,1998(a):20(1).

[22] Gerry Stoker. Governance as theory:five propositions[J]. International Social Science Journal,1998(3):17-30.

[23] Jones Victor. Metropolitan government[M]. Chicago:University of

Chicago Press,1942.

[24] Kenneth Newton. Metropolitan governance[J]. European Political Science, 2012(9):409-419.

[25] Tiebout Charles. A pure theory of local expenditures[J]. The Journal of Political Economy,1956,64(5):416-424.

[26] Jeffrey Sellers, Vincent Honffmann-Mattinot. Metropolitan governance [R]. United Cities and Local Governance,2007.

[27] KeatingM. Size,efficiency and democracy:consolidation,fragmentation and public choice[C]//Judge D,et al. Theories of urban politics. London:Sage Publications,1995.

[28] Massey D. Spatial divisions of labor[M]. London:Macmillan,1984.

[29] Amin A. An institutionalist perspective on regional economic development [J]. International Journal of Urban and Regional Studies. 1999(2): 365-378.

[30] Cooke P. Localities:the changing face of urban Britain[M]. London:Unwin Hyman,1989.

[31] Richard C Feiock, Ronald J Oakerson. Metropolitan governance:conflict, competition, and cooperation [M]. Georgetown: Georgetown University Press,2004.

[32] EURADA. Regional governance[R]. New Economy-E.

[33] City-Region Studies Centre. Regional governance models:an exploration of structures and critical practices [R]. Edmonton: University of Alberta,2007.

[34] Feiock Richard C. Rational choice and regional governance[J]. Journal of Urban Affairs,2007(1):47-63.

[35] Savitch H V, Vogel R K. Paths to new regionalism[J]. State and Local Govenments Review,2000,32(3):158-168.

[36] William R Barnes. Toward a more useful way of understanding regional governance[C]. Austria:Conference of the Euro pean Urban Research Association,2012.

[37] Annette Steinacker, Richard C Feiock. Metropolitan governance:conflict, competition, and cooperation [M]. Georgetown: Georgetown University Press,2004.

[38] Walter J. Nicholls. Power and governance: metropolitan governance in France[J]. Urban studies,2005(4):783-800.

[39] Hubert Heinelt, Karsten Zimmermann. "How can we explain diversity in

metropolitan governance within a country?" some reflections on recent developments in Germany[J]. International Journal of Urban and Regional Research,2011(11):1175-1192.

[40] Beetham D. The legitimation of power[M]. London:Macmillan,1991.

[41] Parkinson J. Legitimacy problems in deliberative democracy[J]. Political Studies,2003(51):180-196.

[42] Melika Levelt, Tamara Metze. The legitimacy of regional governance networks:gaining credibility in the shadow[J]. Urban studies,2014(51):2371-2386.

[43] Mandy Lau. Flexibility with a purpose:constructing the legitimacy of spatial governance partnerships[J]. Urban Studies,2014(51):1943-1959.

[44] John Harrison. Rethinking city-regionalism as the production of new nonstate spatial strategies:the case of Peel holdings Atlantic Gateway strategy[J]. Urban studies,2014(51):2315-2335.

[45] Simon Pemberton,Janice Morphet. The rescaling of economic governance:insights into the transitional territories of England[J]. Urban studies,2014(51):2354-2370.

[46] Idalina Baptista. Practices of exception in urban governance:reconfiguring power inside the state[J]. Urban Studies,2013(50):39-54.

[47] 克里斯泰勒.城市的系统[C]//严重敏.城市与区域研究(严重敏论文选集).上海:华东师范大学,城市与区域发展研究所西欧北美地理研究所,1999:67-74.

[48] 宋家泰.城市—区域与城市区域调查研究——城市发展的区域经济基础调查研究[J].地理学报,1980,35(4):277-287.

[49] 于洪俊,宁越敏.城市地理概论[M].合肥:安徽科学技术出版社,1983.

[50] 张衔春,吕斌,许顺才,等.长株潭城市群多中心网络治理机制研究[J].城市发展研究,2015(1):43-52.

[51] 张京祥,邹军,吴启焰,等.论都市圈地域空间的组织[J].城市规划,2001(5):19-23.

[52] 冯邦彦,尹来盛.城市群区域治理结构的动态演变——以珠江三角洲为例[J].城市问题,2011(7):11-15.

[53] 张建伟.长三角都市圈区域治理研究[J].洛阳师范学院学报,2010(3):21-22.

[54] 罗小龙,沈建法,陈雯.新区域主义视角下的管治尺度构建——以南京都市圈建设为例[J].长江流域资源与环境,2009(7):603-608.

[55] 陈瑞莲.区域公共管理导论[M].北京:中国社会科学出版社,2006.

［56］ 谢庆奎.中国政府的府际关系研究[J].北京大学学报,2000(1):26-34.

［57］ 陈瑞莲,蔡立辉,等.珠江三角洲公共管理模式研究[M].北京:中国社会科学出版社,2004.

［58］ 毛蒋兴,何力,欧阳东,等.基于区域经济协调的城市群行政区划调整研究[J].商业研究,2009(4):60-64.

［59］ 张京祥,沈建法,黄钧尧,等.都市密集地区区域管治中行政区划的影响[J].城市规划,2002(9):40-44.

［60］ 张京祥.国家—区域治理的尺度重构:基于"国家战略区域规划"视角的剖析[J].城市发展研究,2013(5):45-50.

［61］ 顾朝林.城镇体系规划:理论·方法·实例[M].北京:中国建筑工业出版社,2005.

［62］ 崔功豪,魏清泉,刘科伟.区域分析与区域规划[M].北京:高等教育出版社,2006.

［63］ 周一星.城市地理学[M].北京:商务印书馆,1995.

［64］ 陆大道.关于"点—轴"空间结构系统的形成机理分析[J].地理科学,2002,22(1):1-6.

［65］ 宁越敏.中国城市化特点、问题及治理[J].南京社会科学,2012(10):19-27.

该文发表于《经济地理》2015年第7期,作者为张衔春,赵勇键,单卓然,陈轶,洪世键。

中国城市区域治理的尺度重构与尺度政治

摘要 系统回顾西方尺度理论,尤其是尺度生产(尺度重构与尺度政治)理论,借此阐释中国城市区域治理形成的尺度逻辑。研究发现,中国城市区域包括城市群与都市区两个地理尺度;治理尺度是以行政权力为核心,形成自上而下的行政权力金字塔;治理尺度的动态重配以及与地理尺度相耦合的过程是中国城市区域治理的尺度建构的本质;改革开放后,中国宏观政治经济在"去中心化—再中心化"过程中持续动态调整;中国城市区域的产生是国家空间选择性的结果,来克服以城市为基础的资本积累模式的体制危机;城市群治理以柔性尺度重构为主,都市区治理以刚性尺度重构为主;城市区域内部产生复杂的主体间的尺度博弈。

关键词 尺度重构;尺度政治;城市区域;治理

1990年后,中国城市区域主义成为推动国家、区域与城市经济发展的主要地域空间模式。2000年开始,新一轮"城市群热"推动独立城市单元转向城镇群体组合(城市群)模式发展,借此重新寻求全球经济与城市体系下的资本再地化。2015年以来,以"长江中游城市群""川渝城市群""中原城市群""粤港澳大湾区"等为代表的新一轮地域空间重构,既是改革开放后自上而下行政分权的制度产物,也是中央政府主导的国家竞争力提升的战略表征。此外,这些城市区域具有地理尺度的多样性,有省域范围内的,如"珠三角"及"中原城市群",也有跨省联合的巨型城市区域,如"长三角"与"中三角",更有跨越不同制度边界的,如"粤港澳大湾区"。《国家新型城镇化规划(2014—2020年)》(http://www.gov.cn/zhengce/2014-03/16/con-tent_2640075.htm)中突出强调城市群是推动城镇化的主体形态[1]。2019年初颁布的《粤港澳大湾区发展规划纲要》(http://www.gov.cn/gongbao/con-tent/2019/content_5370836.htm)进一步标志着跨越不同制度边界的经济社会系统协同发展的深化[2]。由此可见,城市区域主义不仅是地理尺度的重构,也是社会政治经济关系的再安排。

中国城市区域主义的政治经济逻辑,是当前人文地理学、城市经济学及城市政治学研究的热点问题。而"尺度""尺度重构""尺度政治"等理论成为解译中国城市区域治理的重要工具。Wu指出中国城市区域主义的产生是特定尺度生产的结果,即改革开放后行政分权导致地方经济增长的同时,在区域层面出现管制失灵,城市区域主义被用作克服管制失灵的危机管理策略[1]。同时,这一尺度生产的过程被描述为以中央政府主导的自上而下和以地方政府发起的自下而上的协同性尺度建构[3]。

借鉴西方尺度理论,本文从尺度重构的角度解释中国改革开放后行政权力运作的逻辑,即中央与地方权力动态调整与迁移。这一尺度逻辑有助于理解城市区域治理的相关要件,如地方政府发展主义(local state developmentalism)及城市区域主义(city-regionalism)等。进而,系统探究国家空间选择理论下中国城市区域的尺度逻辑,探索中央与地方间博弈的根源与历史演变及城市区域产生的国家战略意义。最后,借助尺度政治理论,剖析个案,探索不同区域尺度内,各主体间尺度博弈内涵及共同致力于创造的治理秩序。通过梳理中国城市区域治理的尺度逻辑,本研究旨在为中国城市区域发展及跨界合作提供理论与政策启示。

1 西方尺度理论回顾:尺度、尺度重构与尺度政治

1.1 尺度与尺度等级化

尺度概念与制图学密切相关,即自然地理领域对地形地图的分级。地理学者通过采用精细统一的比例尺标准,对同一图幅范围内的不同地物要素进行量化。采用不同比例标准所得出的图形图面大小不一。简言之,尺度为研究实体物质的几何体量提供了相对固定的标度框架,所有的物质特性均可进行丈量比对,实体物质的变化在研究期间被视作相对恒定。由此得出的"测度尺度"的概念,如遥感影像像素等,是以尺度为衡量标准,对客观的观察对象进行数量化与标准化[4]。

20世纪80年代,尺度概念被Taylor等学者引入人文地理学领域。尺度开始包含复杂的社会与权力关系,并进而对尺度进行等级化的隐喻[5]。学者们建立了框定研究对象的等级体系,如"全球—国家—地方"[4]、"身体—家—社区—都市—区域—国家—全球"[6]等。这些层级体系以大小递进、与社会紧密关联的地理空间为划分依据,相互垂直且层级嵌套。并且,承认地理尺度是特定类型的社会活动发生的平台,但并非只有特定尺度平台才能聚集社会政治经济活动[7]。尺度等级化的过程中也存在机械化视角,集中于将尺度视作实物,而忽视实物间复杂的动态关系[7-9]。而同时期"尺度生产"概念也被学者所发展,认为尺度包含了复杂的社会活动,进而为研究实质可辨的空间化政治(substantive and tangible spatialized politics)奠定基础[6]。

1.2 社会建构的尺度生产:尺度重构与尺度政治

1.2.1 尺度重构:全球化下社会关系的重塑

社会活动与过程涉及多元主体和复杂的政治经济结构,各因素之间的互相作用产生复杂的社会关系。社会关系的调整会推动相关尺度的变化,即为尺度重构。层级上,这些关系可以是跨越尺度层级的,如欧洲国家治理空间的尺度重构。而在国家内部,通过国家空间选择(state spatial selectivity),赋予部分区域特殊的发展条件和政策追加来应对资本积累的危机,如区域发展不平衡等问题[10],推动在资

本积累、区域治理等方面的尺度重构。尺度重构也可以是同一尺度内部的,如布伦纳提出在相对限定的地理范围内,社会关系的发生引发尺度内涵的转变[11]。性质上,这些关系包括权力、经济、文化等[12]。

尺度重构作为重要理论工具可用于阐释城市区域治理过程[13]。城市区域治理的尺度重构较特殊,既有社会关系的重塑,也有物理空间的边界转变。再如从全球化与再地域化引发的城市治理的尺度重构上,并非局限于单一尺度,而是置于全球尺度的城市体系中。资本再地化促使城市演变成为覆盖更大地理范围的多中心城市区域的形态,传统的核心—边缘结构由此被重构。同时,在城市区域内部,跨国资本的再地化受国家束缚明显减弱,多重地理尺度得以重新组织[14]。此外,由于社会关系也存在结构变迁,尺度重构处于变化之中。原有的尺度层级可能保留,可能消失,或产生新的尺度[15]。进而,新尺度再为社会政治力量提供互动平台,循环往复,形成动态的尺度过程[16,17]。

1.2.2 尺度政治:对社会斗争的过程解析

针对尺度政治,不同学者对尺度和政治的理解不同,进而产生了多种理论解释。普遍认为最有影响力的是 Smith 提出的尺度政治,指社会活动和斗争的地理尺度框架,地理尺度的生产和建构为一系列社会空间变化提供了丰富的依据[18]。布伦纳对尺度政治进行分类,有单一尺度与多层级尺度的差别[11]。前者强调在相对封闭的地理尺度内发生的社会空间组织的生产、重组或论争的现象;后者则融合多个层级尺度上特殊的差异、排序和层级中所包含的尺度生产、重组或论争现象。这种解读有助于梳理复杂社会过程的内涵,但具有明显的结构主义倾向,现实中很少存在单一尺度政治。因此,多层级尺度更趋近对现实的理解。针对尺度政治,MacKinnon 在前人基础研究上进行提升,不同于政治经济学的浓重的物质色彩,认为尺度政治融合了后结构主义对尺度的非物质的理解,包括表现性(performativity)、话语(discursive)等[7]。因此,尺度不仅具有物质属性,也有话语属性[19]。

尺度政治是政治地理学中以政治为导向的尺度运用[20],通过"强势方"与"弱势方"之间的"尺度上推"和"尺度下推"来描述政治博弈,如加拿大和爱尔兰残障人士与国家政府之间的利益对抗事件[21]及 Smith 对无家可归者和警察分别利用交通工具争夺空间控制[6]的尺度政治解读。尺度政治也被抽象成尺度化、尺度重构与权力关系转变的过程[22]。然而,尺度政治的内涵远不止社会运动,在其他层次,如城市、区域、国家以至全球尺度间的社会过程也适用于尺度政治的分析,例如在流经多国家的湄公河流域的水资源管理中,各国行动者通过利益协商实现跨国家尺度的区域合作[23]。

2 中国城市区域治理的尺度理论框架

2.1 城市区域的地理尺度:都市区与城市群

城市区域指城市核心(urban core)与周边密切相连的广阔腹地(hinterland),其联系包括经济、制度、社会与文化等多维度[24]。在中国,城市区域包括两层地理尺度:①都市区(metropolitan area),即在市域范围内,由市辖区(city districts)和周边广袤的城郊与乡村地区组成;②城市群(urban agglomeration),即由核心城市(core city)与周边充当腹地的附属城市组成。

根据尺度的等级化特征,都市区与城市群层级嵌套,即一个城市群由多个都市区组成。依据人口与就业指标,有些行政建制上的市可能形成都市区,有些难以形成都市区[25]。因而,城市群也由相互毗邻或不毗邻的若干都市区组成。城市群在地理尺度上可能局限在省级行政单元以内,也可能跨越省级行政单元。都市区与城市群综合反映了城市核心与周边腹地的多元密切的功能联系。

2.2 城市区域的治理尺度:行政权力金字塔

中国城市区域的治理尺度本质是科层制的行政系统,不同于西方语境下的扁平化治理结构。中国城市一般在行政体系中都具有相应的行政级别。古代封建制下中国城市体系以森严的权力等级为特征,以君权为核心,城市政治地位极大地决定了其经济地位[26]。新中国成立后,以行政等级为基础的城市体系被延续,围绕"中央、省级、地市级、县区级、乡镇"5个层级,自上而下,下级政府受上级政府的多重管控,形成严密的垂直管理体系,而水平层次间缺乏制度管控。一方面,中央政府以行政等级为依托,对不同等级城市定义了自上而下、逐步降低的获取经济社会及政治资源的行政权力;另一方面,国家建立自上而下的与城市行政层级相对应的地方官员行政体系,中央同时拥有城市行政等级体系与官员行政体系的绝对控制权,以强化行政主导的尺度框架[27]。

行政层级决定了城市获得中央的优惠政策、资金拨付、基础设施等资源的路径,进而影响吸引企业投资、人才和劳动力聚集等外来资源的入驻的能力。可以说,行政层级越高意味着城市资源获取能力越强。同时,城市经济封闭性较强,资本要素的流动尤其受行政边界限制,形成各自为政、资源争夺、行政中心与经济中心重叠的行政区经济[28]与诸侯经济[29]。在同一垂直体系中,上级政府对下级政府进行指令控制,矛盾冲突相对缓和。而不同垂直体系间,一个体系中的下级政府不必受另一体系的上级政府的行政管辖,导致跨管制权的竞争异常激烈。

2.3 城市区域治理的理论框架

中国城市区域治理的尺度建构是在行政权力上,建构与都市区及城市群空间范围相适应的治理实体。然而,目前行政架构内并没有法定的、正式的与城市群或都市区空间范围相一致的行政权力架构。因此,城市区域治理的尺度建构是一个复杂、动态和博弈的过程,以建立具有合法性的治理权威。通过尺度的物质属性,本文界定了城市区域的地理尺度与治理尺度,并认为治理尺度的动态重配以适应地理尺度的要求是中国城市区域治理的本质。进而,将尺度理解为话语性与动态建构,并从3个方面理解中国城市区域治理的尺度重构与尺度政治。

(1)改革开放后国家权力变迁与城市区域产生的尺度逻辑。外部制度环境的尺度建构是城市区域治理得以形成的决定机制,也是城市区域治理的尺度重构的核心环节。研究在现有理论基础上重点阐释:①从中央与地方权力变迁的角度理解城市区域治理产生的内涵;②从国家空间选择性阐释城市区域治理的目的,即赋予城市区域这一特定尺度优先发展权,以克服地方政府企业主义的负外部性。这部分侧重于外部制度环境的归纳及城市区域的政治经济学内涵分析。

(2)尺度重构的特征与逻辑。借助尺度的话语属性,本文引入刚性尺度与柔性尺度概念来抽象该过程。刚性尺度重构是指以改变正式的行政设置(政府机构及行政区划)及对应的权力设定来调整以与地理空间尺度相一致的过程;柔性尺度重构是指"临时性"的尺度建构,不在正式行政框架内改变权力设置,即非剧烈变动,使用设置相关协调机构、编制空间规划等柔性手段使得治理尺度与地理尺度相一致[30]。两种尺度重构的方法,有助于归纳城市区域化过程中尺度重构的逻辑。

(3)尺度政治的目标与逻辑。尺度政治侧重不同行为主体借助外力实现尺度跃迁或下沉,从而达到特定目标并扩大话语权。由于现阶段尺度政治的研究以案例为主,本文侧重归纳在都市区与城市群尺度上,尺度政治的最终目的与逻辑。

3 中国城市区域治理的尺度重构与尺度政治

3.1 改革开放后中国政治经济变迁:去中心化与再中心化

改革开放后,中国的政治经济经历了从改革前的"高度中心化"到"去中心化-再中心化"并存的转变,表现为中央政府对地方政府及市场与社会的权力下放与回收的过程[18,31]。中央与地方关系是国家治理的恒久主题。改革开放使得中央与地方关系发生重大转变。改革开放前中央财政赤字紧缩,国民经济的颓势亟待扭转[32],经济全球化作为主流趋势,为中国摆脱计划经济的尾大不掉、资源浪费及效率低下等发展危机提供了重要契机。中央政府采取一系列经济社会体制改革,打破高度集中的体制桎梏,积极向地方政府及市场与社会"放权让利"[32]。在"去中心化"过程中,各级政府获得大量行政事权,包含财政、金融、项目审批和企业管理等[33],中央与地方的权力结构发生本质转变。地方获得相对自由的经济发展空间,为外来企业在土地使用、税收、基础设施等方面提供优惠条件[34]。

然而"去中心化"并非意味着中央政府这一权力尺度的消解。为维持其治理权威,中央政府采取了一系列措施重塑权力,有显著的"再中心化"特征。一项权力的下放,必然伴随着后续的调适政策。如1988年土地管理改革,包括三个发展阶段:第一阶段是地方政府获得土地管理权,但同时受到垂直架构的土地部门监督管理;第二阶段是中央采用土地审批介入地方土地管理体系;第三阶段则通过自上而下的干部任免以"再中心化"实现权力监督[35]。此外,部分"权力下放"性政策也带有权力"再中心化"的特征,如近年来推行的国家级新区政策。一方面,中央通过营造新的空间尺度和下放部分权力,推动地方经济增长;另一方面,这些新区作为权力"飞地"引导国家权力向地方渗透并介入地方发展,强化了中央的治理权威与对地方的控制[36]。

"去中心化"与"再中心化"是相伴相生的过程。在促进国民经济发展的背景下,中央政府通过"去中心化"的权力尺度下移使地方政府获得部分发展事权和政策优惠。同时,中央政府也构建"晋升锦标赛"[37]来刺激地方政府积极发展经济,并引发城市间对资本、劳动力、资源及政策优惠的有序或无序争夺。为此,中央政府制定了相关管制政策,既规制企业型政府引致的城市间无序竞争,也再塑中央政府在资源分配中的主导地位。权力的尺度框架是以中央政府为主导的,即一系列"体制回归",权力在"条(部门)"与"块(行政区)"间的调配由中央政府统筹安排[38]。因此,"去中心化—再中心化"的权力尺度重构背后隐含着中央政府对"经济发展"和"治理权威"的双重诉求,决定了"去中心化-再中心化"持续动态的演变。

3.2 国家空间选择性与城市区域的崛起

伴随"去中心化-再中心化"过程,空间层面的实践表现为国家空间选择性,即从"城市"到"城市区域"的治理尺度的重配。本质上,国家空间选择是国家选择性地赋予特定空间以相应的发展优先特权。其中,国家空间在狭义上指基于地域所建构的空间组织及其演变的地理表征;广义上是国家机构为管理社会关系和影响自身地理内涵所采用的领域化、地方化等形式的方法策略[10]。

改革开放至21世纪初,中央政府从"全国一盘棋"的国家空间选择转向重点发展大城市,如优先设置的经济特区与沿海开放城市[39],旨在以此将城市作为经济发展的战略要点[40]。地方政府则以城市尺度为空间载体,以管理权力的下放为政策红利,积极发展地方经济,参与全球竞争。地方政府不断积累资本,实现企业型政府转向;空间上则急欲突破现状建成区,以土地财政为驱动,强化城市扩张[41]。同时,条状分割的行政体系决定了水平层面的城市之间各自为政,"行政区经济"与"地方主义"盛行[42]。由地方企业化发展导致的环境破坏、恶性竞争、重复建设等问题也随之而来。

面对以上危机,中央政府调整了国家空间选择战略,进入以城市区域为主体的发展阶段(21世纪初至今)[1]。《中华人民共和国国民经济和社会发展第十一个五年规划纲要》中将城市群作为城乡区域发展的主导推动力[1];2014年颁布《国家新型城镇化规划(2014—2020年)》聚焦于健康可持续、区域协调的城镇化发展[1]。因此,城市区域逐渐成为重要的国家空间选择。中央政府希望通过选择城市区域作为国家空间战略的载体达到促进经济发展和改进管制的双重目标,而地方政府则旨在通过城市区域的构建获得更多空间资源及提高城市竞争力。空间上,中央政府允许地方政府通过行政合并形成更大范围的都市区。但政策上,仅在空间规划上支持宏观城市区域的发展,并未下放实际权力以推进区域合作,反而另行建立具有一定行政权力的新区[42]。

3.3 刚性尺度重构与柔性尺度重构

中国城市区域的尺度重构包括3种主要形式,即行政合并、区域规划和建立跨管制权的合作伙伴关系和区域机构[1]。前者是刚性的尺度重构,而后两者是柔性的尺度重构。

3.3.1 城市群治理:柔性尺度重构

中国城市群治理的尺度构建以柔性尺度重构为主。为推进和巩固城市区域的发展,区域规划成为广泛采用的战略抓手,如2019年相继颁布的《粤港澳大湾区发展规划纲要》与《长江三角洲区域一体化发展规划纲要》[2]。城市群空间规划在不改变行政组织框架的基础上,将政府的发展意图充分体现。但是,根据规划制定者的不同而存在较大差异。由中央政府推出的自上而下的区域规划在于协调区域发展和管理,而地方政府主导的自下而上的区域规划则着眼于提升自身的竞争力和加强全域控制[43]。

此外,城市群治理依赖于区域机构的管理,如城市政府间联席会议与合作小组等[44],及合作伙伴关系,如地方政府合作设立的管委会与伙伴小组等管理跨境合作产业园[45]等。这些柔性尺度调整手段避免改变正式行政权力架构带来的巨大制度成本,临时性地建立相关权力协调机制,可以灵活高效地缓解城市群治理的碎化。

3.3.2 都市区治理:刚性尺度重构

都市区治理的尺度重构实质上是国家权力关系的重构,表现为刚性尺度重构,如行政级别调整。刚性尺度重构主要是跨越行政等级的权力重新配置,如市与县之间。中国城市包括4个等级性尺度关系:省部级城市、副省级城市、地级市、县级市。前两级城市尺度变动较少,其中副省级城市在1994年设立,旨在促进大城市的经济发展[18];1997年,重庆市由副省级市晋升为省部级的直辖市。而后两级城市的行政级别变动较大,包括自下而上的地方探索和自上而下的中央推广。

以"市管县"为例,该模式在20世纪50年代早期由杭州、兰州等城市推行,并于1959年得到中央政府的认可而在全国大范围推广。此后,中国行政区划分别经历了1961年"地区行政公署管理县"的旧模式的重启与1982年"市管县"模式的再次兴起[46]。这种尺度重构导致了地域空间重构,通过兼并周边下级县以增加土地资源和扩大税基等。由于其损害了被兼并县的利益,因此被批评为"市刮县"。包括之后的"撤县设区"也是如此,如地级市通过采取吸纳周边县、镇和工业园的方式来强化自身的发展地位[12]。而"省带县"是省级政府跨越地级市赋予县级市部分行政权限的尺度调整。江苏省的"省带县"实践中,甚至将国家权力下放至部分实力较强的乡镇尺度[12]。

此外,都市区层面的柔性尺度调整也时有发生,如直接编制市域空间规划以协调市县矛盾。而刚性行政区划调整往往最直接,效果显著,所以市县矛盾多付诸行政区划调整。但行政区划调整也存在政府行政框架整合不完全、制度上路径依赖等问题[47]。

3.4 中国城市区域治理的尺度政治

尺度政治是不同行为主体借助外力实现尺度跃迁或下沉,以便提升自身话语权、完成特定目标。城市区域治理的尺度建构中蕴含复杂的尺度政治。虽然不同案例存在差异性,但尺度政治在不同地理空间上也具有共性特征。

城市群治理中,尺度政治的最终目标在于建立具有广泛共识的城市间联盟。针对行政权力僵化问题,目前尺度政治表现为增长导向的城市经济与城市利益如何与协同发展的区域导向相一致,如长三角城市联盟的建立得到自上而下的政策支持。中央政府着眼于协调两省一市的区域发展,且编制了《长江三角洲城市群发展规划》。但是,该规划执行后劲不足,缺乏相关资金支持与区域机构的管理,导致城市无序竞争[3]。

都市区治理中,尺度政治的核心在于建立与社会经济发展相协调的行政管辖权上的"核心—边缘"模式。成功的都市区往往通过尺度政治获取资源。东莞作为珠三角的主要发展节点,早先为行政等级较低的农业县,改革开放后不断上升成为县级市、地级市,为经济发展搭建了获取政策资源和空间资源的有利平台[48]。而杭州的转型经历了数轮行政合并(从周边2个县的6个乡镇的划区兼并到直接改县设区)。多轮总体规划的修订保障了空间发展目标的落实[49]。江苏武进则是一个失败的尺度上推案例,尽管其拥有良好的经济基础,并制定了相应的区域规划,但由于自身行政级别低(普通县),又被其上级政府常州市兼并为区,最后被边缘化为非重点发展区域[50]。值得一提的是,众多城市区域并未局限于国家尺度上推,更多的是尝试在全球视野下进行尺度提升与角色转变。东莞的地方政府越过上级政府直接与全球尺度对接,为海外资本的入驻提供了媒介和机会,并建立了广泛的合作[48]。杭州则通过一系列大事件提升全球知名度,如已申请成功的西湖世界文化遗产与G20峰会、申请中的良渚古城遗址和筹备中的2022年亚运会[51]。

4 结论与讨论

尺度理论为理解中国城市区域治理提供了重要分析视角。尺度的等级化隐喻有助于识别中国城市区域治理的尺度框架,而尺度生产理论为中国城市区域的地理尺度与治理尺度的耦合过程提供了动态的分析工具。研究发现,中国的城市区域包括两个基本地理尺度,即都市区尺度与城市群尺度。其中,都市区在现有的建制市空间尺度范围以内;城市群跨越多个建制市,甚至超越省尺度。而城市区域的治理尺度则以行政权力为核心,各城市依据不同行政权力与等级,形成自上而下的权力金字塔。现有的治理尺度框架中,缺乏与城市区域地理尺度相一致的治理实体。而治理尺度的动态重配和与地理尺度相耦合的过程是中国城市区域治理的尺度建构的本质。

尺度重构上,城市区域治理的产生是国家政治经济变迁中,从"去中心"到"再中心"的重构过程。具体来说,是国家空间选择下,给予城市区域优先发展权,以克服地方发展主义(城市企业主义)负外部性及发展矛盾的战略考量。中央政府借此化解管制失灵问题,地方政府则赢取更多发展空间。因此,城市区域治理包括自上而下和自下而上两个尺度重构的过程。城市群治理主要通过建立"临时性"协调机构、跨管制权的合作伙伴关系及空间规划,不改变正式行政权力框架的柔性手段实现;都市区治理主要通过行政区划调整的正式手段,构建与地理尺度相一致的治理尺度,以刚性尺度建构为主[52]。尺度政治上,尽管多主体以尺度为工具在建立治理实体中进行复杂的多边博弈,但总体上,城市群的尺度政治核心在于建立具有广泛共识的城市间联盟;都市区的尺度政治的核心在于建立与社会经济发展相协调的行政管辖权上的"核心—边缘"模式。

从尺度的物质与话语属性上,中国城市区域治理的尺度本质是以行政权力为核心。根据西方尺度理论,尺度的本质是社会政治经济力量的运作平台,包括也超越地理尺度。由此可见,中国行政权力的产生是多种社会政治经济力量博弈的结果。而现有的行政权力框架下,多层级的政府科层是创造与运作行政权力的绝对主体[53]。对于城市区域,其行政权力游离于正式行政框架之外,尺度重构与博弈的话语权并非完全由政府操控。因此,尺度理论有助于在实际的城市区域治理构建中,更多考量其他社会政治经济力量的作用与角色,如产业行会、高校、社会团体及私营企业,他们都是合法且有效的区域治理主体[54],可广泛参与尺度建构与博弈中。

综上,未来中国城市区域治理研究,应更加聚焦于如下议题:①不同类型区域项目的对比研究,侧重于尺度重构在不同积累模式下的差别与机制;②新时期资本积累方式与重大区域政策的尺度逻辑分析,如粤港澳大湾区战略、一带一路倡议、雄安新区战略等;③以跨界合作为基础的层级政府的尺度博弈研究,对城市区域治理中多层级政府的行为逻辑与空间政治进行实证化与理论化研究;④中西方城市区域治理的尺度生产机制的比较研究,侧重不同资本积累模式下尺度内涵的差异性与相似性及不同国家的空间属性研究。以上研究议题具有重要政治经济学意义,也有助于深化对中国城市区域治理及尺度内涵的理解。

参考文献

[1] Wu F. China's emergent city-region governance:a new form of state spatial selectivity through state-orchestrated rescaling[J]. International Journal of Urban and Regional Research,2016,40(6):1134-1151.

[2] 张衔春,杨宇,单卓然,等.珠三角城市区域治理的尺度重构机制研究——基于产业合作项目与基础设施项目的比较[J].地理研究,2020,39(9):2095-2108.

[3] Li Y,Wu F. Understanding city-regionalism in China:regional cooperation in the Yangtze River Delta[J]. Regional Studies,2018,52(3):313-324.

[4] 李小建.经济地理学研究中的尺度问题[J].经济地理,2005,25(4):433-436.

[5] Taylor P. A materialist framework for political geography[J]. Transactions of the Institute of British Geographers,1982,7(1):15-34.

[6] Smith N. Contours of a spatialized politics:homeless vehicles and the production of geographical scale[J]. Social Text,1992,33:55-81.

[7] MacKinnon D. Reconstructing scale:towards a new scalar politics[J]. Progress in Human Geography,2011,35(1):21-36.

[8] Papanastasiou N. How does scale mean? A critical approach to scale in the study of policy[J]. Critical Policy Studies,2017,11(1):39-56.

[9] Marston S,John P,Keith W. Human geography without scale[J]. Transactions of the Institute of British Geographers,2005,30(4):416-432.

[10] Brenner N. Urban governance and the production of new state spaces in Western Europe,1960-2000[J]. Review of International Political Economy,2004,11(3):447-488.

[11] Brenner N. The limits to scale? Methodological reflections on scalar structuration[J]. Progress in Human Geography,2001,25(4):591-614.

[12] Luo X,Cheng Y,Yin J et al. Province-leading-county as a scaling-up strategy in China:the case of Jiangsu[J]. The China Review,2014,14:125-146.

[13] Swyngedouw E. Authoritarian governance,power,and the politics of rescaling[J]. Environment and Planning D:Society and Space,2000,18(1):63-76.

[14] 尼尔·布伦纳,徐江.全球化与再地域化:欧盟城市管治的尺度重组[J].国际城市规划,2008,30(1):4-14.

[15] 刘云刚,王丰龙.尺度的人文地理内涵与尺度政治——基于1980年代以来英语圈人文地理学的尺度研究[J].人文地理,2011,26(3):1-6.

[16] 王丰龙,刘云刚.尺度概念的演化与尺度的本质:基于二次抽象的尺度认识论[J].人文地理,2015,30(1):9-15.

[17] 殷洁,罗小龙.尺度重组与地域重构:城市与区域重构的政治经济学分析[J].人文地理,2013,28(2):67-73.

[18] Shen J. Scale, state and the city: urban transformation in post-reform China[J]. Habitat International, 2007, 31(3-4): 303-316.

[19] 马学广,李鲁奇.城际合作空间的生产与重构——基于领域、网络与尺度的视角[J].地理科学进展,2017,36(12):1510-1520.

[20] 王丰龙,张衔春,杨林川,等.尺度理论视角下的"一带一路"战略解读[J].地理科学,2016,36(4):502-511.

[21] Kitchin R, Robert W. Disability activism and the politics of scale[J]. Canadian Geographer/Le Géographe Canadien, 2003, 47(2): 97-115.

[22] 王丰龙,刘云刚.尺度政治理论框架[J].地理科学进展,2017,36(12):1500-1509.

[23] Lebel L, Garden P, Imamura M. The politics of scale, position, and place in the governance of water resources in the Mekong region[J]. Ecology and Society, 2005, 10(2): 18.

[24] Rodríguez-Pose A. The rise of the "city-region" concept and its development policy implications[J]. European Planning Studies, 2008, 16(8): 1025-1046.

[25] 宁越敏.中国都市区和大城市群的界定——兼论大城市群在区域经济发展中的作用[J].地理科学,2011,31(3):257-263.

[26] 张衔春.透视分封制、宗法制以及郡县制下的中国城市体系[J].经济师,2010,25(7):63-64.

[27] Ma L. Urban administrative restructuring, changing scale relations and local economic development in China[J]. Political Geography, 2005, 24(4): 477-497.

[28] 刘君德,舒庆.中国区域经济的新视角——行政区经济[J].改革与战略,1996,12(5):1-4.

[29] 沈立人,戴园晨.我国"诸侯经济"的形成及其弊端和根源[J].经济研究,1990,36(3):12-19,67.

[30] 张京祥,陈浩,胡嘉佩.中国城市空间开发中的柔性尺度调整——南京河西新城区的实证研究[J].城市规划,2014,38(1):43-49.

[31] Xu J. Contentious space and scale politics: planning for inter-city railway in China's mega-city regions[J]. Asia Pacific View-point, 2017, 58(1): 57-73.

[32] 史宇鹏,周黎安.地区放权与经济效率:以计划单列为例[J].经济研究,

2007,53(1):17-28.

[33] Wei Y. Decentralization, marketization, and globalization: the triple processes underlying regional development in China[J]. Asian Geographer, 2001,20(1-2):7-23.

[34] Xu J, Yeh A, Wu F. Land commodification: new land development and politics in China since the late 1990s[J]. International Journal of Urban and Regional Research,2009,33(4):890-913.

[35] Xu J, Wang J. Reassembling the state in urban China[J]. Asia Pacific Viewpoint,2012,53(1):7-20.

[36] Lim K. " Socialism with Chines e characteristics": uneven development, variegated neoliberalization and the dialectical differentiation of state spatiality[J]. Progress in Human Geography,2014,38(2):221-247.

[37] 周黎安.中国地方官员的晋升锦标赛模式研究[J].经济研究,2007,53(7):36-50.

[38] 周黎安.行政发包制[J].社会,2014,34(6):1-38.

[39] 李禕,吴缚龙,黄贤金.解析我国区域政策的演变:基于国家空间选择变化的视角[J].现代城市研究,2015,30(2):2-6.

[40] Xu J. Governing city-regions in China: theoretical issues and perspectives for regional strategic planning[J]. Town Planning Review,2008,79(2-3):157-186.

[41] 张衔春,向乔玉,张宇,等.中国城市蔓延研究回顾与展望[J].规划师,2014,30(9):76-81.

[42] 晁恒,马学广,李贵才.尺度重构视角下国家战略区域的空间生产策略——基于国家级新区的探讨[J].经济地理,2015,35(5):1-8.

[43] Li Y, Wu F. The emergence of centrally initiated regional plan in China: a case study of Yangtze River Delta Regional Plan[J]. Habitat International, 2013,39:137-147.

[44] 张衔春,吕斌,许顺才,等.长株潭城市群多中心网络治理机制研究[J].城市发展研究,2015,22(1):28-37.

[45] 张衔春,栾晓帆,马学广,等.深汕特别合作区协同共治型区域治理模式研究[J].地理科学,2018,38(9):1466-1474.

[46] Chung H. The change in China's state governance and its effects upon urban scale[J]. Environment and Planning A,2007,39(4):789-809.

[47] 罗小龙,殷洁,田冬.不完全的再领域化与大都市区行政区划重组——以南京市江宁撤县设区为例[J].地理研究,2010,29(10):1746-1756.

[48] Smart A, Lin G. Local capitalisms, local citizenship and translocality:

Rescaling from below in the Pearl River Delta region, China[J]. International Journal of Urban and Regional Research, 2007, 31 (2): 280-302.

[49] Wei Y. Restructuring for growth in urban China: transitional institutions, urban development, and spatial transformation[J]. Habitat International, 2012, 36(3): 396-405.

[50] Chen H, Wu Q, Cheng J et al. Scaling-up strategy as an appropriate approach for sustainable new town development? Les sons from Wujin, Changzhou, China[J]. Sustainability, 2015, 7(5): 5682-5704.

[51] 刘丙孜. 大事件提升杭州城市国际化水平的启示与思考[J]. 杭州学刊, 2017, 3(1): 45-52.

[52] 张衔春, 赵勇健, 单卓然, 等. 比较视野下的大都市区治理: 概念辨析、理论演进与研究进展[J]. 经济地理, 2015, 35(7): 6-13.

[53] 林雄斌, 杨家文, 李贵才, 等. 跨市轨道交通溢价回收策略与多层级管治: 以珠三角为例[J]. 地理科学, 2016, 36(2): 222-230.

[54] 张衔春, 单卓然, 许顺才, 等. 内涵·模式·价值: 中西方城市治理研究回顾、对比与展望[J]. 城市发展研究, 2016, 23(2): 84-90, 104.

该文发表于《地理科学》2021年第1期，作者为张衔春，胡国华，单卓然，李禕。

新型城镇化概念内涵、目标内容、规划策略及认知误区解析

摘要 定义了新时期"新型城镇化"概念,从4个角度解读并指出新型城镇化的民生、可持续发展和质量三大内涵。提出新型城镇化的六大核心目标——平等城镇化、幸福城镇化、转型城镇化、绿色城镇化、健康城镇化和集约城镇化。概括新型城镇化的4项重点内容——全面推进区域统筹与协调一体、稳步实现产业升级与低碳转型、大力坚持生态文明和集约高效、努力尝试制度改革和体制创新。阐述了新型城镇化四类规划策略——"区域协调、城乡统筹与一体化"的统筹协调策略、"三产三低三提升、三业三化三集中"的转型升级策略、"资源节约集约、环境友好安全"的生态文明策略、"集聚增长、混合利用、紧凑开发"的集聚紧凑策略。指出新型城镇化存在的六大可预见性认知误区。

关键词 新型城镇化;概念;内涵;目标;内容;规划策略;认知误区

1 新型城镇化定义

"新型城镇化"一词自提出已有十余年,公认最早是伴随党的十六大"新型工业化"战略提出,主要是依托产业融合推动城乡一体化(李程骅,2012)[3],然而,"新型城镇化"被广大中国百姓熟知是在党的十八大,特别是2012年中央经济工作会议首次正式提出"把生态文明理念和原则全面融入城镇化全过程,走集约、智能、绿色、低碳的新型城镇化道路"及将之确立为未来中国经济发展新的增长动力和扩大内需的重要手段之后,才越来越受到各行业和学界人士的关注。

"新型城镇化"是在"城镇化"概念的基础上进一步展开的,其在人口集聚、非农产业扩大、城镇空间扩张和城镇观念意识转化4个方面与"传统的"城镇化概念并无显著差异,但在实现这种过程的内涵、目标、内容与方式上有所区别,实际上,由于各行业、领域的针对性和研究的侧重点不同,"新型城镇化"至今尚无统一和明确的定义。此处认为,所谓新型城镇化,是以民生、可持续发展和质量为内涵,以追求平等、幸福、转型、绿色、健康和集约为核心目标,以实现区域统筹与协调一体、产业升级与低碳转型、生态文明和集约高效、制度改革和体制创新为重点内容的崭新的城镇化过程。

推行新型城镇化是为了:①积极应对国内外政治、经济发展的新形势;②弥补长期以来高速城镇化带来的弊端和损失;③最大限度地将改革开放成果惠及广大

人民;④促进未来中国城乡建设的可持续发展。

2 新型城镇化内涵框架构建

新型城镇化是新时期中国全面建成小康社会的核心策略,描述和展现的是未来经济健康可持续发展、社会和谐稳定、生态绿色优美、城乡建设蓬勃发展的美好愿景。为了实现新型城镇化愿景,必须尽快明确新型城镇化的内涵框架、目标体系和核心内容,以及各地实施新型城镇化战略的路径和可能涉入的误区等若干重大问题。

2.1 从四个角度解读新型城镇化

能否准确地阐释新型城镇化的内涵是未来10年国内城市发展能否稳步进行、各行业领域能否相互协调的关键。站在国家战略发展全局的高度,采用系统化的思维解读新型城镇化内涵十分必要,具体包括:①从国内城镇化应对未来不确定性的角度;②从反思传统城镇化过程中错误做法的角度;③从城镇化国际经验教训借鉴的角度;④从当届政府执政的角度。

2.1.1 从国内城镇化应对未来不确定性的角度

进入2010年代,全球形势已发生重大变化,国内城镇化面临的挑战也越来越多,不确定因素骤然增加,可以概括为优势的不确定性和需求的不确定性。首先,不断深入的全球化是一把双刃剑。一方面,自改革开放以来,中国凭借土地和人力低成本、丰富的各类资源成为"世界工厂",国内生产总值和综合实力不断上升。另一方面,国内劳动力成本的不断上涨促使部分劳动密集型产业开始向周边地区迁移;各项资源存量的日趋下降导致以往以大面积、大规模的资源采掘为主的资源依赖型产业开始衰败,中国已出现了数批"资源枯竭型"城镇(杜永红,2012)[1]。其次,随着我国老龄化的不断加速与人口红利逐步消失,未来能否继续保有上述优势尚未可知。因此,新型城镇化必须努力摆脱土地、资源和人口的三重依赖,必须走可持续发展的道路。再者,中国未来的城镇化发展面临诸多不确定需求:一方面,长期依赖出口和投资的国内经济贸易正遭遇全球经济动荡的威胁,美国缓慢的经济复苏、欧盟茫然的未来和日本的持续低迷均给未来出口经济和海外投资带来巨大的不确定性;另一方面,随着国民收入的不断提高,人们对于生活质量和精神层面的要求越来越多,长期以经济和物质建设为主的中国城镇化模式正面临着从外向型向内向型转变的挑战。因此,新型城镇化务必以改善人民生活质量为基本要义,以人为本,从而有助于刺激内需,激活本地经济。

2.1.2 从反思传统城镇化过程中错误做法的角度

自新中国成立以来,国内城镇化发展大体经历了顺利与超速、倒退与停滞、快速与稳定等6个阶段(方创琳,等,2008)[2],总体上实现了城镇化的快速发展。持续高速的城镇化进程遗留了众多历史性问题,比如:①对农业经济的忽视导致"三农"问题始终动力不足,农民生活质量无法提高;②对城市空间管治的不到位导致基本农田不断被侵占,城镇蔓延日趋肆意,浪费与紧缺并存;③对生产技术创新的投入不足致使大量城镇长期处于产业链条末端,同质化现象与内耗愈发严重;④对传统能源和材料的过度依赖导致资源几近枯竭;⑤对节能意识的薄弱和对环境监管的放松导致长期的高污染、高耗能和高排放等等。近期暴发的雾霾天气殃及全国半数省区、30余个城市,首都部分监测点 PM2.5 实时浓度超过 800 $\mu g/m^3$[②],已严重影响人民的安全和健康水平。为此,新型城镇化必须以可持续发展为重要内涵,走结构优化、绿色低碳、安全健康、集约高效之路。

2.1.3 从城镇化国际经验教训借鉴的角度

2011年,国家官方公布的城镇化率已达到 51.3%[③]。按照国际城市发展经验教训,城镇化率逾越50%以后,一方面城镇化速度会持续加速突破60%~70%,另一方面长期高速城镇化导致的诸多弊病将不断涌现,包括城乡差距问题、生态环境问题和社会公平公正问题等。此外,世界银行数据显示中国2011年人均国民生产总值达5414美元,已步入中等收入国家行列,内需压力将进一步增强。为此,新型城镇化必须尽快从片面追求城镇化速度向城镇化质量转变,必须尽快从城市维度向城乡维度转变(仇保兴,2012)[4],在城乡公共服务质量、生态环境保护等方面加大投入,避免落入"中等收入陷阱",保障经济健康繁荣,促进社会和谐稳定。

2.1.4 从当届政府执政的角度

在2012年召开的中央经济工作会议上,最引人关注的莫过于当届政府提出的一系列改革措施。其中,无论是提高经济增长质量和效益、保持物价稳定、完善消费政策,还是完善结构性减税、保持人民币汇率稳定、坚持房地产市场调控、积极稳妥推进城镇化等都根本性地指向两项重要内容:一是促进经济持续健康发展,二是保障和改善民生。因此,在此背景下的新型城镇化必将民生和经济两手抓,走发展与惠民并举的新道路。

2.2 新型城镇化的三大核心内涵

综上,新型城镇化应具有三大内涵,可以概括为:强调民生,强调可持续发展和强调质量。每个内涵均可以从经济、社会、体制制度和城镇建设四个层面解读其具体内容(表1)。

表1 新型城镇化内涵框架

新型城镇化三大内涵	不同层面	具体内容
内涵一:民生的城镇化	经济层面	收入差距、农村人均纯收入、城镇居民人均可支配收入
	社会层面	福利水平、社会保障能力、医疗服务水平、教育水平、老年群体及弱势群体关注度

续表

新型城镇化三大内涵	不同层面	具体内容
内涵一:民生的城镇化	体制制度层面	户籍制度、土地制度、行政管理体制、城乡统筹、收入分配制度
	城镇建设层面	生态建设、公共服务均等化、基础设施覆盖水平、保障房安居工程
内涵二:可持续发展的城镇化	经济层面	产业转型与升级、现代农业与现代服务业发展、产业结构调整
	社会层面	文化事业、社会网络、非政府团体机构
	体制制度层面	服务型政府、民营发展、民间投资、政务及财产公开
	城镇建设层面	低碳理念、自然环境、历史文脉、绿色建筑、垃圾循环、新能源、新材料
内涵三:质量的城镇化	经济层面	区域协调与一体化、低污染、低耗能、低排放
	社会层面	文明及综合素质、受教育能力与水平、食品安全、市民健康
	体制制度层面	门槛调整、准入制度、监管制度
	城镇建设层面	速度与质量、土地节约集约、空气及水环境质量、公共服务便捷程度、品质生活

2.2.1 民生内涵

经济层面体现在缩小收入差距,提高城镇居民可支配收入和提高农村人均纯收入等方面;社会层面体现在提高社会保障和福利水平,提高社会医疗救助水平和提高社会教育水平等方面;体制制度层面体现在对城乡户籍制度、土地制度、收入分配制度和行政管理体制的革新等方面;城镇建设层面体现在促进城乡公共服务均等化,加快完善道路交通、市政设施等基础设施以及不断推进保障房安居工程建设等方面。

2.2.2 可持发展内涵

经济层面体现在加快产业转型升级,着力产业结构调整,加快现代农业和现代服务业发展等方面;社会层面体现在繁荣文化市场,提高社会网络化水平,鼓励非政府团体和机构引导公众参与等方面;体制制度层面体现在创建服务型政府,推进政务消费及人员财产的公开透明,鼓励扩大民间投资等方面;城镇建设层面体现在强化区域生态环境保护,树立区域低碳发展理念,鼓励新能源、新材料利用,提倡垃圾回收,倡导历史文化保护以及大力推进绿色建筑革命等方面。

2.2.3 质量内涵

经济层面体现在实施经济发展的"低污染、低耗能、低排放"以及加快区域与城乡协调;社会层面体现在提高全社会文明程度,提高全社会受教育水平,提高全社会市民健康水平和保障全社会食品安全等方面;体制制度层面体现在提高有关食品、民众健康、医疗卫生等公共服务的监管门槛,加大处罚力度,建立及完善相关法律法规等方面;城镇建设层面体现在从追求建设速度向谋取建设质量转变,关注城乡公共服务质量,关注城市环境质量(空气质量、水环境质量等),坚持土地利用的节约集约与高效,最大限度地提高市民的生活品质和便捷程度。

3 新型城镇化的目标与内容

3.1 新型城镇化六大核心目标

可以肯定,新型城镇化是未来长期指导国内城乡建设及各行业领域发展的一整套完备战略系统,其内涵体系化、有序化、层次化和网络化的特征初具。以内涵为基础,"十二五"及"十三五"期间中国新型城镇化的核心目标可概括为6点:平等城镇化目标、幸福城镇化目标、转型城镇化目标、绿色城镇化目标、健康城镇化目标和集约城镇化目标。其中平等城镇化与幸福城镇化目标对应民生内涵;转型城镇化和绿色城镇化目标对应可持续发展内涵;健康城镇化和集约城镇化目标对应质量内涵。六大目标彼此独立、相互关联,互为补充和支撑(表2)。

表2 新型城镇化的核心目标体系

核心目标	对应内涵基础	关键内容	主要表现
平等城镇化	民生内涵	统筹与一体	农民工市民化、公共服务均等化、户籍与土地制度突破、收入分配制度创新
幸福城镇化		收入与安居	城乡居民收入普遍提高、城乡居民收入差距缩小、贫富差距缩小
转型城镇化	可持续发展内涵	结构与升级	链条高级化和梯度层次化、结构优化、农业现代化、现代服务业规模化
绿色城镇化		环保与低碳	气候及生态优化、区域碳排放量下降
健康城镇化	质量内涵	生态与安全	污染与耗能降低、环境质量提升、食品安全水平和市民健康水平提高
集约城镇化		节约与高效	城乡土地利用节约集约、城乡各类设施高效利用

3.1.1 平等城镇化

平等城镇化目标的关键在于统筹与一体。主要表现在实现农民工市民化和城乡公共服务一体化、户籍与土地制度突破和收入分配制度创新。

3.1.2 幸福城镇化

幸福城镇化目标的关键在于收入与安居。主要表现在实现城乡居民收入普遍提高与居民收入差距的缩小。其中,居民收入差距的缩小又包括城乡居民收入差距缩小和贫富差距缩小。

3.1.3 转型城镇化

转型城镇化目标的关键在于结构与升级。主要表现在实现产业链条高级化与梯度层次化、产业结构优化、农业现代化和现代服务业规模化。

3.1.4 绿色城镇化

绿色城镇化目标的关键在于环保与低碳。主要表现在实现气候及生态优化和区域碳排放量下降。

3.1.5 健康城镇化

健康城镇化目标的关键在于生态与安全。主要表现在实现污染与耗能降低、环境质量提升、食品安全水平和市民健康水平提高。

3.1.6 集约城镇化

集约城镇化目标的关键在于节约与高效。主要表现在实现城乡土地利用的节约集约和城乡各类已建成设施的高效利用。

3.2 新型城镇化的四项重点内容

3.2.1 全面推进区域统筹与协调一体

实现新型城镇化必须全面推进区域统筹与协调一体。一方面是要在城乡关系上下功夫,改变由众多因素导致的城乡长期二元割裂的局面,尤其在改善城乡居民生活质量和提供城乡居民就业环境上应坚持公平公正;另一方面是要在区域上做文章,应认识到城市既是区域的,区域也是城市的。推进新型城镇化仅仅依靠单个城镇无法做到,必须依托具有一定数量、一定差异性和互补性的城镇体系乃至区域网络体系。在区域中谋发展、在区域中求协调是新型城镇化的重要内容。

3.2.2 稳步实现产业升级与低碳转型

实现新型城镇化必须稳步实现产业升级与低碳转型。新型城镇化在某种程度上是对传统城镇化模式的一种反思。在中国,这种反思集中针对产业病及其所带来的城市病。毫不夸大地说,国内数十年发展取得的成就和遗留的弊病都与产业发展密切相关,可谓"成也萧何,败也萧何"。因此,对于一方面受到国际环境影响、另一方面受到国内弊病困扰的双重压力下的中国产业而言,实现新型城镇化的产业升级与转型几乎是必然的选择,且无路可退。

3.2.3 大力坚持生态文明和集约高效

实现新型城镇化必须大力坚持生态文明和集约高效。生态文明是全球范围的宣言,是人类开始意识到环境破坏给自身利益带来损害,并可能影响后代的繁衍与生存后的醒悟。而集约高效是中国发展特色社会主义道路下总结出的宝贵经验,也是应对国内人地关系紧张、区域供给与需求不均现状的最佳途径之一。

3.2.4 努力尝试制度改革和体制创新

实现新型城镇化必须努力地尝试制度改革和体制创新。伴随新型城镇化的体制制度改革不打"擦边球",也不能小打小闹,必须敢于迈进深水区、直面问题本源、直面某些既有利益集团的强烈反对。体制制度改革是对政党执政本质和能力的双重考验,需要人民的支持,而新型城镇化背景下赋予了公众参与最好的时机。因此,新时期体制和制度改革应紧紧依托新型城镇化、依托广大市民与公众,在收入分配制度、土地制度、行政管理体制等方面大胆创新。

4 推行新型城镇化的城乡规划策略与手段

对于国内城乡规划学界而言,新型城镇化虽然广为熟知,但一方面长期在局部范围或地区试行,另一方面常局限在城乡建设环节。随着新型城镇化上升为国家战略并成为本届政府执政的重要理念,新型城镇化的涵盖范围持续扩大,其要求城乡规划学界必须积极探索新时期推行新型城镇化的新策略。

规划策略的实施必须以各地阶段性的发展路径为保障。中国幅员辽阔,城镇经济社会发展的地域差异显著。在从传统城镇化向新型城镇化转变的过程中,各地应秉承"评估现实差距—树立可行性目标—确立重点行动计划"的系统化思路,逐步实现基于内涵维度的发展方式转变、基于目标维度的发展方向确立和基于内容维度的实施安排。

以发展路径为基础,针对我国新型城镇化的三大内涵、六个目标和四项内容,新时期城乡规划领域推行新型城镇化应采取以下四类策略(表3)。

表3 新型城镇化推进策略、手段及实施要点

	核心策略	主要手段	实施要点
推进新型城镇化	统筹协调策略	区域协调、城乡统筹与一体化	城乡公共服务均等化、农民工市民化
			区域及城乡产业差异化、有序化发展
	转型升级策略	三产三低三提升、三业三化三集中	农业、工业和现代服务业实行"低排放、低污染和低能耗"
			农业现代化、工业集群化和现代服务业规模化协同升级
			农业向规模经营集中;工业向园区集中;现代服务业向城镇各级中心集中

续表

核心策略	主要手段	实施要点
生态文明策略	资源节约集约、环境友好安全	推进城镇绿色建筑改造,打造绿色社区、绿色街区和绿色城镇
		强化现有资源的节约保护和集约利用,依托新技术大力开发新能源、新材料
		维护区域生态安全格局,加强大气和水环境质量监测,提高准入门槛和处罚力度
集聚紧凑策略	集聚增长、混合利用、紧凑开发	产业集群化集聚、空间园区化集聚、重点在各级城镇中心集聚
		依托公共交通导向实现多中心、组团式、网络化的土地利用

(推进新型城镇化)

4.1 "区域协调、城乡统筹与一体化"的统筹协调策略

统筹协调策略涵盖区域与城乡两个层次。从区域上说,大体包含4个空间地域层次的协调与统筹:①以大多数现状城镇中心城区为核心的规划区或都市区范围;②较为明确的市域范围;③跨行政界限的城市圈、城市群范围;④更大尺度的都市连绵带和经济区范围,在此区域内统筹更多地针对宏观政策、重大设施、产业布局、生态安全等方面。而对于城乡一体化层面,则较为微观地注重与城乡居民相关的各类公共服务设施建设、道路交通与市政基础设施布局、就业水平及环境质量保障等方面。

4.2 "三产三低三提升、三业三化三集中"的转型升级策略

所谓转型,一是向低碳绿色转型,二是向规模集中转型。低碳绿色即要求农业、工业和现代服务业实行"低排放、低污染和低能耗"。规模集中即倡导农业向规模经营集中;工业向园区集中;现代服务业向城镇各级中心集中。所谓升级,一方面指农业效率提升、工业低碳水平提升和现代服务业服务质量提升;另一方面指农业现代化、工业集群化和现代服务业规模化协同升级。

4.3 "资源节约集约、环境友好安全"的生态文明策略

资源节约与环境友好是国家两型社会建设的重要目标,也是生态文明的核心理念。其中,资源节约即强化现有资源的节约保护和集约利用,依托新技术大力开发新能源、新材料。积极推进废物回收再利用工程。环境友好即坚持生态保护优先,建立和维护区域生态安全格局,加强城镇环境质量(包括大气质量和水环境质量)监测,因地制宜、适度提高有污染企业准入门槛和处罚力度。此外,以现代技术

为依托,积极推进城镇绿色建筑改造,打造绿色社区、绿色街区和绿色城镇;科学合理布局城镇空间,尽可能多地利用自然资源和能源(如风能、太阳能等)解决城镇采光和通风问题以减少环境干预也是生态文明的重要方面。

4.4 "集聚增长、混合利用、紧凑开发"的集聚紧凑策略

集聚紧凑策略包含三层含义。所谓集聚增长即推动产业集群化集聚、空间园区化集聚、重点在各级城镇中心集聚。所谓混合利用即提倡各项功能混合使用,从而降低远距离、钟摆式交通出行。紧凑开发指依托公共交通导向实现多中心、组团式、网络化土地利用。三者相互作用,互为条件,互为因果。

5 新型城镇化的可预见性认知误区分析

新型城镇化作为我国转型时期和新一轮城乡建设的重要指导性战略,对经济、社会、体制制度和城乡建设诸多方面具有深远的意义,其内涵伴随一系列政策的出台和实践成果的落实将得到不断丰富。但是,受到既有国情和利益分配方式、现状发展模式以及未来众多不确定因素的潜在影响,新型城镇化在城镇实践过程中极有可能出现若干误区,其可预见性误区可概括为以下6点(表4)。

表4 新型城镇化的六大认知误区、错误观点与做法及主要后果

	认知误区	错误观点	错误做法	后果
新型城镇化认知误区	误区一:将城乡统筹理解为将农村变为城市、将集体用地变为城乡建设用地或"去农村化"	城乡统筹即将农村变城市,主张向城市看齐	盲目实施"村改城"计划	村非村、城非城和乡村风貌丧失
		城乡统筹即将集体用地转为城乡建设用地	通过规划区划定、行政区划调整转为工业和居住用地	传统生活方式遗失和环境遭到破坏,侵占农田,威胁生态格局及粮食安全
		赞同"去农村化"	按照城市发展模式开发,将农民就地变为市民	激化城乡建设与生态基底保育的矛盾乃至造成严重的社会问题
	误区二:将城乡公共服务均等化理解为城乡公共服务相同化	城乡公共服务均等即乡村公共服务配置标准、内容规模与城镇相同	乡村设立博物馆、会展中心等大型设施,效仿城镇配备三甲医院、大型福利中心	乡村公共财政运营压力巨大、公共服务设施空置率高、土地浪费和服务质量低下等

续表

认知误区	错误观点	错误做法	后果
误区三：将产业转型与升级理解为强调产业高端化、高技术化和产业链条弃下游化	转型即低端向高端转化，高产出-低效益向低产出-高效益转变	奉行高新技术和高知识人才，追求先进制造业、高端装备制造和高新技术产业	目标产业引进困难、传统产业衰败、地区失业率提高、公共服务质量降低、社会矛盾激化、城市衰败
	产业升级即产业链条向上游迈进	放弃下游产业	产业结构失衡、产业间关联度降低、趋同化严重、城镇间恶性竞争
误区四：将低碳环保理解为单一的拉闸限电、限制机动车数量、限制私家车出行和植树造林	低碳即降低低碳需求和减少碳供给	拉闸限电、限制机动车数量和私家车出行	增加经济发展与低碳环保之间的直接或间接矛盾
	环保即植树造林	大面积植树造林	"种树容易养树难"，不能从源头上解决生态压力问题
误区五：将集约紧凑理解为奉行"高密度、高强度与高层建筑"	集约紧凑即高密度、高强度和高层建筑开发	土地利用强调高强度、高密度，建设大量高层建筑	开发突破环境容量、"卧鬼城"出现、城市可识别度下降
误区六：将追求城镇化质量理解为城镇化已达标、放弃城镇化速度或使城镇化停滞	新型城镇化意味着看重质量和放弃速度	放弃速度求质量	短期内城镇化停滞、城镇财政支撑困难
	所有城镇均已到达质量型城镇化阶段		新型城镇化长期内生动力不足、质量提升缓慢

5.1 误区一：将城乡统筹理解为将农村变为城市、将集体用地变为城乡建设用地或"去农村化"

第一个误区是错误地理解"城乡统筹"概念。一方面认为城乡统筹即将农村变为城市，主张城市是村庄发展的唯一目标和样板，进而盲目地实施"村改城"计划，导致村非村、城非城和乡村风貌丧失；另一方面，认为城乡统筹即将农村集体用地转为城乡建设用地，进而通过规划区划定、行政区划调整等方式将农用地转为工业和居住用地，导致农村传统生活方式遗失、自然环境遭到破坏、基本农田被侵占，以致威胁生态格局及粮食安全。再有甚者可能激进地赞同"去农村化"，认为城乡统筹即将城乡用地统一按照城市发展模式开发,将农民就地变为市民,其结果将激化城乡建设与生态基底保育的矛盾乃至造成严重的社会问题。

5.2 误区二:将城乡公共服务均等化理解为城乡公共服务相同化

第二个误区是错误地理解"城乡公共服务均等化"概念。认为城乡公共服务均等化即乡村公共服务的配置标准、项目内容与类型、设施规模和数量应与城镇相同。比如认为乡村应和城镇一样设立博物馆、会展中心、体育中心等大型文化、体育设施,或认为乡村应效仿城镇配备三甲医院、大型福利中心等,进而导致乡村公共财政运营压力巨大、公共服务设施空置率高、土地浪费和服务质量低下等问题。

5.3 误区三:将产业转型与升级理解为强调产业高端化、高技术化和产业链条弃下游化

第三个误区是片面地理解"产业转型与升级"概念。一方面认为产业转型即从传统依赖资源与低成本劳动力的低端产业向高端产业转化,从高产出-低效益向低产出-高效益转变,奉行高新技术手段和高知识人才,进而盲目追求不符合本地实际情况的先进制造业、高端装备制造业和高新技术产业等,导致本地陷入目标产业引进困难、传统产业衰败、地区失业率提高、经济发展停滞、公共服务质量降低、社会矛盾激化、城市衰败等一系列恶性循环过程;另一方面,认为产业升级即标志着产业链条向中上游迈进、放弃下游产业,进而导致地区产业结构失衡、产业间关联度降低、趋同化现象严重、城镇间恶性竞争、经济倒退等严重问题。

5.4 误区四:将低碳环保理解为单一的拉闸限电、限制机动车数量、限制私家车出行和植树造林

第四个误区是肤浅地理解"低碳环保"理念。一方面认为低碳即降低碳需求和碳供给,如拉闸限电、限制机动车数量和私家车出行以降低碳排放,忽视新型城镇化的民生内涵实现,进而增加经济发展与低碳环保间的矛盾;另一方面,理想化地主张环保即大面积植树造林,导致"种树容易养树难",没有从源头上解决生态环境压力问题。

5.5 误区五:将集约紧凑理解为奉行"高密度、高强度与高层建筑"

第五个误区是极端地理解"集约紧凑"概念。错误地认为集约紧凑即代表着高密度使用、高强度开发和高层建筑盛行,一则导致城乡开发容量大大突破环境承载力、"卧城"和"鬼城"不断出现、房地产市场泡沫破裂;二来导致城市可识别性下降、城市千篇一律与特色丧失、城乡环境质量大幅下降、经济社会发展长期倒退等问题。

5.6 误区六：将追求城镇化质量理解为城镇化已达标、放弃城镇化速度或使城镇化停滞

第六个误区是未全面理解"质量型城镇化"的概念。一方面认为新型城镇化意味着看重质量、放弃速度，进而导致短期内城镇化停滞、城镇财政支撑困难；另一方面，想当然地认为所有城镇均已达到质量型城镇化阶段，进而导致新型城镇化长期内生动力不足、质量提升缓慢乃至城市破产。

6 结论与展望

在系统地分析与研究新型城镇化的概念、内涵框架、目标体系、重点内容、规划推进策略和认知误区后得出以下结论。

①新型城镇化是以追求民生、可持续发展和质量为内涵，以平等、幸福、转型、绿色、健康和集约为核心目标，以区域统筹与协调一体、产业升级与低碳转型、生态文明和集约高效、制度改革和体制创新为重点内容的崭新城镇化过程。

②新时期，新型城镇化具有三大内涵、六大核心目标和四项重点内容。三大内涵即强调民生，强调可持续发展和强调质量；六大核心目标指平等城镇化目标、幸福城镇化目标、转型城镇化目标、绿色城镇化目标、健康城镇化目标和集约城镇化目标；四项重点内容包括全面推进区域统筹与协调一体、稳步实现产业升级与低碳转型、大力坚持生态文明和集约高效、努力尝试制度改革和体制创新。

③在新型城镇化行动的推进过程中，采取四个策略，分别为"区域协调、城乡统筹与一体化"的统筹协调策略、"三产三低三提升、三业三化三集中"的转型升级策略、"资源节约集约、环境友好安全"的生态文明策略、"集聚增长、混合利用、紧凑开发"的集聚紧凑策略。

④在新型城镇化理念的传递过程中，极有可能伴随出现六大认知误区，可概括为：将城乡统筹理解为将农村变为城市、将农村集体用地变为城乡建设用地或"去农村化"误区；将城乡公共服务均等化理解为城乡公共服务同等化误区；将产业转型与升级理解为强调产业高端化、高技术化和产业链条弃下游化误区；将低碳环保理解为单一的拉闸限电、限制机动车数量、限制私家车出行和植树造林误区；将集约紧凑理解为奉行"高密度、高强度与高层建筑"误区和将追求城镇化质量理解为城镇化已达标、放弃城镇化速度或使城镇化停滞误区。

新型城镇化是中国未来较长时期内城乡发展与建设的关键指导战略，厘清新型城镇化概念与内涵、树立切实可行的新型城镇化目标、梳理重点内容并结合规划策略统一部署，同时及时纠正认知误区十分必要，也迫在眉睫。

注释

① 见：http://www.gov.cn/ldhd/2012-12/16/content_2291602.htm. 中华人

民共和国中央人民政府网站:"四、积极稳妥推进城镇化,着力提高城镇化质量。城镇化是我国现代化建设的历史任务,也是扩大内需的最大潜力所在,要围绕提高城镇化质量,因势利导、趋利避害,积极引导城镇化健康发展。要构建科学合理的城市格局,大中小城市和小城镇、城市群要科学布局,与区域经济发展和产业布局紧密衔接,与资源环境承载能力相适应。要把有序推进农业转移人口市民化作为重要任务抓实抓好。要把生态文明理念和原则全面融入城镇化全过程,走集约、智能、绿色、低碳的新型城镇化道路。"

②见:http://www.gov.cn/gzdt/2013-01/14/content_2311266.htm. 中华人民共和国中央人民政府网站:"在全市 35 个监测站点中,有 30 个站点的空气质量都属于严重污染级别,其中空气质量指数达到 500 的就有 24 个,还有 3 个站点也达到五级重度污染。记者统计了一下各个站点 PM2.5 的浓度情况,发现 PM2.5 浓度 24 h 均值超过 500 $\mu g/m^3$ 的有 23 个站点,其中 12 个站点已经超过 600 $\mu g/m^3$。最高的要数通州新城,PM2.5 的实时浓度达到 622 $\mu g/m^3$,24 h 均值更是高达703 $\mu g/m^3$。而且通州新城的情况持续转坏,记者 12:00 时了解到,该站点 PM2.5 的实时浓度上升至 804 $\mu g/m^3$,24 h 浓度均值也上升至 738 $\mu g/m^3$。"

③见:http://www.gov.cn/jrzg/2012-12/21/content__2295175.htm. 中华人民共和国中央人民政府网站:"党的十七大以来,在以胡锦涛同志为总书记的党中央领导下,我国成功克服四川汶川地震等特大自然灾害的不利影响,有效应对国际金融危机的严重冲击,保持了经济平稳较快发展,综合国力大幅提升。大力推动经济结构战略性调整,农业连年增产,战略性新兴产业和服务业加快发展,稳步推进城乡发展一体化和城镇化,深入实施区域发展总体战略和主体功能区战略,农业基础地位进一步巩固,产业整体竞争力逐步提升,区域发展协调性不断增强,城镇化率从 45.9% 提高到 51.3%。"

参考文献

[1] 杜永红.资源枯竭型城市经济转型战略模式的研究[J].现代城市研究,2012(4):92-95.

[2] 方创琳,刘晓丽,蔺雪芹.中国城市化发展阶段的修正及规律性分析[J].干旱区地理,2008,31(4):512-523.

[3] 李程骅.科学发展观指导下的新型城镇化战略[J].求是,2012(14):35-37.

[4] 仇保兴.新型城镇化:从概念到行动[J].行政管理改革,2012(11):11-18.

该文发表于《城市规划学刊》2013年第2期,作者为单卓然,黄亚平。

中国城市群制度一体化评估框架构建
——基于多层级治理理论

摘要 经济全球化引发新一轮地域空间重组,城市群作为重要的地域空间组织单元,其制度一体化的评估缺乏完善的评估理论框架与实证方法。现阶段,在我国城市群制度建设多元化的情况下,建立一套完善的从理论到实践的评估方法具有重要学术意义。研究发现,后福特制下,制度通过重塑治理模式实现国家空间的尺度重构。因此,本研究认为制度一体化的治理表征是形成多层级治理模式。进而,以多层级治理为理论框架,构建"三组关系"与"两个层次"的评估理论框架,即在宏观层次的城市群治理结构与微观层次个案型制度安排上检验层级政府间的科层关系、跨市区域合作关系与政府—市场—公民社会的三方关系。并构建评估实证框架,宏观层次上以社会网络分析、文本、桌面分析及半结构访谈识别城市群治理结构;微观层次以政策网络分析及焦点小组、深度访谈识别基于个案的制度安排。最终证明,简单构建评估指标忽视了制度特征与演化,可实证的理论评估与实践实证框架的建立有助于深度揭示城市群的制度一体化机制。

关键词 制度一体化;城市群;多层级治理;网络分析

1 引言

城市群作为我国未来城镇化的主体空间形态,是"空间组织紧凑、相互联系的城市组成的地域单元"[1]。近些年,我国推出了众多不同层级的城市群发展项目,包括国家自上而下实施的战略区域,如一带一路、长江经济带、京津冀协同发展区等,也包括地方自发构建的城市群发展板块,如苏锡常都市圈、南京都市圈、珠三角城市群等,以及国家和地方共同推动的城市群项目,如武汉城市圈、成渝经济区等。这些城市群多是以地缘与社会经济联系为基础,通过区域空间规划、区域制度设计(如跨区域联席会议、行政区划调整、政策协调与转移支付等治理手段),促进其内部的产业、城镇化、社会认同等一体化进程[2]。不难看出,城市群的制度设计对城市群地缘与社会经济整合起到关键性作用,是我国实施城市群协同发展战略的基础支撑。

如何科学评价城市群制度一体化程度既是一个重要的实践课题,又是一个重要的学术领域。首先,关于城市群制度一体化的科学界定,索恩等(2009)将制度一体化定义为潜在有合作意向的利益主体进行合作的形式与强度[3]。沈建法(2014)将制度一体化理解为城市间的跨界合作行为与制度安排[4]。其次,关于制度一体化的评价方法,实证研究中,学界普遍将制度一体化处理成经济一体化的内在维度,并采用类似于经济一体化评估的评价方法,即将制度一体化概念分解为几个可量化的指标,采用特定模型进行定量测度[5-6]。有鉴于此,城市群制度一体化的评估研究存在以下主要问题:制度分析中可量化的要素是有限的,在城市群治理过程中,量化评估忽略了大量非可量化要素,特别是忽略了城市群制度一体化的政治经济学内涵及制度内部复杂的"权力几何"关系。笔者认为,城市群的空间一体化过程可通过构建制度分析框架来解释[7],同时,可将制度的一体化单独剥离,并建构完整的评估框架及实证方法,可取的评估方法应该是量化分析、结构分析、网络分析与话语分析(discourse analysis)等综合分析方法相结合。本研究在回顾当前国内外城市群治理研究成果[8-11]基础上,提出核心观点:以多层级治理理论作为建构城市群制度一体化评价体系的核心框架,进而依据多层级治理的理论模型,构建城市群制度一体化的理论评估框架与综合实证方法,以期为准确揭示制度一体化的程度与特征提供技术基础。

2 基于多层级治理的制度一体化过程的理论

2.1 多层级治理的内涵与理论模式

多层级治理是多中心治理的形式之一,杨春(2005)将其定义为"多层级治理在欧洲系指次区域(sub-regional)、区域(regional)、国家(national)和超国家(supra-national)的权威机构以两种方式相互作用:①跨越多层级政府的交互(竖向维度);②同一层级内相关主体的交互(横向维度)。[12]"综合来看,多层级治理是跨越纵向政府科层关系与横向"政府力—市场力—社会力"的多维度综合性治理模式。

已有学者提出多层级治理的经典理论模式,如利斯伯特和加里(Liesbet,Gary,2003)提出多层级治理的两种理论模式,且理论模式被学者广泛用于治理的实证研究中(表1)[13]。

表1 多层级治理的两种理论模式基本特征的比较

	特征	模式一	模式二
个体属性	决策权力分布	通用型管辖权	特定任务型管辖权
	管辖权资格	不相交,不重叠	相交、重叠
系统属性	管辖权层次的数量	有限	无限
	稳定性	全系统性的、可持续的	灵活设计的

资料来源:详见参考文献[13]。

两种理论模式在现实世界中并非非此即彼,多数情况下相互结合,但结合形式尚不可知。模式一中治理个体拥有通用型管辖权,在区域事务处理中行使综合决策权力,范围包括基础设施投资建设、地方经济产业发展、区域市场管理、日常公共服务等;新自由主义地方化下,城市群治理主体呈现合作化与分工化,而通用型的管辖权治理个体以地方政府为主,并通过多种合作方式与非政府部门、市场组织签订协议,行使区域公共事务处理权。由地方政府为主体构成的政府科层体系中,不同属地的地方政府各自权限不相交,相互独立,以合作协商关系为基础。而治理层级囿于政府组织架构与地域治理基础,层级有限,并且可持续地发挥治理职能。模式一实际描述的是城市群的治理结构,当前中国的地方政府仍然是城市群治理最重要的主体,但受新自由主义与新区域主义影响,私人部门,包括非政府组织与市场逐步参与区域事务[14]。

模式二是特定任务型治理模式,治理主体是灵活的,既可以是地方政府,也可以是政府根据任务特征安排的专门机构,可能是政府分支机构、专设机构,也可能是民间组织或市场主体。治理层次是多样的,根据制度特征可改变现有制度,灵活地创造新的治理层级,提高治理效率。而由于现有制度内在缺陷或是任务特殊性,治理主体可能存在功能及权力上的交叉重叠。但不可否认的是治理主体是多元的、网络状的。

2.2　制度一体化与多层级治理的理论关联

制度一体化过程与多层级治理的实现具有内在关联。欧洲联盟(简称欧盟,EU)的一体化过程深刻地揭示多层级治理框架的建构对于欧盟一体化的核心作用。

1973年西方经济危机严重动摇了福特制根基,国家尺度的区域平衡发展战略及以国家经济为主、城市及区域经济附属的中央与地方体系难以为继,城市及区域政府则不得不自谋生路,"蕴富于地方"趋势逐步出现。该时期,制度安排在政治斗争中变革与发展,城市群治理模式开始重塑,以税收权下放等为基本特征的国家去中心化开始,企业型政府开始产生[15-17]。

1980年后,新自由主义与后福特制催生的全球化发展战略及地方化领域型管理单元的强化加速了国家空间的尺度重构。一方面,尺度上移至超国家机构,以大尺度区域协同与跨界治理加强超国家机构的合法性与有效性[15,18]。同时,权力下放到大都市区及城市尺度,以适应企业型治理模式愈加强烈的权力诉求,伴随新区域主义(new-regionalism)通过跨界合作谈判,治理模式可以有效消解企业型政府带来的恶性竞争、社会不平等和社会排斥现象[18-19]。多尺度的制度安排以国家空间(state spatiality)的尺度重组为标志,通过制度设计在欧洲范围形成多层级治理模式(multi-level governance)。多层级治理模式适应后福特制生产方式下的城市尺度重构,成为制度一体化基本形式。"因此,伴随全球经济由福特制向后福特制转型,从全球视角看,城市尺度重构通过构建多层级治理模式深刻地影响制度运作"[20]。

制度一体化客观反映国家与地方的权力关系变迁及国家空间尺度重构。国家及城市尺度重构过程中,传统制度被打破,符合生产关系和生产力发展的新制度被创造,进而重塑城市及区域的治理结构与模式,协调区域范围内地域机构的"权力几何"关系。制度的运作逻辑通过城市与区域治理被充分表现,多层级治理模式是后福特制生产关系下多样化制度的综合地域表达。因此,制度一体化形成过程就是多层级治理的形成过程。

2.3 多层级治理的中国化

目前,国内学者尚未建立制度空间一体化与多层级治理的内在联系。但是,在多层级治理模式的中国化进程方面已有若干学者做出重要贡献。

杨春(2005)以香港—珠三角地区为例系统勾勒出跨界区域(cross-border)的多层级治理的基本轮廓,概括为"中央政府,广东省政府,香港特别行政区政府,各地级市政府与县级市政府"[12]。张赞贤(Cheung,2015)以协作型治理政体为框架,认为现有的制度安排有效推动广东省政府和香港特别行政区政府之间的有效协作[12]。除了对多层级治理形成与否的判断与描述,另有一批学者聚焦于本土化多层级治理的理论基础。李志刚等(2014)针对国家尺度重构理论,以珠三角基础设施建设为例,将尺度重构理论中国化,在尺度上推与尺度下移的基础上,认为国家空间在中国发生了政府化(statization)与去政府化(destatization)的过程,即将政府与市场的横向治理关系引入尺度重构理论,命名为"左移"与"右移",是尺度重构理论在中国的重要发展[22]。徐江与叶嘉安(2013)以广珠铁路为案例,将多层级治理涉及的关系维度定义为"国家部委的政治互动,多尺度的科层关系,跨市联动与政府市场关系"。考虑到广珠城际铁路的省部合作模式的特殊性,国家部委层面的政府互动在城市群治理结构中并不常见[14]。如林雄斌等(2016)以珠三角城际轨道交通为例,指出省部合作模式的特殊性,其他线路形成以省市合作为主体的多层级治理模式[9]。部分学者研究侧重城市群治理结构的制度工具视角,如跨市协议[14]、地方官员的调查访问制度[12]、区域战略性规划[23]等。将多层级治理模式逐步运用于中国的语境,并展开大量实证研究,检验其在不同地域的适用性。然而目前尚未构建一个多维度综合的多层级治理评估框架,理论有待发展完善。

3 城市群制度一体化的评估框架构建

3.1 评估理论框架构建:三组关系与两个层次

基于既有理论文献提出评估城市群制度一体化,即多层级治理模式的三组关系与两个层次,构建综合完整的理论分析框架。

3.1.1 三组关系

多层级治理内涵包含层级政府间的科层关系及政府与相关权威机构的互动关系两个维度。而相关学者基于国家尺度重构的本土化与四维度治理关系的划分[14,22],将城市群多层级治理的维度划分为层级政府间的科层关系、跨市的区域合作关系、政府—市场—公民社会三方关系。三个维度划分解释了中国化的尺度重构理论如何投影多层级治理模式分析中,形成多层级治理的中国化理论框架。

(1) 层级政府间的科层关系。这反映了1994年来,分税制改革后中央与地方的去中心化与再中心化的治理重塑特征与趋势。"分权化"近些年从财政税收权领域逐步走向重大项目审批权下放,传统以中央政府统筹区域发展的"全能政府"被打破,地方行政性分权引发的治理结构的变化,预示中国多层级治理平台形成的可能性。同时,"省—市—县"的政府间科层关系也在不断重塑与调整,典型的是我国几轮行政区划调整的权力变迁。由省委托市管县到撤县设区再到强权扩县与省直管县[24],地方权力架构的重组一方面缓解了城市化过程中行政区发展的层级矛盾,另一方面是国家权力"去中心化"与"再中心化"的重要表现[25-26]。

(2) 跨市的区域合作关系。这体现都市区化过程中,经济发展对城市群制度安排的内在要求。一方面体现在自发生长型城市群的制度设计,如长三角、珠三角等,由经济驱动形成了跨市合作伙伴关系,如《珠江三角洲全域空间规划(2015—2020)》的编制、长三角市长联席会议的召开等;另一方面由行政驱动型地区,如中西部大量城市群、都市区,也因为中央行政命令与优惠政策及重大基础设施项目的利益驱动,形成跨市合作伙伴关系。

(3) 政府—市场—公民社会三方关系。这体现为我国城市群治理结构中政府力、市场力和社会力的关系。传统意义上,四位一体(即党国一体、党政一体、政社一体及政企一体)的全能社会主义模式使得我国城市群治理体现了"强中央政府、弱市场、弱社会"的治理结构[7]。但是在部分基础设施项目建设与运营中,市场主体的介入[14]和以公民团体为代表的"反增长联盟"的[27]出现使得中国城市群治理结构处于不断动态调整中。

3.1.2 两个层次

多层级治理的两种理论模式[13]表征的是制度运作的两个层次。模式一是城市群治理模式与结构,即宏观层次;模式二是基于任务的治理模式,治理结构有更多创造空间,是检验具体制度安排与特征的层次,即微观层次。制度一体化的评估包括宏观与微观两个层次,根据多层级治理理论模式,包括宏观层次城市群治理结构与微观层次的个案型制度安排。从宏观层次与微观层次维度分析多层级治理中三组主体关系的特征与效果是验证多层级治理,即评估城市群制度一体化程度的理论路径。

城市群宏观层面,正式与非正式制度数量庞大,分析工作难以展开;而治理结构的识别则易于实证,反映了制度安排特征与效果,具体识别方法是通过建立分析框架进行阐述。微观层面,由于制度样本相对有限,实际调研针对性较强,能够识别具体制度安排。

宏观层次的治理结构与模式识别先展开,进而进行微观层次评估。通过桌面研究与文本分析识别城市群治理结构的基本框架,并借助社会网络分析法,通过网站信息等提取关系数据进行网络分析,先进行城市群治理结构分析;同时,对治理结构与宏观区域背景与地方背景(local context)进行分析,有助于选取符合研究地点特征的实证案例,如城际铁路、跨境产业园区、流域协作治理等问题。最后,进一步构建两个层面的交互关系,一方面深化对治理结构变化的解释,如政府角色、市场角色、区域合作趋势等,另一方面,加深对制度设计的理解,将具体的制度设计纳入城市群治理结构中探索制度动力。

3.2 评估实证框架构建:实证方法与过程

从三组关系与两个层次系统勾勒出制度一体化评估理论框架,同时,尝试构建一套完整的实证方法。从转型期中国的地方发展趋势来看,城市群中复杂的权力结构关系与动力来源于新自由主义、新区域主义、传统政府科层结构及一系列中央和地方的制度革新。多尺度的空间重组重新划分了不同地域组织的权力排列与运作逻辑。而在新区域主义影响下治理结构的主体多中心化已成为中国城市群治理结构的特点与趋势。评估的实证框架基于新区域主义多中心权力关系,实践方法上采用社会网络分析与政策网络分析。

3.2.1 宏观层面:城市群治理结构

城市群治理结构的识别包括两部分(表2)。首先将社会学网络分析方法引入到区域治理研究中,构建区域合作的网络图论,已有相关学者进行过类似研究[28]。第一步,识别城市群治理网络节点,以地级市或"地级市+县级市"为宜。进而,通过网络搜集区域合作信息,搜索途径主要包括三类:①谷歌、百度等专业化搜索引擎;②政府门户网站涉及对外交流的相关信息;③专业联盟网站或城市报纸等相关门户网站。之后对搜集信息进行分类处理,基本包括时间年限、合作领域、合作模式及合作效果等。合作模式包括政府间合作,政府部门间合作、政府与市场合作、市场之间合作、政府与公民社会合作及公民社会之间合作等[29]。合作领域包括基础设施合作、产业合作共建、生态环境合作、安全卫生合作、空间规划合作等。以相关软件对合作网络进行分析处理,得出:①不同时间段区域合作的空间分布特征,通过紧密中心度、点度中心度及中介中心度等指标度量;②不同时间段政府、市场及公民社会合作的数量和程度,提供政府—市场—公民社会随时间变化在治理结构中的变化;③区域合作主要集中的领域。一方面有助于识别城市群合作的核心议题与关键领域,另一方面有助于微观层面的研究案例选取。

表 2 城市群治理结构阶段、识别方法及内容

阶段	方法类别	研究方法	主要层面	主要内容
一	定量研究	社会网络法	不同时间段区域合作的空间分布特征	紧密中心度、点度中心度、中介中心度及中心势等
			城市群治理结构	政府—市场—公民社会的合作次数与程度变化
			区域合作主要集中的领域与方式	合作领域(基础设施、产业园区建设、环境保护、卫生防护等)与合作方式(联席会议、调查走访、空间规划等)
二	质性研究	文本与桌面分析半结构访谈	治理结构中的层级政府间的科层关系	不同层级政府的行政级别、层级政府数量、功能组织途径(权力及责任)、不同层级政府间权力配置及自下而上的权力反馈机制
			治理结构中的跨市区域合作关系	区域合作的制度形式(正式/非正式)、合作形式(联席会议、调查访问、座谈、空间规划等)、合作频率及效果、决议实施机制及风险共担机制
			治理结构中的政府、市场、公民社会关系	公私合作程度,即NGO组织及专业市场行会的数量,它们可以参与何种类型公共事务的治理、在区域治理中它们扮演的角色及运作资金来源

网络分析方法存在三点问题:①区域合作基本单元精细度不同。部分新闻涉及县乃至乡镇,部分新闻以市与市合作为主,因而网络主体只能选择地级市或"地级市＋县级市",区域合作的地域分布精细度不够;②以新闻素材为主,忽视区域合作的具体程度和实施效果,难以追踪具体合作流程等问题;③部分体现政府—市场—公民社会关系及跨界合作关系,未能反映不同层级政府的科层结构。

第二步,结合社会网络分析结果,构建全面的区域治理分析框架,补充完善城市群治理结构。这包括以下三个层面。

(1)治理结构中的层级政府间的科层关系:涉及不同层级政府的行政级别、层级政府数量、功能组织途径(权力及责任)、不同层级政府间权力配置及自下而上的权力反馈机制;我国现阶段城市行政等级复杂,同时,行政区划调整深刻地影响层级政府的行政级别与数量。仅县级行政区划调整的类型就包括了"区界重组""区界合并"与"撤县(市)设区"三种[25]。行政区划调整深刻影响多层级治理平台的实现。同时,权力的组织分配也体现了地域性特征,典型的例子是广东省东莞市与中山市、甘肃省嘉峪关市、海南省三亚市。由于不设县级行政区,镇级行政区具有县级行政区特征,并且,东莞市久有强镇弱市特征,深刻影响治理结构中不同层级政

府的权力与责任分配。同时,权力自下而上的反馈机制体现了低层级政府与高层级政府的沟通渠道,能够反映科层政府间的行政效率与资源信息流通速度。

(2)治理结构中的跨市区域合作关系:涉及区域合作的制度形式(正式/非正式)、合作形式(联席会议、调查访问、座谈、空间规划等)、合作频率及效果、决议实施机制及风险共担机制;跨界合作有利于整合由"条块分割"导致的区域治理碎化,但是,中国跨界合作往往体现"灵活有余,效率不足"的特征,涉及跨界合作的制度设计问题。目前,学界普遍认可"长江三角洲城市经济协调市长联席会议"成效较好,而在"武汉都市圈""长株潭城市群"等城市群跨界联合的制度设计却收效甚微,典型的是长株潭城市群跨界建设两型示范区的制度安排[30]。因此,治理结构中区域合作形式、频率、决策机制、风险共担机制是实现跨界合作制度成功与否的重要因素。

(3)治理结构中的政府—市场—公民社会关系:涉及公私合作程度,即 NGO 组织及专业市场行会的数量、他们可以参与何种类型公共事务的治理、在区域治理中他们扮演的角色及运作资金来源;转型期我国中央政府与地方政府面临着市场化的权力重组。在横向治理体系中,发展趋势显示私人部门开始更大程度地参与城市群治理,典型表现是跨界交通与城市轨道交通建设[22]及垃圾焚烧厂的选址[31]。对市场力与社会力的培育状况,不同城市群具有不同特征。例如珠三角是典型的小政府与大市场的治理结构,而京津冀则完全不同。因此,治理结构中,识别市场组织和公民组织的数量和参与的区域治理议题是描述市场力与社会力的基本要求。同时,从这些组织扮演的治理角色与资金来源则识别深层次的发展路径。

不同关系维度的治理结构特征所需数据类型和访谈资料应根据区域治理的地域特征、地方背景及社会网络分析所得出结论进行修正与增补。同时,具体内容可通过业内工作确定,而在实地调研中根据具体问题和数据要求,对相关利益主体采取半结构访谈方法。

3.2.2 微观层面:个案型制度设计分析(以跨界产业转移园区为例)

研究选择区域产业合作为治理议题,并选择跨境产业转移园区作为研究案例,构建基本分析框架。治理结构上,包括多层级治理模式、分区域差别化治理模式、地方主导的块状治理模式及委托代管的治理模式[32]。

研究以跨境产业转移园区为例,四步验证具体制度设计。

(1)识别具体的跨境产业转移园区重大事件。已有研究显示事件主要包括土地事件和产业事件。土地事件涉及土地征收、土地一次开发与土地二次开发;产业事件包括产业引入、产业合作、收益分配与产业升级。不同产业园区由于发展阶段和地方背景及政策的差异,重大问题可能完全不同。采用焦点小组邀请相关利益代表座谈,如规划师、政府官员、农民、产业园区管理者等,引导性地导出产业园区发展的主要问题。

(2)提取不同事件中的利益主体。以焦点小组的方式,在确定了主要问题的基础上，询问相关利益者的组成，确认身份。从发展模式上跨境产业转移园区包括两种模式。以广东省为例，一种是由省政府推动，地方政府响应的自上而下发展模式。产业迁出市通过与相关企业及企业形成的专业行会洽谈，以产业集群为单元整体迁出产业；产业引入市则涉及园区所在市政府、县政府及镇政府。同时，不同层级政府通过土地征收等与当地农民及地方企业产生联系。另一种是地方自愿合作的自下而上发展模式。该模式中，不同城市分别形成城市产业园区，由于产业发展及地方需求，在发展过程中形成资源合作意识，进而跨区域进行产业园区整合，形成一个产业转移园区，园区受上级政府支持力度较小，形成过程中及今后都有积极获取上级政府支持的意愿。自上而下和自下而上的合作模式中，关键问题上利益主体完全不同，需要细致的调查安排和网络设计。

（3）获取不同利益主体的个体属性及产业园区的治理结构。根据已有政策网络分析治理的研究成果[29]，网络主体个体属性包括利益需求、价值导向、利益层次及所占有资源。个体属性信息获取需对焦点小组提到的主要利益者进行深度访谈。同时，访谈园区管理人员及相关知情人员，根据具体特点，纳入治理结构的四大类中。

（4）还原交互过程，归纳具体制度安排及成效。治理结构为各利益主体提供基本运作框架，不同主体位于其中，受利益诉求的驱使，通过制度框架进行资源交换。以深度访谈界定出利益交互过程中的制度安排及成效。而制度成效判定标尺是相关利益主体对实现资源交换是否满意（表3）。

表3 城市群基于个案型制度安排的阶段、识别方法及内容

阶段	研究方法（政策网络分析）	主要内容	预期内容
一	焦点小组	识别产业园区发展主要问题	土地问题 土地征收 土地一次开发 土地二次开发 产业问题 产业引入 产业合作 收益分配 产业升级

续表

阶段	研究方法（政策网络分析）	主要内容	预期内容
二	焦点小组	识别产业园区发展主要利益主体	层级政府 省政府 市政府 县政府 镇政府等 市场 引入企业 产业行会等 公民社会 农民 产业工人等
三	深度访谈	识别利益主体的主要属性特征及园区的治理结构	基本属性 利益需求 价值导向 利益层次 占有资源 治理结构 多层级治理模式 分区域差别化治理模式 地方主导的块状治理模式 委托代管的治理模式
四	深度访谈	通过还原利益交互关系识别具体制度安排	制度安排 政府间科层制度安排 跨市间合作制度安排 政府—市场—公民社会间制度安排

4 结论与讨论

本研究基本结论包括四点。

（1）城市群制度一体化的评估，从制度发展对欧盟国家空间重塑的过程可以发现，制度一体化过程就是后福特制下城市群多层级治理形成的过程。

（2）根据多层级治理的理论模型及实践特征，分为两个层次，即宏观层次的城市群治理结构和微观层次案例型制度安排。同时，现有研究成果显示多层级治理研究在中国语境中包含三组基本关系，即层级政府间的科层关系、跨市的区域合作关系及政府—市场—公民社会三方互动关系。

（3）基于三组关系的宏观层次城市群治理结构研究，首先通过社会网络分析法,判别区域合作的基本要素,包括时间年限、合作领域、合作模式及合作效果等。进而结合区域合作特征,通过桌面研究和半结构访谈,构建治理结构框架与内容,有针对性地访谈,收集数据。两个阶段工作相互补充完善。

(4)基于三组关系的微观层次案例型制度安排研究分为四步。首先以焦点小组的方式获取案例涉及的重大事件。其次,在焦点小组中获得不同事件中可能的利益主体。再次,基于深度访谈获取利益主体的个体属性,包括利益需求、价值导向、利益层次及所占有资源。同时,识别治理结构。最后,以深度访谈探寻利益主体交换资源并满足利益诉求的过程,识别交互过程中的制度安排,并以是否顺利交换资源、满足利益诉求判断制度安排的成效。

转型期,中国传统以行政力量主导的城市群空间开发与运作的逻辑,在分权化与多中心化趋势下被打破,地域治理主体不断丰富,并且以新的运作逻辑重构"权力几何"关系[33]。在制度的形式、种类及特征不断复杂化的趋势下,构建治理研究与制度评估的内在联系具有重要意义。同时,以多主体网络分析为主要理论工具,有助于全面解析当前中国制度下复杂的主体关系与实体空间关系。本研究构建的理论分析框架与实证分析框架,作为复杂制度环境下的评估初步设想,有助于理论化地方复杂的制度背景与特征,并构建与西方政治经济学对话的理论途径,为我国今后城市群制度设计与国家顶层设计提供地方化的实践经验。

参考文献

[1] 牛方曲,刘卫东,宋涛,等.城市群多层次空间结构分析算法及其应用——以京津冀城市群为例[J].地理研究,2015(8):1447-1460.

[2] 张衔春,赵勇健,单卓然,等.比较视野下的大都市区治理:概念辨析、理论演进与研究进展[J].经济地理,2015(7):6-13.

[3] Sohn C, Reitel B, Walther O. Cross-border metropolitan integration in Europe:the case of Luxembourg, Basel, and Geneva[J]. Environment and Planning C:Government and Policy,2009,27(5):922-939.

[4] Shen Jianfa. Not quite a twin city:cross-boundary integration in Hong Kong and Shenzhen[J]. Habitat International,2014,42:138-146.

[5] 周立群,夏良科.区域经济一体化的测度与比较:来自京津冀、长三角和珠三角的证据[J].江海学刊,2010(4):81-87.

[6] 陈辉煌.长三角区域经济一体化水平的测度研究[J].中国浦东干部学院学报,2011(4):129-131.

[7] 李广斌,王勇,袁中金.中国城市群空间演化的制度分析框架——基于法团主义视角[J].城市规划,2013(10):9-13,38.

[8] 罗小龙,田冬.行政区碎化与空间整合研究——对江苏镇江市行政区冲突的探缘[J].城市规划,2011(10):18-22.

[9] 林雄斌,杨家文,李贵才,等.跨市轨道交通溢价回收策略与多层级管治:以珠三角为例[J].地理科学,2016,36(2):222-230.

[10] 张京祥.国家-区域治理的尺度重构:基于"国家战略区域规划"视角的剖析[J].城市发展研究,2013(5):45-50.

[11] 罗震东.分权与碎化——中国都市区域发展的阶段与趋势[J].城市规划,2007(11):64-70,85.

[12] Yang Chun. Multilevel governance in the cross-boundary region of Hong Kong-Pearl River Delta, China[J]. Environment and Planning A, 2005, 37(12):2147-2168.

[13] Liesbet H, Gary M. Unraveling the Central State, but how? Types of multi-level governance[J]. American Political Science Review, 2003, 97(2): 233-243.

[14] Xu Jiang, Yeh A G O. Interjurisdictional cooperation through bargaining: the case of the Guangzhou-Zhuhai Railway in the Pearl River Delta, China[J]. The China Quarterly, 2013, 213:130-151.

[15] Brenner N. Metropolitan institutional reform and the rescaling of state space in contemporary western Europe[J]. European Urban and Regional Studies, 2003, 10(4):297-324.

[16] Brenner N. Urban governance and the production of new state spaces in Western Europe, 1960-2000[J]. Review of International Political Economy, 2004, 11(3):447-488.

[17] Bullmann U. Kommunale strategiengegen massenarbeitslosigkeit: ein Einstieg in die Sozial kologische Erneuerung[M]. Springer-Verlag, 2013.

[18] Brenner N. Globalisation as reterritorialisation: the re-scaling of urban governance in the European Union[J]. Urban Studies, 1999, 36(3): 431-451.

[19] Peck J, Tickel A. Searching for a new institutional fix: the After-Fordist crisis and the global-local disorder[M]//Amin A. Post-Fordism: A reader. Blackwell: Oxford, 1994:280-315.

[20] Nadaluttie. Does the "European Grouping of territorial co-operation" promote multi-level governance within the European Union? [J]. JCMS: Journal of Common Market Studies, 2013, 51(4):756-771.

[21] Cheung P T. Toward collaborative governance between Hong Kong and Mainland China[J]. Urban Studies, 2015, 52(10):1915-1935.

[22] Li Zhigang, Xu J, Yeh A G O. State rescaling and the making of city-

regions in the Pearl River Delta, China[J]. Environment Planning C: Government Policy,2014,32:129-143.

[23] Xu J. Governing city-regions in China: theoretical issues and perspectives for regional strategic planning[J]. Town Planning Review,2008,79(2-3):157-186.

[24] 张京祥.省直管县改革与大都市区治理体系的建立[J].经济地理,2009(8):1243-1249.

[25] 殷洁,罗小龙.从撤县设区到区界重组——我国区县级行政区划调整的新趋势[J].城市规划,2013(6):9-15.

[26] 罗小龙,殷洁,田冬.不完全的再领域化与大都市区行政区划重组——以南京市江宁撤县设区为例[J].地理研究,2010(10):1746-1756.

[27] 曾文,吴启焰,张小林,等.中国城市空间反增长联盟的新特征——基于昆明市"94号院"的实证分析[J].地理科学,2015(5):551-557.

[28] 李响,严广乐.区域公共治理合作网络实证分析——以长三角城市群为例[J].城市问题,2013(5):77-83.

[29] 马学广.大都市边缘区制度性生态空间的多元治理——政策网络的视角[J].地理研究,2011(7):1215-1226.

[30] 张衔春,吕斌,许顺才,等.长株潭城市群多中心网络治理机制研究[J].城市发展研究,2015(1):28-37.

[31] 胡燕,孙羿,陈振光.邻避设施规划的协作管治问题——以广州两座垃圾焚烧发电厂选址为例[J].城市规划,2013(6):16-19.

[32] 刘永敬,罗小龙,田冬,等.中国跨界新区的形成机制、空间组织和管治模式初探[J].经济地理,2014(12):41-47.

[33] 刘云刚,叶清露,许晓霞.空间、权力与领域:领域的政治地理研究综述与展望[J].人文地理,2015(3):1-6.

该文发表于《城市规划》2017年第8期,作者为张衔春,许顺才,陈浩,单卓然。

西方城市政体理论:研究论域、演进逻辑与启示

摘要 城市政体理论是西方学者在城市多元主义思潮的基础上提出的一种城市研究理论。本文采用比较分析和模型分析的方法,对城市政体理论的研究论域和演进逻辑进行了梳理。自 1989 年城市政体理论正式提出以来,该理论不断发展,趋于成熟,已成为解释城市现象的重要理论。研究表明,西方城市政体理论对于正处于城市化迅速推进和深化转型的中国具有重要的启示意义,有助于更全面地理解城市的利益与发展目标、更深刻地理解城市中的公私合作逻辑。但在借鉴城市政体理论时,应注重背景性知识,避免理论的盲目套用。

关键词 城市政体理论;研究论域;演进逻辑;启示

城市政体理论(urban regime theory)起源于 20 世纪 80 年代末。克拉伦斯·斯通(Clarence Stone)与斯蒂芬·艾尔金(Stephen Elkin)以第二次世界大战(后简称二战)后美国的政治经济文化为宏观背景,提出了以政府与商业资本联盟(state-business partnerships)为研究基础的城市政体理论。不同于多元主义理论的民主文化研究路径,城市政体理论以政治经济学为主要研究方法,通过对城市联盟的塑造过程以及基于制度性的分析,推动了对城市管理能力的深入研究。自 1989 年城市政体理论正式提出以来,该理论不断发展,趋于成熟,目前已成为解释城市现象的重要理论。然而,中国学者对西方城市政体理论的研究还比较少,对于其能为正处于城市化迅速推进和深化转型的中国提供哪些借鉴,也还没有足够关注。基于这一背景,本文将考察西方城市政体理论的研究论域和演进逻辑,并分析其对中国城市化研究和实践的启示。

1 西方城市政体理论的研究论域

城市政体理论的核心概念是城市政体,厘清城市政体理论的研究论域需要以确定城市政体的概念为前提。而一些研究者在理论上又经常将城市政体与城市增长联盟及城市治理相提并论,因而厘清城市政体理论也需要对城市政体、城市增长联盟和城市治理三者进行区分。

1.1 "城市政体"的内涵

不少研究者对"城市政体"的概念进行了界定,他们对该概念的核心内涵形成

了一定的共识,即通过形成统治联盟实现公共部门与私人部门合作的过程,简而言之,就是一种非正式的公私合作的制度安排。而一个成功的"城市政体"则可以动员拥有共同目标的选民。[1]非正式的公私交互构成了"城市政体"的核心内涵,而在其核心内涵下,清晰界定公私的内容、主体与形式是理论界一直讨论至今的问题。

目前,理论界关于"城市政体"内涵的理解有三方面值得注意。首先,"城市政体"的核心强调的是一种城市议会与城市商业精英的交互与合作,很少考虑市民社会的地位与作用。[2]其次,"城市政体"必须包括公共部门与私人部门,并产生合作关系,任何单一的主体构成都不应被称为"城市政体"。例如,吉拉·梅纳昂(Gila Menahem)提出的官僚制政体(bureaucratic regime)只存在于公共部门,这在理论上不符合"城市政体"的概念内涵。[3]最后,公共部门与私人部门在不同国家或政治经济背景下,其地位和对资源的占有等是完全不同的,所以不同国家的"城市政体"形式大相径庭。因此,在跨国理论运用中,"城市政体"的解释力存在着巨大差距,其中较为典型的就是美国与欧洲的差别。美国的地方政府独立性强,占有资源有限,需要积极与商业部门合作,以寻求获得资本与劳动力。而在欧洲,尤其是英国,地方政府以提供服务为主,较容易获得有利于地方经济发展的公共资源,因而对地方商业资本的依赖较小,"城市政体"相对较新,稳定性较弱。[4]

1.2 "城市政体"与"城市增长联盟"

城市政治学在理论发展演变过程中充分吸收了政治经济学、政治地理学、城市社会学等多学科理论,并融入了"精英主义""多元主义""发展主义"等,通过对城市中不同政治力量的权力博弈的抽象化,对具有一定时代背景的社会问题作出了解释,成为社会科学中不可或缺的重要理论。

而"城市政体"与"城市增长联盟"是城市政治学在不同历史时期演化出来的重要政治概念。"城市增长联盟"又称"城市增长机器"。1970年代,保罗·彼得森(Paul Peterson)等政治经济学者以城市政商关系为切入点,用权力关系来反映城市权力结构,进而投影到城市社会现象。城市增长联盟理论以土地的交换价值和使用价值为理论基础,其提出的基本假设是:政商联盟是为了追求土地交换价值的最大化,而普通市民则追求土地的使用价值。在对资本积累和经济发展的内在追求下,若要提升土地的交换价值,则需要在土地上创造便利条件,即提供较高的土地价值,进而吸引投资商的目光与进行资本的积聚。除了政府会与商业资本组成联盟外,在城市不同企业之间也会组成各种各样的城市联盟,这些城市联盟是由于社会再生产引发的地方依赖形成的,他们游说政府,力图让政府作出有利于自身的公共政策选择,以促进地方的经济发展。[5]

学者黄徐强将"城市增长联盟"界定为"政商联盟为了实现自己的利益而制定公共政策"。由此可见,"城市增长联盟"是城市利益单一化的产物,城市的利益被界定为经济的增长、城市的发展与资本的积累。而在此基础上,城市增长的结果是否是单一的,各利益群体是否如预期般相互妥协,也是颇有争议的理论论题。[6]

"城市政体"的概念产生于"城市增长联盟"之后,在理论内涵上有了重大的发展,两者的主要区别在于"城市政体"将多元主义引入了"城市增长联盟"理论。通过非正式的制度安排,城市在不同政体的运作下,可以实现截然不同的城市利益,而并非仅仅是城市增长、资本积累。通过后文分析可以看出,在"城市政体"的运行下,城市可能实现维持统治现状、保护少部分利益群体利益、城市更新与恢复、维护城市公平与公共利益、城市稳定运行与经济增长等多种目的。[3]由此可见,"城市政体"与"城市增长联盟"的区别在于前者将多元主义思想引入后者,进而使得城市发展的目的不再单一,城市不同联盟的利益与目标也不再单一。同时,非正式的制度安排促进了"城市政体"的更新,进一步提升了城市政治学的理论解释力。

1.3 "城市政体"与"城市治理"

"城市政体"核心内涵的界定是与城市治理或"城市管治"密切联系的。已有文献显示,地理学者、规划学者多使用"城市管治",而政治学者、公共管理学者及经济学者多使用"城市治理"。但是,不论何种译法,重要的核心内涵都是治理(governance),两者在概念使用上可以等同,因而笔者在文中使用"城市治理"这一译法。据笔者之前的研究,"城市治理"的核心内涵是公私交互,即公私合作伙伴。[7]清楚地界定"城市政体"与"城市治理"的区别与联系是理解"城市政体"理论的重要途径。

总体来看,"城市治理"的内涵与外延相较"城市政体"都更加丰富,理解"城市治理"的运用是理解"城市政体"的前提。根据乔·皮埃尔(Jon Pierre)对"城市治理"的分析,"城市治理"在研究中可以被视为一种理论,一种规范性的模式以及一种实证目标或现象。[8]而"城市政体"与上述三种形式的"城市治理"概念存在紧密联系。

"城市治理"作为一种理论,由于引入的概念过多,如尺度重构(rescaling)、新自由主义(neoliberalism)、企业型政府(entrepreneurial government)等,因而其理论的清晰度较差,成了一种并不完善的理论。[8]"城市政体"理论则成为与"城市治理"同等的理论,但是由于其缺乏对制度及政体变化的解释力,因而被视为不完善的理论,也更多地被视为解释问题的分析框架。但从学科范畴来看,二者同属于政治经济学与城市政治学的重要理论。[9]

当"城市治理"被理解为规范性的模式或模型时,任何一种模式或模型都是对"政府、市场、公民社会"三者关系的动态反映,包括皮埃尔早期提出的管理型治理(managerial governance)、社团型治理(corporatist governance)、增长型治理(pro-growth governance)及福利型治理(welfare governance)。[10]而根据上文所述,"城市政体"指的是城市议会与商业资本及精英的联合,强调的是政府与市场的联合,所以很多学者将其视为一种排除公民参与的"城市治理"模式,因而,"城市政体"被视为一种特殊的"城市治理"模式(图1)。

当"城市治理"被理解为实证研究现象或目标时,"城市政体"是研究该现象的重要方法之一。区别于结构主义及文化主义研究方法,"城市政体"强调用理性选择的视角去研究"城市治理"现象。[11]它关注于非正式的公私合作,侧重于合作过程中激励机制的建立,从而使得政治个体的自我利益得到实现,并通过理性选择促进合作伙伴关系的形成与维持。

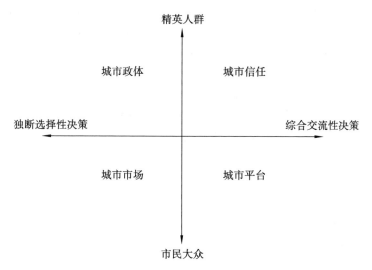

图1　弗兰克·亨德里克斯的城市治理模式示意图

(图片来源:Frank Hendriks. Understanding good urban governance:essentials,shifts,and values[J]. Urban Affairs Review,2014,50(4):553-576.)

虽然城市政体理论与城市治理理论存在着千丝万缕的联系,但是,二者的差异也非常明显。从理论扎根的社会背景来看,城市治理理论对社会转型及不同尺度的社会背景给予了充分研究与理论化;而相比之下,发源于亚特兰大市的城市政体理论则相对更加地方化,对于宏观社会背景的重视不够。[1]从现有的文献来看,"治理"学者认为经济全球化引发的资本关系的变化是治理制度变迁的主要外部环境,包括结合尺度政治及尺度重构形成的地域化(territorialisation)、去地域化(deterritorialisation)及再地域化(reterritorialisation)等资本运作特征。[12]20世纪末至21世纪初,中国学者在研究中国城市治理与土地治理中也将社会主义市场化改革视为治理变迁的重要外部环境与因素,并且着力内化其结构性的影响。[13]此外,新自由主义、气候变化等外部因素也成为治理理论研究的重要参量。

由于其理论缘起带有个案分析式的理论研究传统,所以城市政体理论对于超出城市层面的社会背景与国家的结构因素的考虑是远远不够充分的,这为跨国的理论移植性研究带来了难度。同时,地方化的研究特征使得"城市政体"研究形成了强化模式归纳的研究方法,虽然其以政治经济学为研究基石,但相较于城市治理理论,"城市政体"涉及的概念较少,理论更加清晰,模式更加易于区分,因而对于解释城市间的政治经济差异及非正式的制度安排设计具有先天优势。

2 西方城市政体理论的演进逻辑

2.1 西方城市政体理论的源起

城市政体理论的政治经济学解释来源于盛行西方已久的多元主义思潮。多元主义同样关注城市联盟,特别是"谁来管理"的问题。传统的多元主义依赖于政治文化研究路径,它认为,西方民主社会建立的选举投票制度是实现社会管治的根本。根据斯通的归纳,城市多元主义包括以下七点信条。

(1) 在美国,市民间形成了关于民主社会系统的基本共识,即民主政府形式、以私有化产权为主的经济,以及非权贵化的社会秩序。

(2) 政府权威通过开放自由选举而受到社会控制。

(3) 由于受民众的支持,政府具有高度的自我运行、足够的利益分配等管理能力。

(4) 民众的一致同意使得公共官员对于小团体及社会经济地位处于弱势的团体也能给予回应。

(5) 政治的目的是增加自主形成的公民偏好的稳定性。

(6) 权力包括克服抵抗和获取顺从。

(7) 政治变化受到现代化进程的指引。[14]

城市多元主义者笃信选举的力量,选举出来的联盟在权力上具有排他性,具备独立管理城市的能力,在逻辑上形成了社会控制模型(social control model/power over)。多元主义者认为,权力联盟是封闭的,独立于其他社会团体与资本联盟,是一种权力耗散模型(power depleting model),重点关注控制与抵抗。[14] 这种社会控制通过正式与非正式的两种途径实现。正式的社会控制途径主要是指政府的管制力量,如法律法规、政策文件、规划工具等;非正式的社会控制途径是指通过将那些国际准则和价值社会化,迫使个人寻求自身的团体地位以改变自身行为。

伴随着经济全球化与产业分工合作的加剧,被选举出来的政府难以独立履行并完成管理职责,需要与占有大量资源的非政府部门合作,以致选举出来的联盟不是真正的管理联盟。人们开始对选举制度产生怀疑,认为选举制度也不再是万能的,并且政府也不是万能的。此外,社会控制模型将偏好放置在完全静态的社会结构中,不去考虑社会结构和政治经济条件的变化。然而,作为集体成员的行为是被多重动机所塑造的,而经济发展趋势往往与社会发展趋势背道而驰,人们的行为与动机处在不断改变之中,这就形成了偏好的流动性,从而产生了新的社会生产模型(social production model),它通过在联盟中不断吸纳新的成员,扩大权力边界,使得权力不断增加。城市政体理论在传统的多元主义的基础上,迎合新多元主义提出的"政府部门正在面临商业资本越来越沉重的社会压力"[15] 的论断,将政治经济学方法引入多元主义理论之中。

从社会控制到社会生产模型的变化,政府的角色被重新认识。通过选举形成的政府不再是全知全能的社会保障者,偏好与资源的流动性迫使政府与商业资本寻求合作。同时,利用公众参与,通过决策机制,规模及影响力不同的团体都可以对决策过程、公共政策结果施加影响,而不同性质和特征的联盟及其产生的不同效果,又可以进一步在复杂的社会经济环境下定义新的城市政体模型。[16]

2.2 西方城市政体理论的演进

城市政体理论始于20世纪80年代。1989年,斯通的著作《政体政治:1946—1988年的亚特兰大治理》(*Regime Politics：Governing Atlanta*,1946-1988)将城市政体理论视为解释战后亚特兰大城市政策制定的主流理论,详细论述了城市政体的演化历史。其后,格里·斯托克(Gerry Stoker)等学者进一步发展了城市政体理论。一方面,在不同空间层次践行城市政体理论的解释力,如区域层面、次城市层面、社区邻里层面;另一方面,在不同国家不同政治经济文化背景下对城市政体理论的移植性进行验证,如英国、德国等。在理论发展演化的过程中,从总体趋势来看,"城市政体"对特定历史时期及特定地域的社会政治经济现象具有较强的描述力,而对政体形成、维持与变化中的变量(variations)的解释力不足,故而"城市政体"更像是一个概念,一种模型,一套分析框架,而非具有成熟的学科价值的理论。[2]而作为城市政体理论的创始人,斯通于2015年撰文用城市政体理论解释了城市由统治联盟(governing coalition)向城市政治秩序(urban political order)转变的政体变化现象。[17]同时,乔尔·拉斯特(Joel Rast)建立起了将美国政治发展理论(American Political Development,APD)同"城市政体"相结合的路径,认为前者具有解释制度变迁的能力,二者在进行结合并合理规避潜在的理论风险后就可以使城市政体对制度变迁作出解释,进而将"城市政体"上升为城市理论。[18]但是,城市政体理论演化至今,学术界对于其是否属于成熟理论也存在不同看法。城市政治学学者将"城市政体"视为完整的理论,并将其运用于比较研究中。城市政体理论处于不断丰富与完善的过程中,本文将"城市政体"视为城市政治学(urban politics)和政治经济学(political economics)的重要理论之一。

2.3 西方城市政体理论的主要模型

2.3.1 斯通的城市政体经典模型

斯通曾经指出,城市政体模型的归纳不在于阐释具体案例的复杂性,而在于厘清既有的资源如何与现状或是机构设置、规章章程等制度性因素相匹配。[19]斯通早期提出的城市政体模型深刻反映了二战后美国政治、经济变化对城市组织形式的影响,尤其是非政府资源(组织机构、信息、社交网络、运作模式)对城市决策和城市运作的影响。

斯通按照政体目标等定义了四种基本的城市政体模型,包括维持型政体

(maintenance regime)、发展型政体（development regime）、中产阶级进步型政体（middleclass progressive regime）以及低收入阶层机会扩展型政体（lower-class opportunity expansion regime）（见表1）。

表1 斯通的城市政体经典模型一览表

政体类型	政体目标	对变化的促进	政体特征
维持型政体	降低税收；维持现状；提供服务	不改变现状	维持现状特征；需求和回报较少
发展型政体	通过土地资源运作，促进增长；保持土地利用的适度开发	改变土地利用形式，促进经济增长	产生分歧的同时，产生足够的激励机制和少量的发展机会；发展并非最困难的管理任务；以物质性成果检验增长
中产阶级进步型政体	环境保护、历史保护；供应保障性住房；提高生活质量等	改变现状，促进其进步与发展	非自愿合作，以强制为主；需要民众的支持及细心的选民；进步的使命使得难以单纯地发展
低收入阶层机会扩展型政体	增加低收入人群的就业机会与创业机会	改变现状，尤其是低收入人群现状	艰巨的协调性任务；不同机构精英间的协调

资料来源：Gila Menahem. Urban regimes and neighborhood mobilization against urban redevelopment：the case of an Arab-Jewish neighborhood in Israel[J]. Journal of Urban Affairs,1994,16(1):35-50;
Clarence Nathan Stone. Urban regimes and the capacity to govern：a political economy approach[J]. Journal of Urban Affairs,1993,15(1):1-28.

斯通的城市政体模型从公私关系的角度构建了解释社会政治经济现象的理论模型。该理论模型的经典之处在于它具备深刻的理论解释力，并且是在构建模型方面最早作出的理论尝试。但是，我们不能够过度"神圣化"这一理论模型，正如前文所提，城市政体理论是一个高度地方化的政治经济学理论，因而斯通的理论模型虽然对美国战后城市的政治经济变化具有较强的解释力，但是在政治经济背景完全不同的欧洲大陆，该理论的运用就需要更大的理论创新。一方面，需要提炼出地方化的政治经济因子，把握公私交互的本质内涵，对新的政治经济现象给予新的解释；另一方面，作为具有传承性的理论研究，需要对经典进行归纳总结。修正完善后的理论模型应包含并深化原有理论模型，使得理论的适用价值得到提高。而在这方面，斯托克做出了杰出的贡献，并形成了自己独特的具有理论移植性的学术方法。

2.3.2 斯托克的城市政体比较模型

斯托克在斯通的基础上进一步发展了城市政体模型,并将其用于跨国的城市政体比较分析中,尝试在新的政治经济土壤中重新孕育地方化的城市政体(见表2)。首先,斯托克拓展了城市政体模型的适用范围,并根据城市政策的性质特征,定义了新的政体模型,如传统型政体(traditional regime)、排斥型政体(exclusive regime)等。其次,他整合并细分了不同政体下各参与者或利益主体的动机及激励因素。高度抽象化地描述不同主体的动机与驱动力是提高政体理论描述力及其对不同政治经济环境的解释力的重要手段。最后,斯托克进一步细化考虑了联盟的特性问题,引入了联盟合作程度的高低这一因素(如从利益一致性的角度看,竞争性协议的利益一致性最低,政治交流次之,政治合作伙伴的利益一致性最高),并定义了不同联盟关系下的联盟性质、主要工具与可能产生的现象与风险。他还进一步提高了模型的解释力,使得政治经济等要素进一步结构化,这也说明了在跨国研究中,斯通的经典城市政体模型是可修正的。斯托克的比较模型虽然对斯通的政体模型进行了修正,但是仍然继承了其经典模型,扩大并演绎了新的政治经济土壤中的政体模型。他在新的政体模型分类中,纳入了斯通的政体模型,如维持型政体被纳入有机型政体中,发展型政体则属于工具型政体,而中产阶级进步型政体与低收入阶层机会扩展型政体则属于象征型政体的子分支。因而,斯托克继承并发展了斯通的政体理论,通过定义新的模型、新的政体模型的结构性要素及细分现有的结构要素,实现了政体理论的跨国描述与解释。[20]

表2 斯托克的城市政体比较模型一览表

定义特征		政体形式		
		有机型(organic)	工具型(instrumental)	象征型(symbolic)
目的		保持现状	完成工程	意识形态的重新导向
成员主要动机		地方依存性	显性结果	表达性政治
共同目标的基础		传统与社会融合	选择性激励	策略性地使用符号
联盟特征		政治交流	政治合作伙伴	竞争性协议
与环境之间的关系	本地	独家取向	独家取向	包容取向
	非本地	独立	依赖	依赖

资料来源:Gerry Stoker, Mossberger Karen. Urban regime theory in comparative perspective[J]. Environment and Planning C:Government and Policy,1994,12(2):195-212.

2.4 评价西方城市政体理论

城市政体理论是西方研究者在城市多元主义思潮的基础上提出的一种城市研究理论。从理论发展史来看,城市政体论打破了传统城市单一主义的思想垄断,在利益主体研究中,已初具从"统治"到"治理"的思想革新精髓,打破了政府垄断管理的传统公共管理思维。该理论认识到了市场及商业资本在城市日常管理与城市发展中的推动作用,也认识到了其占有资源的多少影响甚至决定着主体的地位。此外,该理论强调非正式制度的重要作用,能够为社会革新与思想进步,尤其是制度创新提供理论支持。最后,该理论在学术方法方面具有一定的跨国移植性,对于解释不同国家的社会经济现象具有不可替代的作用。

从其缺陷方面看,该理论忽视了公民社会的重要作用,尤其是在公民精神觉醒的今天,其对于公共利益保障与公民参与等问题严重缺乏解释力,并且夸大了政商联盟在一定程度上产生的政治依赖性与决策偏失的严重性。同时,城市政体理论过于地方化的研究视角也限制了理论研究的深入和分析的多元化。众所周知,城市政治、经济发展受到多尺度、多层次的空间影响,上至超国家尺度,如欧盟、上海合作组织、世界银行等,下至社区尺度、邻里尺度等。不同空间尺度的行为与变化,都会投射到城市这一社会、经济、文化综合系统,因而地方化的分析必然限定了对城市现象分析的深度与广度。

3 西方城市政体理论演进对中国的启示

城市政体理论作为西方城市研究的一种主流理论,在发展中形成了两大主要方向,一个方向是应用政体去具体分析促进城市权力运作的制度安排;另一个方向开始走出美国的政治经济文化语境,在全球范围内掀起了跨国运用的研究浪潮。[21]其他学者也相继证明了城市政体理论可以进行跨国性的移植,并且对于特殊的地方政治经济现象与联盟特性具有较强的描述力与解释力。[22]这意味着城市政体理论也可以为我国所用。学者何丹曾构建了城市政体模型在我国的分析框架,包括市场化和地方分权化过程中,从中央政府与地方政府的关系、公共部门与非公共部门的关系、地方政府主要官员的政治利益与经济精英的经济利益之间的关系、社会各阶层在城市发展中的关系和作用这四个层次提出了城市政体理论在我国可能的运用方向。[23]具体而言,西方城市政体理论对于中国城市研究与治理实践具有以下启示意义。

首先,城市政体理论有助于更全面地理解城市的利益与发展目标。城市政体理论与城市增长联盟理论的一个主要区别在于对城市利益和发展目标的理解。城市增长联盟理论将城市的利益与发展目标单纯地理解为经济的增长、城市的发展与资本的积累,明显忽略了城市利益的综合性和城市发展的全面性。而城市政体理论则将多元主义引入城市增长联盟理论,强调城市经济增长、社会发展、城市公平与公共利益维护等多元目标,提升了城市政治学对城市现象的解释力。当前,中国正处于城市化迅速推进的过程中,但许多城市还简单地秉持着经营城市的理念,将城市生产总值的增长作为城市的核心利益与衡量城市发展的单一指标,忽略了城市利益的多元性和发展的全面性。在此背景下,城市政体理论对于更为全面地理解城市利益和发展目标无疑具有重要的启示意义。

其次,城市政体理论有助于更深刻地理解城市中的公私合作逻辑。城市治理理论认为,城市治理是政府、市场和社会合作的过程,这种合作多建立在正式制度的基础上。而城市政体理论则强调城市治理中基于非正式制度安排与正式制度安排相结合的公私合作,且非正式安排具有更显著的作用。这种突显非正式合作的视角更好地解释了城市公私合作的生发逻辑,以及为什么有些城市实现了良好的公私合作,而其他城市则没有。其原因在于,政府部门和私人部门分别掌管着公共资源和经济资源,要解决城市经济发展中出现的各种问题,需要公私部门的协力合作,但是二者的合作并非自发形成的,需要努力争取才能实现,而对合作的争取既需要正式制度的激励作用,也离不开非正式制度的粘连和整合作用,因而城市政体并不一定存在于所有的城市。这样一种理论视角较好地解释了为什么公私的良好合作并没有出现在所有的城市。城市政体理论的这一视角使其对于中国社会的政治经济现象的分析具有自身优势。当前,中国社会发展的核心议题就在于围绕政府与市场关系展开辩论并对其进行调整,典型的例子就是对于东北的收缩区域与收缩城市的成因与机制的分析:传统的由政府主导并直接控制的国有企业的体制中长期存在的弊端导致了市场衰退,社会经济停滞,市场的资源配置的基础作用难以发挥。因此,关于灵活的非正式制度安排的研究在中国非常必要。

最后,在借鉴城市政体理论时应避免盲目套用。城市政体理论提供了一个分析模型,从政治经济学的视角向我们展示了城市发展的动力和相关利益主体在城市治理中的作用机制,有利于我们更好地理解城市政治中的复杂关系。然而,值得注意的是,城市政体理论只是城市政治学中的一种解释框架,它不可能回答城市面临的所有问题,也不可能解释所有城市面临的不同问题。对于城市政体理论在解释力方面的局限,应该从两个方面来看,一方面,其解释力方面的局限来自理论的局限。例如,由于城市政体理论对城市治理中社会大众的作用持排斥态度,因此其不可避免地忽略了城市管治中的一种主要力量。再如,城市政体理论关注的主要是城市层面相关利益主体对城市管治的影响,而实际上,城市并非存在于真空中,不同层次、不同领域的相关利益主体都会因城市治理中的利益关联而参与进来并发挥作用,只关注城市层面的利益主体及其作用难免简化了城市治理中的利益关系,因而难以准确地解释城市治理中的复杂现象。另一方面,城市政体理论的局限来自不同城市的复杂背景。不同城市存在于不同的国家,受制于不同的政治和行政体制,其城市权力结构和利益结构是复杂多样的,从这个意义上讲,城市治理是一种地方性知识和实践,是背景性的。[24]当前的城市政体理论主要解释的是美国的城市政治现象,尽管城市治理具有一定的规律性,城市政体理论对于其他国家也具有一定的解释力和启示作用,但必须明确,背景性知识是更为重要的,在运用该理论进行解释的时候应当避免盲目套用。

参考文献

[1] Clarence Nathan Stone. The Atlanta experience re-examined: the link between agenda and regime change[J]. International Journal of Urban and Regional Research,2001,25(1):20-34.

[2] Jon Pierre. Can urban regimes travel in time and space? Urban regime theory,urban governance theory,and comparative urban politics[J]. Urban Affairs Review,2014,50(6):864-889.

[3] Gila Menahem. Urban regimes and neighborhood mobilization against urban redevelopment:the case of an Arab-Jewish neighborhood in Israel[J]. Journal of Urban Affairs,1994,16(1):35-50.

[4] Peter John,Cole Alistair. Urban regimes and local governance in Britain and France:policy adaption and coordination in Leeds and Lille[J]. Urban Affairs Review,1998,33(3):382-404.

[5] Kevin R Cox,Mair Andrew. Locality and community in the politics of local economic development[J]. Annals of the Association of American Geographers,1988,78(2):307-325.

[6] 黄徐强.城市、权力与治理:城市政治学的论域、脉络与启示[J].广州行政学院学报,2014(10):34-39.

[7] 张衔春,赵勇健,单卓然,等.比较视野下的大都市区治理:概念辨析、理论演进与研究进展[J].经济地理,2015(7).

[8] Jon Pierre. Comparative urban governance uncovering complex causalities[J]. Urban Affairs Review,2005,40(4):446-462.

[9] Delphine Ancien. Global city theory and the new urban politics twenty years on:the case for a geohistorical materialist approach to the (new) urban politics of global cities[J]. Urban Studies,2011,48(12):2473-2493.

[10] Jon Pierre. Models of urban governance:the institutional dimension of urban politics[J]. Urban Affairs Review,1999,34(3):372-396.

[11] Alan DiGaetano,Strom Elizabeth. Comparative urban governance:an integrated approach[J]. Urban Affairs Review,2003,38(3):356-395.

[12] Neil Brenner. Globalisation as reterritorialisation:the rescaling of urban governance in the European Union[J]. Urban Studies,1999,36(3):431-451.

[13] Xu Jiang, Anthony Yeh. Decoding urban land governance:state reconstruction in contemporary Chinese cities[J]. Urban Studies,2009,46(3):559-581.

[14] Clarence Nathan Stone. Urban regimes and the capacity to govern: a political economy approach[J]. Journal of Urban Affairs,1993,15(1):1-28.

[15] Alan Harding, Talja Blokland. Urban theory: a critical introduction to power,cities and urbanism in the 21st century[M]. London:Sage,2014.

[16] Keith Dowding. Explaining urban regimes[J]. International Journal of Urban and Regional Research,2001,25(1):7-19.

[17] Clarence Nathan Stone. Reflections on regime politics from govening coalition to urban political order[J]. Urban Affairs Review,2015,51(1):101-137.

[18] Joel Rast. Urban regime theory and the problem of change[J]. Urban Affairs Review,2015,51(1):138-149.

[19] Clarence Nathan Stone. Urban regimes and the capacity to govern: a political economy approach[J]. Journal of Urban Affairs,1993,15(1):1-28.

[20] Gerry Stoker, Karen Mossberger. Urban regime theory in comparative perspective[J]. Environment and Planning C:Government and Policy,1994,12(2):195-212.

[21] Michael Brown. Reconceptualizing public and private in urban regime theory:governance in AIDS politics[J]. International Journal of Urban and Regional Research,1999,23(1):45-69.

[22] Paul Kantor, Hank V Savitch, Serena Vicari Haddock. The political economy of urban regimes: a comparative perspective[J]. Urban Affairs Review,1997,32(3):348-377.

[23] 何丹. 城市政体模型及其对中国城市发展研究的启示[J]. 城市规划,2003(11):13-18.

[24] 易承志. 大都市社会转型与政府治理协同化——一个分析框架[J]. 中国行政管理,2016(4):61-66,115.

该文发表于《国外理论动态》2016年第6期,作者为张衔春,易承志。

中国城市群空间规划的历史演化与空间逻辑——基于新国家空间视角

摘要 国家空间重构中,城市群空间规划成为缓解城市间竞争和提高地区竞争力的重要工具。本文基于新国家空间理论分析中国城市群空间规划的发展历程与演变特征,结合国家空间选择性探讨城市群空间规划的空间逻辑,包括空间特征与空间效应。研究表明:首先,在不同发展阶段,中国城市群空间规划内容及其扮演的角色存在较大差异,其发展转型折射出国家空间选择性由城市尺度向区域尺度转变;其次,在社会转型宏观背景下,中国城市群空间规划是国家对区域崛起的制度回应,通过多样化策略的分层叠加,塑造了动态与嵌套的国家空间形式;最后,作为柔性的尺度重组策略,城市群空间规划以灵活与低成本的方式引导资本在特定城市群地区实现了再领域化和权力尺度重组,提高了国家空间治理能力,实现了治理模式转型。然而,中国城市群空间规划主要依赖高尺度政府自上而下的推动,存在实施效果不一致等现实矛盾,亟待强化国家空间策略的内部整合与国家空间项目的衔接。

关键词 新国家空间;城市群;空间规划;尺度重组;中国

1 引言

1970年后,在全球化和信息化的冲击下,国家间竞争转向核心城市及其所属城市群间的综合角逐[1]。同时,西方发达国家掀起了重塑政府角色的新公共管理运动,将国家管制权力向城市群等区域尺度下放,重建新的国家竞争力[2]。然而,日益增加的跨政区公共事件冲击着传统行政边界,城市群一体化发展成为实现竞争力提升的重要空间策略[3]。城市群概念源于埃比尼泽·霍华德(Ebenezer Howard)提出的城镇群体,即若干个田园城市围绕中心城市形成的城市组群[4]。近年来,"城市群发展"作为中国区域发展的核心战略,被中央确定为新型城镇化的主体形态[5]。城市群通过资金、劳动力等要素快速流动,成为全球经济网络的"控制中枢"并获得新的重要性[6]。另一方面,城市政府仍遵循行政区经济的路径依赖,区域治理呈"碎片化",制约区域协同发展[7,8]。因此,城市群空间规划被广泛编制与实施,成为修复治理碎片化的重要调控工具[9],如2019年颁布的《粤港澳大湾区发展规划纲要》。空间规划旨在构建区域层面的产业格局、生态格局、交通骨架及跨界合作的制度安排,促进区域经济、社会及制度的综合性一体化。

当前,西方尺度重组理论为城市与区域发展提供了重要的解释框架。尼尔·布伦纳(Neil Brenner)等学者通过批判性继承与发展尺度重组理论、策略关系国家理论及领域化理论,提出的"新国家空间"理论合理地解释了全球化、空间生产与区域治理间的地理尺度关系[10]。新国家空间理论虽主要关注西方城市与区域治理转型,但中国城市群空间规划的产生也不能脱离全球化、市场化及分权化的经济社会背景,这与西方制度环境具有相似性[11]。如李禕等认为中国城市群的崛起是国家管制的尺度上移与下移的新空间发展战略,核心是地方发展意图及中央策略选择共同作用下的管制平台[12]。张京祥探讨了"国家战略区域规划"及对区域治理的影响,认为区域规划是重要的尺度重构工具[13]。陈浩等结合中国实际对新国家空间理论进行修正,构建国家权力空间组织、国家空间策略政策及国家资源空间配置三个维度的理论框架以解释中国国家空间分异[14]。然而,学术界目前尚缺乏结合中国社会主义市场经济体制对新国家空间理论适应性的具体检验。同时,尚未形成全面的解释框架以理解城市群空间规划的历史演化及其蕴含的国家权力安排与制度逻辑。这制约了国家空间规划体系与治理体系的形成与完善。笔者认为新国家空间理论的引入有助于深入认识中国城市群空间规划的政治经济内涵及国家权力在不同地理尺度的再安排。因此,本文以新国家空间理论构建解释框架重点回答两个研究问题。第一,分析中国城市群空间规划的历史演化,即在不同历史演化阶段中城市群空间规划的主要特征是什么。第二,探讨城市群空间规划的空间逻辑是什么。具体而言,空间逻辑是指城市群空间规划如何被国家用作制度调控工具以塑造城市群这一特殊的地理空间单元,包括城市群空间规划体现的空间特征与引发的空间效应。通过回答以上研究问题,本文旨在为新时期城市群空间规划与区域治理体系完善提供深度思考。

2 文献回顾与理论框架

2.1 国家空间尺度重组与全球地域空间重构

传统国家理论中,国家空间被视为自我封闭且被动容纳经济活动的静态权力"容器"[15]。伴随近代欧洲民族国家的建立,国家成为其领域内最大的权力中心[16]。由此,"国家中心论"在西方政治学领域得以确立[17]。随着经济全球化发展,传统国家的地理边界和主权框架正面临松动与瓦解并诱发了国家空间(权力)的尺度重组,全球资本积累方式表现为去领域化与再领域化交织的复杂过程[18]。尽管全球领域主义不再强调国家的首要性,但本质上是国家中心主义在全球尺度上的复制,将全球尺度上视为静态与固定的平台[19]。此外,网络社会的崛起也使得学界认为国家权力逐渐消融,地方空间为流动空间所取代[20],引发社会经济活动突破国家边界,形成跨国流动(图1)。在实践中,国家空间尺度重组表现为两方面:一方面在超国家尺度上,欧盟等超国家权力组织形成,并对凯恩斯国家经济管制产生根本性冲击[21];另一方面,在次国家尺度上城市区域竞争日益加剧,大量区域组织的形成有助于处理跨界事务,吸引资本注入[22]。

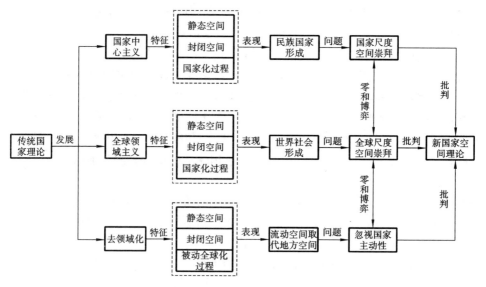

图1 新国家空间理论的形成基础及其特征

[图片来源:Brenner(2004)]

国家空间尺度重组背景下,西方学术界整体忽略了民族国家的重要性,将国家权力理解为相对且逐渐消解的。对此,布伦纳认为在经济全球化中,国家领土主权虽受侵蚀,但仍保留众多社会经济活动的管理权限,国家权力更具弹性与柔韧性[23]。国家的角色与功能被重塑,并未被边缘化。相反,通过制定竞争和发展导向的规划重新分配了国家权力空间并产生新空间形式[24]。国家不再是静止与固定的权力容器,而是被一系列管制策略、政治斗争等社会过程所建构的舞台、工具和结果[25]。同时,国家基于制度设计的差异性,通过空间选择性引导资本积累和权力运作朝向特定的区域,以调控地域不平衡发展[26]。

2.2 国家空间生产的理论框架:基于新国家空间视角

新国家空间理论为国家空间重构提供了完整的理论框架,将空间概念引入策略关系理论,提出了国家空间选择性(state spatial selectivity)的概念。国家空间配置的核心包括国家空间形式(state spatial form)、国家空间项目(state spatial project)和国家空间策略(state spatial strategy)三方面。国家空间形式指国家政治策略需以地理范围为载体,并依据领域性原则进行确立与表达。国家空间项目指为实现国家组织与功能协调而进行管制和命令的制度结构,是狭义的国家空间,如行政层级的尺度分化等。国家空间策略是面向外部社会关系的空间干预策略,是完整意义的国家空间。国家空间策略不仅指通过产业政策、空间规划及基础设施投资等政策工具引导资本流向特定地区,而且表现为政策体制的跨地域分化与政策工具在不同尺度上的差异化效应(图2)。

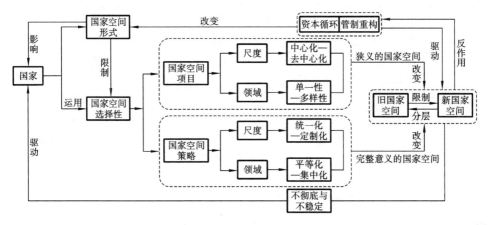

图2　国家空间重构的基本维度与一般过程

[图片来源:Brenner(2004)]

作为空间选择性分析工具,国家空间项目与策略通过国家权力选择性配置和不平衡发展的策略赋予特定空间尺度或领域优先性,实现对社会经济活动的干预和对国家空间的重塑。在演变趋势上,国家空间项目与策略形成中心化与去中心化、单一性与多样性、统一化与定制化以及平等化与集中化四对基本要素。具体而言,新国家空间生产主要包括三部分:①在社会政治环境约束下,国家开展试错性的政策试验以探索新空间策略,并推动国家空间渐进式重构;②通过分层(layering)的方式,国家将新的国家空间项目与策略叠加在原有的国家空间形式之上,并使得其呈现出不稳定的"马赛克式"[27];③国家往往采取差异化的国家空间策略塑造不平衡发展的地理并提高特定地区的综合竞争力。这是由于国家空间选择性的具体形式不是静止孤立的,取决于特定时期地区的特殊性及其治理的历史环境。中国在全球化、市场化和分权化背景下,国家、区域及城市的角色及其尺度关系发生了剧烈重构,使得新国家空间理论对中国国家空间项目及策略的实施及其导致的空间效应具有较强的解释力[28]。

3　中国城市群空间规划的发展演化

自20世纪80年代以来,中央政府与地方政府编制了一系列城市群空间规划,赋予特定尺度优先性以引导空间资源流动。这些空间规划重塑了国家权力空间及权力关系,通过构建区域层面的产业发展与劳动力分布格局,实现区域协同发展与竞争力提升。根据国家空间选择性的时间与特征,城市群空间规划主要经历了制度试水期、快速发展期和全面深化期三个阶段(表1)。

表 1 中国城市群空间规划的不同发展阶段与代表成果

时间	批复单位	规划名称	空间尺度	发展阶段
1982	原国家计委	《京津唐地区国土规划纲要》	跨省	制度试水期
1986	上海经济区办公室	《上海经济区章程》	跨省	制度试水期
1989	广东省建委	《珠江三角洲城镇体系规划》	省域	制度试水期
1995	广东省建委	《珠江三角洲经济区城市群空间规划》	省域	制度试水期
2002	江苏省政府	《南京都市圈规划》	省域	快速发展期
2002	江苏省政府	《徐州都市圈规划》	省域	快速发展期
2002	江苏省政府	《苏锡常都市圈规划》	省域	快速发展期
2005	湖南省政府	《长株潭城市群区域规划》	省域	快速发展期
2008	国家发改委广东省政府	《珠江三角洲地区改革发展规划纲要》	省域	快速发展期
2009	住房与城乡建设部	《海峡西岸城市群发展规划》	跨省	快速发展期
2010	国家发改委	《长江三角洲地区区域规划》	跨省	快速发展期
2015	中共中央政治局	《京津冀协同发展规划纲要》	跨省	全面深化期
2016	国家发改委	《长江三角洲城市群发展规划》	跨省	全面深化期
2018	国家发改委	《关中平原城市群发展规划》	跨省	全面深化期

3.1 制度试水期(1980—2000 年):行政分权下的城市群空间规划

1978 年之后,中国进行了行政分权、市场化改革及对外开放等体制改革,确立了以城市作为经济发展的主要尺度,即为国家空间选择性的主导尺度。20 世纪 80 至 90 年代,在计划经济和市场经济并存的双轨制下,国家开始重视大经济区规划工作,并推动全国、省级、市级等政府制定城镇体系规划,保持对资源的调控能力。例如上海经济区办公室 1986 年组织编制的《上海经济区章程》;原国家计划委员会 1990 年牵头编制的东北地区等七大经济区发展规划;四川等省政府组织编制的省域城镇体系规划。1994 年的分税制改革和土地管理制度改革中,中央赋予城市政府制定综合发展战略、地方税率及审批土地租赁等事权。城市政府转型为以实现本辖区经济增长为目标的企业型政府[29]。政府系统中自上而下的科层控制被削弱,地方自主性明显提升。上位政府主导的大经济区规划和省域城镇体系规划面对行政分权,制度约束性严重不足,区域管制失效[30]。

在沿海发达地区,地方(省与城市)政府尝试在法定规划体系外寻求新型区域管制方式,以整合内部资源,实现地区经济增长。如 1982 年原国家计划委员会曾组织开展京津唐地区国土规划纲要前期研究,明确了该地区发展过程中存在的问题并提出相应对策。1989 年,广东省政府组织编制《珠江三角洲城镇体系规划》,该规划作为全国第一个城市群空间规划,通过强化区域基础设施与产业布局调控珠三角城镇等级体系[31]。但是,该时期并没有城市群的概念,而是采用城镇体系。1995年,广东省建委进一步组织编制了《珠江三角洲经济区城市群空间规划》,确立了城市群发展总体格局和"三大都市区"协调发展策略[32],从区域协同视角对城市用地分类管控等进行探索,并第一次提出"城市群"这一地理概念。总体来说,城市群空间规划的制度试水期中,中央政府以实行不均衡发展策略为主,将大量事权下放给地方,国家空间选择性表现为去中心化、定制化及集中化的演变趋势。

3.2 快速发展期(2001—2012年):增长主义导向下的城市群空间规划

2001年加入WTO后,中国逐步融入世界经济体系并形成全方位对外开放格局。中国城市群空间规划在该阶段主要以增长主义为导向。1998年后,中央政府通过上收土地管理和规划审批等关键权力,加强宏观调控和谋求行政收权。2001年后,国家相继实施了西部大开发等四大板块协调发展战略,并依据地区发展情况赋予税收优惠等特殊政策,缩小东中西部发展差距。2003年,科学发展观的提出进一步强调需要统筹区域发展与城乡发展。面对地方发展经济的现实需求,中央政府组织编制与批复了一批城市群空间规划,并赋予城市制度试点特权和政策优惠以刺激地方经济增长,国家权力表现为特定尺度的去中心化。该时期,国家空间项目去中心化与再中心化趋势不断加强,国家空间策略呈现多样性和平等化特征。

除了推动城市经济增长,该时期的增长主义价值取向主要体现在通过构建区域协同,实现城市群的整体经济增长。依据《国民经济和社会发展第十一个五年规划纲要》,中央明确将城市群作为城镇化发展的主体形态,并鼓励编制一系列城市群/都市圈空间规划。例如2002年在中央政府的支持下,江苏省率先开展三大都市圈空间规划的编制工作。编制完成的《南京都市圈规划(2002—2020)》《徐州都市圈规划(2002—2020)》《苏锡常都市圈规划(2001—2020)》,成为国内第一批都市圈空间规划[33]。此外,地方政府(官员)为获得中央政府政策优惠与政治晋升,积极推动所在辖区融入"国家战略区域"。尤其是省政府,通过省域内城市群空间规划的制定获得中央认定而上升为国家级战略[34]。如广东省政府联合国家发改委联合编制《珠江三角洲地区改革发展规划纲要(2008—2020)》,将省域城市群空间规划上升为国家级发展战略。国家发改委2010年牵头编制的《长江三角洲地区区域规划》系统提出长三角区域空间格局与优化发展战略。该阶段,通过城市群空间规划的实施,国家赋予城市群等特定尺度发展优先权,国家空间选择性的形式由城市尺度转向区域尺度,重构国家经济地理格局。

3.3 全面深化期(2013至今):国家治理体系重构下的城市群空间规划

中共十八大以来,中国进入特色社会主义新时代,社会主要矛盾转化为人民日益增长的美好生活需要和不平衡不充分的发展之间的矛盾。同时,国家经济进入稳定与优化的经济新常态模式。《国家新型城镇化规划(2014—2020)》中指出城市群成为支撑全国经济增长、促进区域协调发展和参与国际竞争的重要平台。同时,中央政府开始统筹制定城市群空间规划并实施差异化发展战略,推动城市群经济增长并缩小区域发展差距。这一系列举措体现了国家空间策略中特定城市群地区集中化与国家战略平等化共存的特征。

2014年以来,中央政府加快启动跨区域与次区域城市群空间规划以吸引国内外资本,并缩小政策单元提高规划实施的精准性。在2015—2020年,国家发改委联合多个部门统筹编制长江中游、长三角以及粤港澳大湾区等13个城市群空间规划,贵州等省级政府也在中央政府指导下编制了省域城市群空间规划。城市政府虽较少直接参与城市群空间规划,但通过城市营销与跨界合作,也深刻影响城市群空间规划的实施效果。说明一方面国家空间选择性继续由城市尺度向城市—区域尺度上移,另一方面,城市间跨界合作与城市营销标志着尺度从城市—区域向城市与城市间下移也同时发生,该尺度下移的趋势旨在解决城市内部资本积累的矛盾[30]。此外,2018年国务院机构改革将分散的空间规划职能统一划归到新成立的自然资源部,推动规划机构职能整合,最终以国家空间项目的重构为城市群空间规划的实施提供组织保障。现阶段,城市群空间规划已进入成熟阶段,形成完善的编制技术标准,注重与城镇体系规划等衔接,并使得国家空间选择性呈现出定制化与多样性趋势。作为实现国家空间治理现代化的措施,城市群空间规划从服务于地方经济发展,转变为实现空间治理现代化的管制工具,体现国家权力的多尺度变迁,具体表现为国家空间选择性由城市尺度向城市—区域尺度上移,并交织着由城市—区域尺度向城市及城市间尺度下移(表2)。

表2 中国城市群空间规划的空间选择性特征

历史时期	发展阶段	政治经济背景	城市与区域治理形式	国家空间选择性形式	国家空间选择性特征	主要矛盾
改革开放初期(20世纪80年代—2000)	制度试水期	对外开放;双轨制	城市企业主义;管理权限下移	地方崛起;大城市主导	去中心化;集中化;定制化	城市间竞争激烈;环境污染严重
加入WTO至十八大前(中共2001—2012)	快速发展期	市场经济;科学发展观树立	权力上收;空间规划;跨界合作	朝向城市-区域的尺度上移	去中心化与再中心化;平等化	区域与城市间发展不平衡
中共十八大以来(2013至今)	全面深化期	社会主义新时代;经济新常态	权力上收与下放;"多规合一"	尺度上移与下移相互交织	去中心化与再中心化;集中化与平等化	国家主导的尺度重组;区域发展差距大

4 中国城市群空间规划的空间逻辑

中国城市群空间规划是国家重塑空间权力导向下的制度试验,通过分层叠加与差异化重构的方式塑造了不均衡发展的地理格局与动态变化的国家空间形式。其空间逻辑包括国家空间选择重构的试验性、分层重构与差异化效应三方面。

4.1 国家空间策略的试验性

城市群空间规划产生于渐进式改革下的地方治理尝试,并受益于宽松的制度环境。改革开放初期,中国开启"摸着石头过河"的社会经济体制改革,不断获取发展经验并加以推广。如1980年设立深圳、汕头等四个经济特区,外向型经济模式开始在沿海地区推广。进而,开放14个沿海城市及经济开放区,形成多层次、全方位的对外开放格局。同样中国城市群空间规划产生于地方治理试验并在全国推广。如广东省跳出了传统部门规划套路,开创性地统筹各部门编制了城市群空间规划。早期编制城市群空间规划的地区,多位于拥有发达经济、开放思想与密切地理联系的珠三角、长三角及京津冀地区,这些地方要素为空间规划提供良好的试验条件。

作为调控地方逐底竞争的制度工具,城市群空间规划具有高度灵活性与低成本性。因此,空间规划往往上升为国家发展战略,引导资本与权力在特定地区实现再领域化,重构国家空间。伴随空间规划编制经验的丰富,中央政府在地方试验基础上,2014年后在全国范围内加大城市群空间规划的编制与指导力度,并对部门分工、主要任务与要求进行规定,形成具有积累性与推广性的区域管制制度。规划通过划定空间范围与明确功能分工,协调了城市群内部空间关系。同时,通过在东中西部培育多个增长极,促进经济增长与区域协同。此外,城市群空间规划与都市圈规划、同城化规划以及飞地经济等区域管制试验相配合,构建一体化导向的区域格局。

4.2 国家空间策略的分层重构

中国城市群空间规划具有分层重构效应。具体是指其建构在主体功能区规划等国家战略之上,同时被"一带一路"倡议等指导,通过战略分层化重构了动态与嵌套的国家空间形式。中国的国家空间选择性的重构是不连续和不均衡的演化过程,具有路径依赖性[35]。进入21世纪后,区域尺度成为中央与省政府关注的焦点,中国国家空间选择性由城市向区域尺度转变。城市群空间规划成为培育地区竞争力、缓和地区间竞争的主要工具,并叠加在原有四大区域总体发展战略和主体功能区战略等之上,产生新的地域管制模式与特定尺度的空间分异。2013年后,中央与省政府批复的城市群空间规划地区均建构在主体功能区划所划定的如珠三角等优化开放区及长江中游等重点开发区之上[36]。

城市群空间规划引发国家权力的尺度变迁与空间格局的分层渐进重构,协调了国家空间策略间的矛盾。国家在城市群空间规划编制中发挥主导作用,尤其是跨省城市群空间规划直接由中央政府制定。这一现象体现了城市群空间规划有助于强化城市与区域管制,实现国家权力的再中心化。作为灵活的国家空间策略,城市群空间规划以较低的制度成本引导资本流向特定地区,对资本过度积累进行"空间修复",避免不同管制策略间的冲突。空间分布上,城市群空间规划涉及东部、中部、西部及东北四大板块,不仅服务于区域总体发展战略,而且是全国功能区战略的延续。此外,城市群空间规划具有高度的开放性与包容性,对远景的国家空间策略也具有指导意义。中共十八大以来,国家相继提出京津冀协同发展与长江经济带发展等区域发展战略,并将其叠加在城市群空间规划之上。由此,城市群空间规划通过分层重构效应不仅整合了区域内部发展,也协调了区域间关系,提升了国家空间策略的适用性与灵活性。

4.3 国家空间策略的差异化效应

国家空间策略根植于地方自然与人文环境,对国家、区域及城市等尺度空间产生差异化的经济社会效应[37],塑造了国家空间分异与地理不均衡发展。这种不均衡发展主要是由于城市群空间规划的编制主体、获得优惠政策及制度创新权力的差异性。如长三角、粤港澳大湾区等城市群空间规划由中央政府直接编制,成为国家级战略,在产业发展等方面获得充分扶持。而其他内陆或欠发达地区的空间规划往往级别较低,对地区社会经济发展的引领作用有限。受限于不同发展阶段,空间规划的战略定位与主要内容大相径庭,如东部城市群空间规划侧重提高国际竞争力,中西部城市群空间规划在保护生态环境的基础上培育合理的空间结构。在定制化和差异化的政策扶持下,东中西部地区以城市群为空间载体,均出现经济发展水平不同的经济增长极,总体上促进区域协调发展,国家空间格局呈现"平等化"特征。

空间效果上,尽管中央、省与城市政府重视城市群空间规划,将其作为空间管制的主要策略,但政府内部的利益分异对空间规划的实施产生重要影响。当多层级政府利益诉求一致时,城市群空间规划实施较顺利,区域管制的目标容易实现。然而,多层级政府存在利益冲突时,规划实施困难且效果较差。虽然城市政府对加入城市群空间规划较为积极,但未改变行政区经济的路径依赖,只是希望借此获得上位政府资金与政策支持。尤其是部分城市以城市群发展名义获得建设用地指标后,争相开建大型项目而造成生态环境破坏,导致城市与区域管制失效[38]。此外,空间规划的实施也受到多层级政府发展政策与官员个人意志的影响,具有不稳定性。

城市群空间规划是国家对区域崛起的制度响应和新国家空间的构成要件,通过与主体功能区规划等不同时期国家战略的分层叠加,差异化塑造了动态与嵌套的国家空间形式(图3)。其空间逻辑表现为三方面。首先,中国城市群空间规划的形成与发展是国家空间选择性由城市尺度向区域尺度转变的产物,反映了中央与省等多层级政府试图以区域整体主义参与全球竞争;其次,相较于行政区划调整等刚性的区域治理策略,空间规划以低成本与灵活的方式引导资本与权力在城市群地区实现资本再领域化和国家权力尺度重组,提高了国家空间治理能力,实现治理模式转型;最后,城市群空间规划塑造的新国家空间与西方有所区别,更加强调国家空间策略内在统一与区域协调,积极引导地区发展并重构区域经济格局。

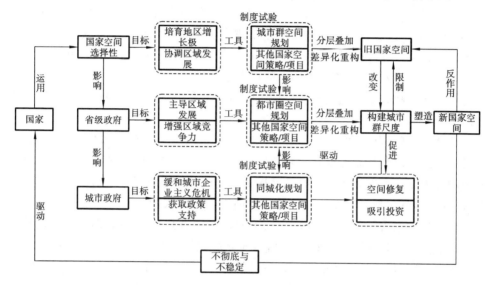

图3 城市群空间规划的空间逻辑

5 结论

中国通过城市群空间规划赋予特定尺度以优先性,以提高关键区域的核心竞争力,重塑国家空间格局。基于新国家空间理论,本文分析中国城市群空间规划的演变特征,并以国家空间选择性框架初步探讨其空间逻辑。

首先,中国城市群空间规划作为国家空间重构的重要工具,其演变受到全球化与分权化等政治经济背景的影响,反映出国家空间选择由城市尺度向区域尺度转变,并使得国家空间策略更加注重区域协调性与内在统一性。典型例子是在快速发展期,城市群空间规划在增长主义导向下成为国家空间选择性的主要制度形式,国家权力呈现出在特定尺度的去中心化。

其次,当前中国城市群空间规划进入全面深化期,被作为制度工具广泛推广,从服务于地方经济发展的增长工具转变为重构区域经济格局与实现空间治理现代化的管制策略。这一转变折射出国家权力的多尺度变迁与引导资本在特定城市群地区实现再领域化。同时,空间选择性上表现为一方面由城市尺度向城市—区域尺度上移;另一方面,由城市—区域尺度向城市及城市间尺度下移。尺度上移与尺度下移相互交织,共同塑造不同地理尺度下的国家空间逻辑。

再次,从空间特征上,城市群空间规划反映了经济全球化和行政分权化下,国家对区域崛起的制度响应,是新国家空间的构成要件,包括两个主要特征。第一,城市群空间规划通过与主体功能区规划等不同国家战略的分层叠加,差异化塑造了动态与不稳定的国家空间形式。第二,作为柔性尺度重组策略,城市群空间规划以低成本与灵活的方式引导资本与权力在特定城市区域实现再领域化和国家权力尺度重组,提高了国家空间治理能力,实现治理模式转型。

最后,从空间效应上,尽管城市群空间规划在一定程度上缓和城市间无序竞争,但并未彻底改变城市企业主义的制度逻辑。更多是将城市企业主义的制度逻辑复制到区域尺度。同时,国家通过自上而下的方式构建新国家空间,并以中央政府意志推动区域发展,忽略自下而上的尺度重组,导致制度一体化进程缓慢与区域的社会认同感缺失。这些空间效应表明中国城市群空间规划的内在逻辑不同于西方的区域发展逻辑。

总体上,城市群空间规划不仅是中央、省与市政府进行空间治理的技术工具,也是经济全球化和行政分权化下城市与区域治理变迁的投影,深刻影响着国家空间治理能力与体系的完善。已有文献揭示了中国城市群发展背后的制度逻辑具有非线性特征,既包括自上而下也包括自下而上的双向尺度重构[12,39]。这一发现意味着中国的国家管制(state regulation)是策略性与选择性的,通过跨越不同地理尺度的灵活配置以建构不同的管制体制实现资本积累危机的化解,包括协调区域发展不平衡、管制生态环境污染、调控产业同构与重复建设等[40]。同时,国家空间选择性在中国需要结合特定的历史背景与政治经济条件予以综合分析,才能找到其中周期性的规律与变化特征[11]。本研究以城市群空间规划为切入点,在分析其历史演化与空间逻辑的基础上,认为城市群空间规划是国家空间灵活配置的政策抓手,并不完全遵循尺度上移的空间逻辑,也包含着增加城市竞争力、提升中央政府在区域与城市发展层面的影响力的行动逻辑。这是构成中国国家管制策略性与选择性的重要环节。未来研究需要关注特定地区国家空间项目及策略的变迁,并从权力尺度重组、资本再领域化及社会再生产等视角分析国家空间选择性变迁的机制及空间特征与效应,为中国城市群发展及区域治理提供深度思考。

参考文献

[1] 马学广. 全球城市区域的空间生产与跨界治理研究[M]. 北京:科学出版社,2016.

[2] Albrechts L. Strategic planning and regional governance in Europe:recent trends in strategic planning and responses to address emerging issues and problems[M]. Oxford:Routledge Publishing,2011.

[3] 张衔春,许顺才,陈浩,等. 中国城市群制度一体化评估框架构建——基于多

层级治理理论[J]. 城市规划,2017,41(8):75-82.

[4] Howard E. Garden cities of tomorrow [M]. London: Routledge Publishing,2007.

[5] 马学广,唐承辉. 新国家空间理论视角下城市群的国家空间选择性研究[J]. 人文地理,2019,34(2):105-115.

[6] Keating M. Introduction: rescaling interests[J]. Territory, Politics, Governance,2014,2(3):239-248.

[7] 顾朝林,王颖. 城市群规划中的管治研究——以绍兴城市群规划为例[J]. 人文地理,2013,28(2):61-66.

[8] Zhang X,Cheung D M,Sun Y,et al. Political decentralization and the path-dependent characteristics of the state authoritarianism: an integrated conceptual framework to understand China's territorial fragmentation[J]. Eurasian Geography and Economics,2019,60(5):548-581.

[9] 陈小卉,钟睿. 跨界协调规划:区域治理的新探索——基于江苏的实证[J]. 城市规划,2017,41(9):24-29.

[10] Brenner N. New state spaces: urban governance and the rescaling of statehood[M]. Oxford:Oxford University Publishing,2004.

[11] WuFulong. China's emergent city-region governance: a new form of state spatial selectivity through state-orchestrated rescaling[J]. International Journal of Urban and Regional Research,2016,40(6):1134-1151.

[12] LiYi,Wu Fulong. The transformation of regional governance in China:the rescaling of statehood[J]. Progress in Planning,2012,78(2):55-99.

[13] 张京祥. 国家—区域治理的尺度重构——基于"国家战略区域规划"视角的剖析[J]. 城市发展研究,2013,20(5):45-50.

[14] 陈浩,张京祥,李响宇. 国家空间分异与国家空间视角的中国城市研究思路初探[J]. 人文地理,2017,32(5):9-16.

[15] Brenner N. Introduction: state space in question[M]. Oxford:Blackwell Publishing,2003.

[16] Taylor J P. The state as container: territoriality in the modern world-system[M]. Oxford:Blackwell Publishing,2003.

[17] Benner N. Open questions on state rescaling[J]. Cambridge Journal of Regions Economy and Society,2009,2(1):123-139.

[18] 魏成,沈静,范建红. 尺度重组——全球化时代的国家角色转化与区域空间生产策略[J]. 城市规划,2011,35(6):28-35.

[19] Agnew J. The territorial trap: the geographical assumptions of international relations theory[J]. Review of International Political

Economy,1994,1(1):53-80.

[20] Castells M. The rise of the network society [M]. Oxford: Blackwell Publishing,1996.

[21] 张京祥,陈浩,胡嘉佩.中国城市空间开发中的柔性尺度调整——南京河西新城区的实证研究[J].城市规划,2014,38(1):43-49.

[22] Meyer J W, Drori G S, Hwang H. World society and the proliferation of formal organization [M]//Drori G S, Meyer J W, HWANG H. Globalization and organization: world society and organizational change. Oxford:Oxford University Press,2006:25-49.

[23] 尼尔·布伦纳,徐江.全球化与再地域化:欧盟城市管治的尺度重组[J].国际城市规划,2008,23(1):4-14.

[24] Roodbol-Mekkes P H, Brink A V D. Rescaling spatial planning: spatial planning reforms in Denmark, England, and the Netherlands [J]. Environment & Planning C:Government & Policy,2015,33(1):33-43.

[25] 马学广,李鲁奇.新国家空间理论的内涵与评价[J].人文地理,2017,32(3):1-9.

[26] 张衔春,栾晓帆,李志刚."城市区域"主义下的中国区域治理模式重构——珠三角城际铁路的实证[J].地理研究,2020,39(3):483-494.

[27] 李鲁奇,马学广,鹿宇.飞地经济的空间生产与治理结构——基于国家空间重构视角[J].地理科学进展,2019,38(3):346-356.

[28] Shen J. Scale,state and the city: urban transformation in post-reform China [J]. Habitat International,2007,31(34):303-316.

[29] 王磊,田超,李莹.城市企业主义视角下的中国城市增长机制研究[J].人文地理,2012,27(4):25-31.

[30] 张衔春,杨宇,单卓然,等.珠三角城市区域治理的尺度重构机制研究——基于产业合作项目与交通基础设施项目的比较研究[J].地理研究,2020,39(9):2095-2108.

[31] 赖寿华,闫永涛,刘冠男,等.珠三角区域规划回顾、评价及反思[J].城市规划学刊,2015(4):12-19.

[32] 马向明,陈洋,黎智枫.粤港澳大湾区城市群规划的历史、特征与展望[J].城市规划学刊,2019(6):15-24.

[33] 罗小龙,沈建法."都市圈"还是都"圈"市——透过效果不理想的苏锡常都市圈规划解读"圈"都市现象.[J].城市规划,2005,29(1):30-34.

[34] 王磊.尺度重组视角下的长江中游城市群战略[C]//中国城市规划学会.多元与包容——2012 中国城市规划年会论文集(01.城市化与区域规划研究).昆明:云南科技出版社,2012:605-614.

[35] Brenner N. Urban governance and the production of new state spaces in Western Europe, 1960-2000［J］. Review of International Political Economy, 2004, 11(3): 447-488.

[36] Jonas A E G, Goetz A R, Bhattacharjee S. City-regionalism as a politics of collective provision: regional transport infrastructure in Denver, USA[J]. Urban Studies, 2014, 51(11): 2444-2465.

[37] Mackinnon, Danny. Regulating regional spaces: state agencies and the production of governance in the Scottish Highlands［J］. Environment & Planning A, 2001, 32(12): 1432-1465.

[38] 方创琳, 王振波, 马海涛. 中国城市群形成发育规律的理论认知与地理学贡献[J]. 地理学报, 2018, 73(4): 651-665.

[39] Li Yi, Wu Fulong. Understanding city-regionalism in China: regional cooperation in the Yangtze River Delta[J]. Regional Studies, 2018, 52(3): 313-324.

[40] 张衔春, 胡国华, 单卓然, 等. 中国城市区域治理的尺度重构与尺度政治[J]. 地理科学, 2021, 41(1): 100-108.

该文发表于《城市规划》2021年第5期,作者为张衔春,唐承辉,许顺才,岳文泽。

西方实证篇

精明增长政策下美国城市多中心治理研究

摘要 以美国城市多中心治理为研究对象,提出实践中多主体共同参与的网络化治理是美国城市空间得以精明化增长的根本原因。首先定义多中心网络主体包括政府、利益集团、社会公众及电子媒体,并指出各利益主体所占有的资源、利益诉求及价值规范。构建包括资金支撑、技术支撑及信息支撑的多中心治理的支撑体系,进而得出政府自上而下资金、指导"软控制"与公共秩序维持机制,利益集团与政府之间合作竞争的推动机制,社会公众依托公民权利的实施反馈监督机制及电子媒体为中心的全网络信息发布机制四方面的运作机制。最后,提出中国城市空间的集约型增量增长和存量空间更新相结合的"精明化"路径实施启示。

关键词 多中心治理;精明增长;利益主体;支撑体系;运作机制

2015年12月,中央城市工作会议提出树立精明增长和紧凑城市理念,科学划定城市开发边界,推动城市由外延扩张式向内涵提升式转变。作为精明增长发源地,美国城市针对二战后城市蔓延愈演愈烈的发展现状,从设定城市增长边界到实施整套城市发展政策,取得了良好"抑蔓延,精增长"效应。SGN(Smart Growth Network,美国精明增长网络)认为精明增长包含一系列发展和保护战略,以保障人类健康和维护自然环境,创造具有吸引力和多样化的社会。SGA(Smart Growth America,美国精明增长联盟)将其阐释为更好的城镇建设和运营方式。而精明增长政策得益于全社会共同参与的多中心治理模式,在政策影响下集合政府、利益集团、社会公众及电子媒体的增长联盟是多中心治理主要形式。治理对象是公共事务,公民利益最大化和满足多样需求是主要目标,其特征包括参与主体多元化、各参与主体通过便捷的信息化交流形成网络结构及参与主体之间采取竞合循环方式进行利益博弈。

新常态下的新型城镇化指引着中国增量发展模式向精明化的存量模式转型,存量更新关键在于解决土地权属错综复杂而引发的土地开发模式及收益分配等方面的利益纠纷。由此,以层级政府为主导的科层治理模式应向囊括政府、市场、公民社会的多中心治理体系转变,多中心治理成为城市空间增长范式转变的解释因子与实施动力。国内已有将精明增长政策引入土地利用优化配置的应用[1],城市规划学者的相关研究集中于空间结构、用地模式、交通体系、城市蔓延、灾害管理等方面[2-6];而定量分析则主要构建精明增长指标体系[7,8]和城市精明增长综合测评模型[9]等。此外,中美城市发展存在制度性差异,如城市蔓延机制[10]、土地所有制等,但差异所呈现的城市问题却具相似性。

既有研究集中在精明增长政策特征、要素构成与实际效应,缺乏各要素关系及政策内在运作机制研究,而这恰是借鉴精明增长政策的重点所在。美国作为最早实施精明增长发展战略的国家,其运作机制最为成熟。灵活的制度设计及公共参与模式对中国现阶段城市空间增长的治理机制的转型具有重大借鉴意义。因此,本研究以美国精明增长政策的运作机制为重点,结合多中心治理中网络主体和支撑体系进行分析,将主体参与与资源流动等因素带入其中有助于为中国城市空间精明化路径提供参考。

1 美国精明增长政策下多中心治理的网络主体

现有研究对精明增长政策下多中心主体给予充分关注,包括层级政府、公众、发展共同体、房地产开发商、开发集团、产权组织等[11,12]。总体可归纳为政府、利益集团、社会公众和电子媒体。

1.1 政府

美国多层级政府是精明增长政策的倡导者,是多主体矛盾的协调者[13]。美国土地所有制规定:公有土地(约占 40%)归联邦、州及地方(县/市)政府所有,具有直接土地利益。土地规划和管理上,联邦政府不具备直接土地利用规划权,而州政府则可以制定直接土地利用规划,并实施土地管理,地方政府则具备更多土地规划与管理及政策实施权限。具体看,联邦政府以基金引导(主)和法规控制(辅)推动州和地方政府土地规划及建设活动,通过资金支持、政策及法律制定维护最高公共利益;州政府制定规划授权法案管控地方土地规划、建设活动;地方政府主导规划发起、规划编制、审批、实施、修订及监督[14],并在与联邦政府博弈中利用政策实施权及行政管理权强化地方利益。美国城市规划委员会代理政府履行城市土地建设管理职能,成员有政府官员、城市规划师和地方权威人士。部分精明增长政策,如设置地区增长边界等,鉴于土地使用权分歧,使得州与地方政府协调失效,基于地方利益,普遍抵制转交土地使用权于高层次公共机构[12,15]。相关利益主体发生冲突时,以城市规划委员会等为代表的"规划能力"充当协调者,推动政府联合环保主义者和开发商获得政策决议带来的利益[16]。

1.2 利益集团

有学者称美国政治为"利益集团政治"[17],而利益集团指追求某一或某些共同利益的社会成员,通过对政府进行游说、贿赂和施加压力等途径实现特定目标[18],包括开发团体、产权组织、社区协会、精明增长组织、环境保护组织、金融机构、非营利组织等。利益集团可划分为非逐利性和逐利性两种[19],逐利性组织中开发商与产权组织通过与政府合作及私人购买获得土地资源开发权,拥有资金技术及政策影响力,是利益集团的主要代表,以开发项目经济利益为导向,并关注地方经济增长。非逐利性组织中的环保组织是推动土地精明增长的主要动力之一[20],并具备法律规定的部分土地建设活动管理及监督权,但经济资源较少,丧失部分话语权[21]。精明增长组织、社区协会、工人代表组织与非营利组织代表地方的公共利益,从不同社会方向上代表公共利益行使土地建设活动管理及监督权。银行等金融机构与营利性组织结盟,获取经济利益,也注重公共利益。规划机构为雇主提供专业咨询,满足雇主经济利益。科研机构以公共利益为取向,维持项目科学性与合理性。

1.3　社会公众

社会公众组织形式分散,缺乏经济资源,利益易损,如中低收入者、农民、非裔种族等。而某些特殊公民团体,如地方房产所有者,具有法律规定的土地所有权及土地收益权等,其在土地开发中利益申述影响重大。如2004年美国人口普查统计显示,房产所有者占所有美国家庭的69%,在大部分郊区形成主要选举力量,一致要求维持市场房价以为房产保值,阻碍填充式开发及提供多类型住房,引发社会分化与居住隔离[12]。美国社会推崇个人价值与社会组织自主性,多数公民都从属于某一利益集团[22],因此社会公众可通过利益集团对精明增长施加影响,获取个人经济利益及福利,并间接实施土地管理及监督权。此外,倡导公众参与的政策环境、电子媒体对公众利益的维护及公民选举投票权,使公众成为精明增长联盟的稳定力量。

1.4　电子媒体

电子媒体具有信息传递和舆论监督的作用,是实现网络连通的主要媒介。美国电子媒体受《宪法第一修正案》的"言论与出版自由"原则保护,不受政府的直接控制和任意干涉,在一定程度上代表公众利益。但政府仍然通过其他方式间接控制电子媒体,引导大众舆论。同样,利益集团和公众通过电子媒体介入政治活动[23]。电子媒体不具备法律赋予的直接土地权利,但具有政策干预、舆论监督及信息传递等优势,实践中以舆论监督维护公共利益的同时,代表不同利益主体完成土地利用管理及监督权。电子媒体在实践中的信息传递功能不可或缺。精明增长宣传需要电子媒体支持,各大增长联盟几乎都拥有专属官网,SGN、SGO(Smart Growth Online,精明增长在线)也关注共享与精明增长相关新闻、事件、信息、研究、出版物等;EPA官网上提供精明增长在线会议、录像和广播的专项媒介来传播宗地和填充式开发、商业和经济开发等方面信息及大量涵盖精明增长主题的出版物。

1.5　网络主体利益层次及特征分析

美国精明增长联盟决策网络依赖各类参与者的沟通交流与合作博弈。根据美国相关法律赋予的土地权利及行使权利模式,参与者分两层,即土地利益主体和土地利益主体的相关主体。不同利益主体具有占有权利及资源、利益诉求及价值规范的差异性(表1)。

土地利益主体是依据美国宪法及相关法律被直接赋予土地基本权利的利益主体,其中主要权利包括土地所有权、土地收益权及土地管理与监督权等。根据美国土地产权制度,占40%的国有土地的土地权利直接归属不同层级政府,而剩下60%私有土地由社会公众掌握土地基本权利。政府及社会公众构成了主要土地利益主体。同时,开发团体从政府及社会公众处交换获得土地开发权,并在土地精明增长过程中发挥重要作用,因而也是重要土地利益主体之一。土地利益主体的相关主体是指非独立利益主体,依据相关法律帮助土地利益主体进行利益代言。主要包括利益集团中的相关主体及电子媒体。不同主体通过相互作用及相互制约,形成与既有法律制度互补的社会反馈机制,有助于通过监督与管理土地开发,弥补土地精明增长在实践中的缺陷。

表1 精明增长联盟决策网络中利益主体的特征

参与主体		主体构成	占有权利及资源	利益诉求	价值规范
土地利益主体	政府	联邦政府	资金支持、政策与法律制定权、指导权、土地所有权、土地收益权、土地管理及监督权	公共利益(全国层面)	控制用地,防止城市蔓延
		州政府	政策实施权、行政管理权、土地所有权、土地收益权、土地管理及监督权	公共利益(州层面)	控制用地,防止城市蔓延,保障州经济利益
		地方政府	政策实施权、行政管理权、土地所有权、土地收益权、土地管理及监督权	公共利益(地方层面)	控制用地,防止城市蔓延,实现地方经济增长
土地利益主体	社会公众	各州市县民众	政策干预权、土地所有权、土地收益权、土地管理及监督权	个人利益	个体利益及福利最大化
	利益集团	开发团体(开发商)	金融资金、开发技术及团队供应,从政府及社会公众处获取土地开发权	开发项目的经济利益,次要关注推动地方经济增长	获取最大个人经济收益

续表

参与主体		主体构成	占有权利及资源	利益诉求	价值规范
土地利益主体的相关主体	政府	城市规划委员会	城市规划及专业技术与信息	公共利益	协调政府分歧,提供科学决策
	利益集团	产权组织	土地产权管理权及政策影响力	公共利益	维护经济利益,保障产权
		社会协会	代表社区居民监督管理土地开发	群体利益(社区居民相关利益)	维护社会福利及社区成员利益
		精明增长组织	技术支持、代表政府及社会公众管理监督土地开发	公共利益	控制用地,防止城市蔓延
		环境保护组织	技术支持、代表政府及社会公众管理监督土地开发(尤其关注土地开发产生的环境外部性)	公共利益(土地开发产生的环境外部性)	控制用地,防止城市蔓延,保护城市环境
		银行等金融机构	金融资本、土地建设项目监督权	经济利益及公共利益	保障金融稳定,资金项目顺利运行
		非营利组织	政策干预、资金供应及代表政府及社会公众管理监督土地开发	群体利益(与民间组织主旨相关)	保障相关特定群体利益
		工人代表组织	政策干预、监督土地开发(尤其关注土地开发对工人阶级产生的外部性)	群体利益(工人阶级利益)	保障工人阶级利益
		规划机构	政策咨询、土地功能安排及空间布局	雇主利益	满足雇主利益
		科研机构(高校、科研院所等)	知识传递及决策咨询	公共利益	提高项目科学性,维护政策运行
土地利益主体的相关主体	电子媒体	电视、广播、网络媒体	干预政策、信息传递及代表政府及公众管理监督土地开发	公共利益	保障共知情权,维护舆论监督

2 美国精明增长政策下多中心治理的支撑体系

资金、技术与信息是美国城市多中心治理的资源要素,在主体间相互流动,发挥反馈、制约与监督作用,支撑起多中心治理体系。

2.1 资金支撑

多中心治理体系中,资金主要供应者是美国政府及依托政府的相关金融组织,融资平台是资金的主要来源,将资金提供给州政府、地方政府及利益集团。社会公众可通过选举间接创造各种资金机会[11],资金一部分源于政府,一部分源于市场及私人赞助,后者比例较小。美国环境保护局和SGO提供大量资金获取渠道的信息。前者包含资金申请渠道,符合条件的申请者可获得专项补助金,或通过政府补助官网提交邮件申请,等待符合精明增长主题的补助金,拓宽地方政府、社会公众及利益集团的资金获取渠道①。其他资金申请渠道包括:可持续社区的补助金、协助和项目的合作;其他国家级精明增长资金;区域、州和地方层面对精明增长项目的资助等。

2.2 技术支撑

技术支撑包括具有成文的原则政策、实施倡导与指南、实施研究与工具以及形式自由且因项目而调整的实施计划与技术援助。精明增长原则政策来自SGN发布的《通向精明增长:100个政策执行案例》(Getting to Smart Growth:100 Policies for Implementation)中10条原则及实施政策,原则政策构成网络体系,提供给各级政府、利益集团及社会公众,促进精明增长实施[24]。实施倡导指对政策的倡导,由于源自国会和白宫的决策因而对社区具有持续影响,而实施指南由增长联盟制定,围绕具体主题为领导者、规划师、居民等提供专项策略、建议和实施方案的行动指南。实施工具由政府制定,指为达到精明增长目标的一系列规范性指导方针、案例、教程、清单、数据库、模型、积分卡及规范等。实施计划由一系列组织机构提供的建议、政策、工作坊、经验等构成。实施技术援助是针对不同层级美国政府管理机构所设立的专项形式服务,由技术人员通过实地操作帮助实施策略、建议等②。

2.3 信息支撑

实施信息广义上包含向精明增长联盟成员发布的关于支撑体系的各种信息,通过文字、影像等途径传播的内容,如通过各种网站发布的精明增长项目、补助金申请等;狭义上具有正规形式,如各类出版物、电子文件、博客等。精明增长联盟需要信息媒介宣传推动政策顺利实施,产生经济、生态和社会效益,并反馈于资金积累和实施信息流通。资金获取和指导思想的推广需要信息宣传,同时,实施信息也需实施资金的直接支持和实施指导的间接反馈。

3 精明增长政策下多中心治理的运作机制

美国城市多中心治理首先需要各网络主体作为动力基础。在统一合作平台上,各网络主体基于禀赋资源与精明增长联盟发生联系,形成合作网络,而结成网络的资源载体实际为联盟运作的支撑体系,即资金支撑、技术支撑和信息支撑。精明增长政策下多中心治理的运行机制如图1所示。

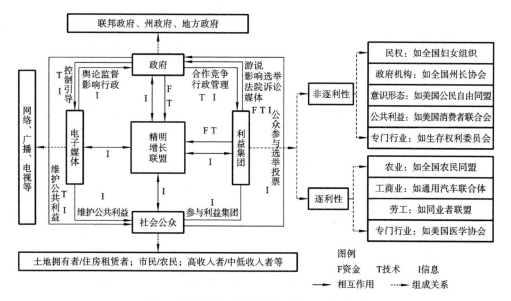

图1　精明增长政策下多中心治理运行机制

(图片来源:结合参考文献[14]及[19]分析绘制)

3.1 政府自上而下的资金、指导"软控制"与公共秩序维持机制

一方面,从联邦政府、州政府与地方政府关系看,地方政府具备城市规划编制与实施权责,联邦政府和州政府通过资金和法规对地方政府进行管控,并不直接参与规划进程。但是,联邦政府与州政府拥有权威法权与财权,可以对地方政府进行基金引导为主、法规控制为辅的"软控制"。下级政府在法律权威上,实践活动受上级政府法律管制,不敢逾越。同时,资金上离不开上级政府的支持。联邦政府与州政府提供补助金与项目补助,政府委托金融机构提供融资平台与资金信息,与专家团体制定实施原则,同时专家团体提供技术指导,用于规划制定。因此,政府内部自上而下产生联邦政府与州政府对地方政府资金和指导的"软控制"。

此外,精明增长项目中,利益分化产生冲突矛盾,便由第三方力量("城市规划委员会""上诉委员会"等)介入调停。外部其他网络主体行为同样受法规约束,不得逾越维护公共利益的红线。利益集团、社会公众、电子媒体可在法律允许范围内通过游说、公共参与及舆论监督表达利益诉求。同时,政府与专家共同制定的实施准则与指导有效地维护了地方公共利益,有助于公共秩序的长期维持。政府公共政策以维护公共利益为宗旨,内部遵循层级"软控制",如资金自上而下流动、法规控制,并多层次纳入第三方组织参与政府治理,解决矛盾;外部利用法规控制,为网络主体创造相对宽松的行动空间。政府自上而下的资金,指导"软控制"与公共秩序维持机制如图2所示。

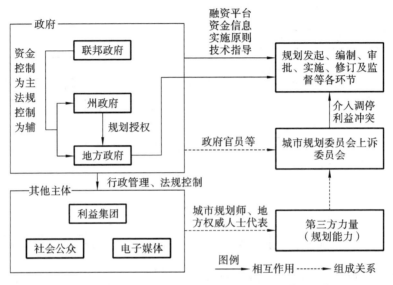

图2 政府自上而下的资金、指导"软控制"与公共秩序维持机制

3.2 利益集团与政府之间合作竞争的推动机制

利益集团与政府通过资金和技术合作与竞争强化治理中的地位与影响,其竞合机制依据不同项目类型有所不同。政府资金主要用于大型、公共性质或非商业类项目,利益集团资金与其性质相关,非逐利性利益集团立足公共性质项目,但资金量较少;逐利性利益集团关注商业类项目,资金量相对较多;二者的合作关系体现在政府技术较宏观,具有行政权威,而利益集团技术则更专业化,两者相辅相成,共同搭建精明增长联盟的资金-技术框架,并完成公共性质或非商业性项目。而竞争关系体现在政府资金供给并非万能,当某些公共项目遭遇财政短缺时,逐利性利益集团利用资金优势向政府"叫板",争取项目控制与开发权,但竞争不利于精明增长联盟稳定发展。政府与私人部门的竞合关系还体现在私人部门、地方企业等也提供实施资金给社会公众,通过选举机制监督地方政府行为。政府与利益集团为精明增长联盟贡献了资金和技术资源,具体实践与合作方式由项目性质决定,竞争则出现在部分逐利性利益集团占优势的项目中。利益集团和政府之间合作竞争的推动机制如图3所示。

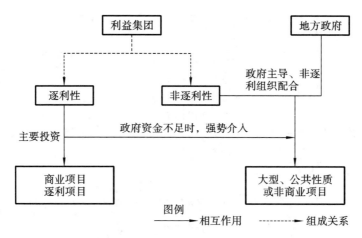

图3 利益集团与政府之间合作竞争的推动机制

3.3 社会公众依托公民权利的实施反馈监督机制

社会公众拥有部分土地所有权及宪法赋予的选举投票等基本公民权,是精明增长项目的主要服务对象。尽管公民个体力量薄弱,但在美国政治环境中,公众参与、选举投票、参与利益集团等方式强化公众的社会地位,使得公众意见成为规划实施的决定要素,而公众参与是社会公众介入规划活动的主要方式。

首先,政府、法院、国会通过法律保障公民基本权利与公众参与的组织流程,构建社会公众与其他网络主体对话平台。同时,社会公众可以借助自下而上的反馈机制,包括电子媒体的播报等。最后,除了上述监督机制之外,一系列的制度设计还保障了公民有效参与到规划全过程。规划制定阶段有公民咨询委员会、民意调查及相关流动机构等;规划选择阶段有公众投票、技术援助、参与设计、公众讨论会等环节;规划实施阶段有雇用公众到社区的官方机构监督及培训等;规划反馈阶段有咨询中心、电话热线及群众来访等。社会公众反馈监督机制具有监督分散但受法律保护的特征,由于国家制度框架,公民监督力量得到全社会重视,是精明增长良性运转的核心环节。社会公众依托公民权利的实施反馈监督机制如图4所示。

3.4 以电子媒体为中心的全网络信息发布机制

电子媒体通过信息传递与发布成为精明增长联盟的维系纽带,电子媒体的信息传递是网络主体与精明增长联盟产生作用的重要媒介,构建全网络信息发布机制,而电子媒体的全网络信息发布机制包括三组信息传递关系:电子媒体—政府,传达行政管理、政策、资金和收到反馈;利益集团—电子媒体—精明增长联盟,媒体帮助传递相关资金、技术互动(电子出版物、电子文件及博客等);社会公众—电子媒体—精明增长联盟,媒体将精明增长相关新闻及信息反馈与披露给社会公众,社会公众利用政策干预与舆论来监督增长联盟运作。电子媒体对整体进程予以舆论

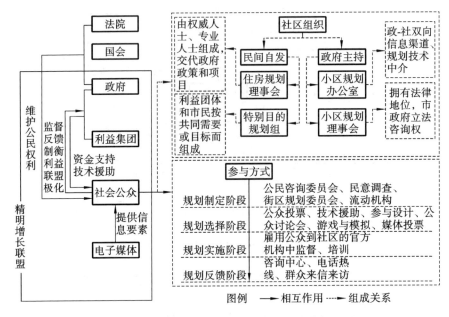

图 4　社会公众依托公民权利的实施反馈监督机制
（图片来源：根据参考文献[25]分析绘制）

监督，维护公共利益。网络是联盟的主要信息发布中心，具有便捷、公开、公平的特征。支撑体系的各类信息借此得以快速便捷地向网络主体传达，由于信息发布公开透明，各网络主体平等享有合作信息，规划监督的界面亦得到拓宽。以电子媒体为中心的全网络信息发布机制如图 5 所示。

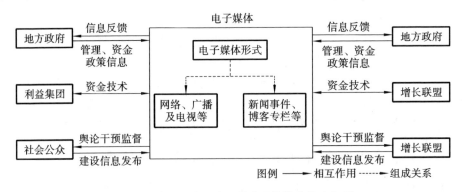

图 5　以电子媒体为中心的全网络信息发布机制

自 20 世纪 70 年代精明增长政策兴起，多中心治理机制在美国土地的集约使用，主要表现在对郊区化的城市蔓延[26]的抑制上，取得较好效果。例如俄勒冈州的波特兰大都市区，1975 年至 21 世纪初人口约增长了 50%，而土地消费仅增长 2% 左右[27]。美国精明增长组织在 2014 年进行的全国调查报告显示，在统计的 221 个大都市区中，有超过一半的大都市区（共 119 个）已实现紧缩式发展，相比

2002年的统计报告,数量比重有明显上升。并且报告以圣巴巴拉都市区、威斯康星麦迪逊都市区、新泽西特伦顿都市区及洛杉矶都市区为例,充分论证精明增长对居民生活质量提高的积极作用[28]。

4 中国城市空间"精明化"发展路径

压缩型城市化与土地财政催生的土地红利在一段时间内将继续为中国城市发展提供资本积累[29]。当前中国城市空间增长的动力要素可归纳为快速经济增长与城市化过程及2000年后的GDP导向的政府政绩观的合力作用[30-32]。

中国城市土地开发过程中利益主体相互作用集中表现为以保障地方经济利益为核心的运作模式,与美国多中心治理及多层次合作与博弈模式差别明显。首先,中国土地利益主体及其相关主体类型较少且单一,关系失衡。各级政府占据绝对资源与主导权力的同时,政企联盟强化城市发展的"增长主义"。现有制度因素又抑制了公众参与土地开发与建设途径与效率。同时,缺乏社区协会、精明增长组织、环保组织、非营利组织等第三方机构,缺少保障公众参与和监督项目落地的公民咨询组织。虽然中国电子媒体数量快速增长,但政府代言性媒体依然控制多数信息传递及舆论导向,由于从中央到地方尚未建立起完善的公众对话平台和社群网络。其次,中国土地开发过程中多元主体网络运作的支撑体系具有政府主导性。资金方面,中国政府主要以开发区为单一投资渠道,依托上级政府拨款、下属金融组织和融资平台,或与利益集团结为政企联盟等方式获得土地开发支撑资金,社会公众或非营利组织直接参与资金供应的比例很低。技术上则建立在土地财政和GDP增长基础上。再者,中国网络主体关系的特殊性不同程度地异化了美国精明增长政策下多中心治理运作机制。其中,由于缺乏第三方力量介入调停,导致中国土地开发中的冲突矛盾内化为不同层级政府以及政府和开发商之间的利益博弈。企业型政府异化为政府企业化诱导中国地方政府在逐利性土地开发项目上的"插足"[33],干扰了私人部门、地方企业与政府之间合作竞争机制稳定性的同时,却强化了政企联盟的稳定性,从而加剧网络主体间的结构关系失衡。

因此,本文提出五点启示。

(1) 政府职能转型:由控规划变为审法规。中央政府审批权限下放由传统的项目审批权转变为规划审批权,鼓励地方政府进行规划编制与实践的制度创新,在空间管制、用地及人口管控等方面促进规划活动贴近地方发展实际;中央与地方的科层规划体系的硬控制逐步转向对技术法规、程序法规的软控制。

(2) 社区治理革新:社区扩权。强化社区作为基本单位参与城市精明增长,成立"社区协会",包括管理维护机构与精明增长工作坊。前者负责社区协会的日常运营管理及经费来源,后者将社区居民组织起来传递精明增长的相关技术,提高社区的凝聚力与对规划活动的参与能力。

(3) 话语确权:站内设城市政府页面、社区协会页面、城市规划委员会页面、非政府组织页面、环保组织页面、弱势群体组织页面、银行金融机构页面等。

（4）基金设立：颁布"精明增长定向服务基金"。由中央政府设立"精明增长定向服务基金"，制定地方各类机构组织的资金分配比例。或由地方政府设立基金，分配比例上报中央审批。同时，留足灵活基金，通过网络平台发布，供自由申请。

（5）决策产生方式："联盟组织"+"相关市民"。通过公共参与的方式加入城市空间增长项目中，以法规形式明确公共参与的过程，并以投票、意见征集等方式将民众涉及自身利益及公共利益问题公开化，以协商的方式补偿居民个体损失，立足公共利益，强化项目公益性。

参考文献

[1] 任奎,周生路,张红富,等.基于精明增长理念的区域土地利用结构优化配置——以江苏宜兴市为例[J].资源科学,2008,30(6):912-918.

[2] 马强,徐循初."精明增长"策略与我国的城市空间扩展[J].城市规划汇刊,2004(3):16-22.

[3] 诸大建,刘冬华.管理城市成长:精明增长理论及对中国的启示[J].同济大学学报(社会科学版),2006(4):22-28.

[4] 李王鸣,潘蓉.精明增长对浙江省城镇空间发展的启示[J].经济地理,2006(2):230-232.

[5] 蔡小波."精明增长"及其对我国城市规划管理的启示[J].热带地理,2010,30(1):84-89.

[6] 张纯,宋彦.美国城市精明增长策略下的暴雨最优管理经验及启示[J].国际城市规划,2015(2):75-82.

[7] 程茂吉.基于精明增长视角的南京城市增长评价及优化研究[D].南京:南京师范大学,2012.

[8] 刘冬华.面向土地低消耗的城市精明增长研究——以上海为例[D].上海:同济大学,2007.

[9] 谭婧,陶小马,陈旭.基于改进熵值法的城市"精明增长"综合测度——以长江三角洲16市为例[J].长江流域资源与环境,2012,21(2):129-136.

[10] 张衔春,向乔玉,张宇,等.中国城市蔓延研究回顾与展望[J].规划师,2014(9):76-81.

[11] Andrew G. Suburban sprawl or urban centers: tensions and contradictions of smart growth approaches in Denver, Colorado[J]. Urban Studies, 2013, 50(11): 2178-2195.

[12] Anthony D. Smart growth: why we discuss it more than we do it [J]. American Planning Association, 2005(4): 367-378.

[13] Christopher H. Competing interests and the political market for smart

growth policy[J]. Urban Studies,2014,51(12):2503-2522.

[14] 陈超.美国城市规划管理的特点[J].城乡建设,2012(9):87-88.

[15] Peter G,Harry W Richardson. The sprawl debate:let markets plan[J]. Publius,2001,31(3):131-149.

[16] Christopher V H. Planning and competing interests:testing the mediating influence of planning capacity on smart growth policy adoption[J]. Environmental Planning and Management,2014,57(11):1683-1703.

[17] 孟亚波.美国的利益集团[J].国际资料信息,2002(6):11-13.

[18] 卜翔国.美国的利益集团[J].广西社会科学,2003(6):13-15.

[19] 刘润忠.美国政治与利益集团[J].天津社会科学,2002(1):58-61.

[20] Kent E P. Education and smart growth policies in U. S. cities:a response to Lenahan O'Connell[J]. Social Science Quarterly,2008,89(5):1378-1383.

[21] Lubell M,Feiock R,Ramirez E. Political institutions and conservation by local governments[J]. Urban Affairs Review,2005,40(6):706-729.

[22] 刘恩东.中美利益集团与政府决策的比较研究[D].北京:中共中央党校,2008.

[23] 孙哲,沈国麟.美国政治中的媒体与国会选举[J].美国研究,2002(2):64-78.

[24] 唐相龙."精明增长"研究综述[J].城市问题,2009(8):98-102.

[25] 田莉.美国公众参与城市规划对我国的启示[J].上海城市管理职业技术学院学报,2003(2):27-30.

[26] 张衔春,牛煜虹,龙迪,等.城市蔓延语境下新城市主义社区理论在中国的应用研究[J].现代城市研究,2013(12):22-29.

[27] 刘海龙.从无序蔓延到精明增长——美国"城市增长边界"概念述评[J].城市问题,2005(3):67-72.

[28] Reid Ewing,Shima Hamidi. Measuring sprawl 2014[R/OL]. https://www.smartgrowthamerica.org/app/legacy/documents/measuring-sprawl-2014.pdf,2014.

[29] 陈浩,张京祥,陈宏胜.新型城镇化视角下中国"土地红利"开发模式转型[J].经济地理,2015,35(4):1-8.

[30] 周春山,叶昌东.中国特大城市空间增长特征及其原因分析[J].地理学报,2013,68(6):728-738.

[31] 曾文,吴启焰,张小林,等.中国城市空间反增长联盟的新特征——基于昆明市"94号院"的实证分析[J].地理科学,2015,35(5):551-557.

[32] 张衔春,单卓然,许顺才,等.内涵·模式·价值:中西方城市治理研究回顾、对比与展望[J].城市发展研究,2016,23(2):84-90,104.

［33］ 张京祥,殷洁,罗小龙.地方政府企业化主导下的城市空间发展与演化研究[J].人文地理,2006,21(4):1-6.

该文发表于《地理科学》2017年第5期,作者为张衔春,马学广,单卓然,胡国华,孙东琪。

美国新城市主义运动：发展、批判与反思

摘要 20世纪90年代兴起的新城市主义运动为人类认识城市蔓延、解决中心城区空心化及社区冷漠等问题提供重要的理论思考范式。本文系统梳理新城市主义运动发展至今的二十多年实践历程和不同思潮的演变，提出新城市主义理论始终贯穿于一系列实践项目中，而当前的新城市主义理论呈现吸收批判思想、完善理论框架、加固实施保障及创新理论实践四方面发展特征。进而指出针对新城市主义运动的批判涵盖运动起源、理论内容、实践操作三个层面。最后，立足对新城市主义运动褒贬不一的认知，指出新城市主义运动是城市动态发展过程的阶段性平衡策略，城市发展过程中任何动态不确定因素的变化都是构成新城市主义发展的未知数。本文对中国现阶段新城市主义的实践进行深刻反思，并提出未来发展的建议与预期。

关键词 城市蔓延；新城市主义运动；批判；实践

1 引言

二战后，美国城市蔓延现象由单点城市向广域大城市、都市区面域扩散，特别是在菲尼克斯、拉斯维加斯、洛杉矶等城市形成郊区蔓延与远郊蔓延截然不同的城市画面。城市蔓延作为一种不负责任的城市发展模式[1]，一方面，中高收入者居住地的近郊区化与远郊区化造成中心城塌陷，犯罪率飙升，地方政府税基转移，动摇了中心城社区的发展根基；另一方面，粗放的蔓延模式加之机动车交通量猛增，给美国的土地资源、林业资源及生态环境带来了持久重荷。除却外在自然、社会与环境的严重损害，潜在的住房分离导致社会阶层分异进一步加大，种族歧视、社会隔离不断加剧[2]。

20世纪20年代，为应对城市蔓延激化的严重社会矛盾，英美等国先后掀起三次"反城市蔓延"运动。新城市主义运动扎根于20世纪70年代的第三次"反城市蔓延"运动，对城市蔓延的美学缺陷进行有力攻击成为新城市主义产生的直接导火索。1889年卡米洛·西特发表的《遵循艺术原则的城市规划》为众多新城市主义学者引用不衰的经典论著，城市美化思潮、田园城市、现代主义派、城市活力再生论、紧凑城市等经典理论构成了新城市主义思想的理论渊源；20世纪70年代利昂·克里尔及杜安伊和齐贝克夫妇的工作也与新城市主义运动直接相关[3]。1982年DPZ"海边"居住开发项目是新城市主义早期重要实践之一。历经多年探索，1993年第一届"新城市主义代表大会（The Congress for the New Urbanism, CNU）"的召开，标志着新城市主义理论正式诞生。新城市主义运动形成、历史传

承与借鉴城市建设经验密不可分。说到底,新城市主义旨在从中微观领域借由城市设计手段通过紧凑型的城市增长模式及多功能混合布局,借助 TND 与 TOD 的交通模式,实现基础设施可达性提升及多社会阶层共存的和谐模式。

为实现社区由蔓延郊区式增长转向新城市主义模式增长,截至 2010 年,美国已建或在建新城市主义社区数量超过 800 个[4],广泛而深刻的新城市主义社区更新运动如火如荼。而 800 多个实践项目的实施效果却喜忧参半:一方面,新城市主义精神已彻底深入人心,成功影响了美国人对城市和郊区的辩证思考[3],如功能混合、鼓励紧凑和高密度等原则成为评判 21 世纪好城市的不二标准。一些实际项目创造了富有活力的居住环境,如 20 世纪 90 年代的"肯特兰德斯"居住区。另一方面,新城市主义的若干实践也遭受各界抨击,包括公共建筑混合引发安全问题、城市运行的"趋同"效应、无法有效地促进零售商业的繁荣、高额的住房开销等。通过梳理近 20 年学者的研究思想,笔者力图对新城市主义的发展历程和批判进行思想层面的归纳分析,通过共性问题探索为我国新城市主义借鉴提供深刻认知。

2 新城市主义运动理论框架

新城市主义运动理论框架主要包括传统街区设计(TND)和公交导向设计(TOD)两方面。TND 模式注重建筑细节、街区设计以及社会、经济和环境,偏向城市设计层面;TOD 模式关注居住、商业单元间的紧凑开发,重视区域间的交通联系。

新城市主义原则按实践尺度分为三个层次:①区域,包括大都会、市和镇;②邻里、分区和走廊;③街区、街道和建筑物。三个层次九条原则,对不同维度的实施策略提出简要构想[5]。

第一层次重视大都会中小单元的环境、经济和文化联系,并设置发展边界;第二层次作为发展和复兴城市的重要空间元素,以紧凑、适宜步行和功能混合的设计为核心;第三个层次强调保证环境安全、鼓励步行、借助邻里关系来保护社区[6](图1)。

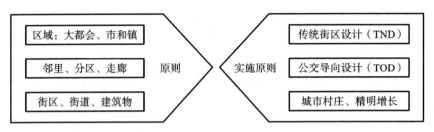

图 1 新城市主义运动理论框架简图

吉尔提出实现新城市主义的四种方式:①传统街区设计(TND);②公交导向设计(TOD);③城市村庄沿用传统街区设计原则;④精明增长[3](表1)。

表 1 新城市主义实施方式比较

	传统街区设计（TND）	公交导向设计（TOD）	城市村庄	精明增长
侧重点 重点要素	地方或古典建筑	区域相连接的公交枢纽	自足（住宅和工作的混合）和褐色土地的再开发	推进变革时增加政府政策和各类优惠政策
社区设计层面的共同元素	混合使用、住宅类型的混合、紧凑的形式、可步行的环境（400 m 半径）、可供选择的交通模式、有吸引力的公共场所、高质量的城市设计、中心区用于商业和市政服务、明确的边界、较窄的街道、设计专业会议			

资料来源：参考文献［3］。

3 进阶中的新城市主义运动

3.1 新城市主义运动发展阶段

新城市主义运动萌芽于 20 世纪 70 年代，90 年代正式形成，历经了四个发展阶段。

(1) 萌芽期：20 世纪 70 年代，在借鉴城市美化思潮、田园城市、现代主义派、邻里单位、城市活力再生、紧凑城市等理论的基础上，新城市主义理论开始萌芽[3]。形成以问题为导向，重点关注城市蔓延的美学缺陷及尺度概念的时代特征。

(2) 准备期：20 世纪 80 年代，新城市主义运动逐渐走向正轨。设计思想在专业领域内逐步凸显，于此利昂·克里尔、杜安伊和齐贝克夫妇等人功不可没[3]。该时期的新城市主义主要利用实践项目推动理论框架的丰富与完善。

(3) 形成期：1991 年，里程碑式文件——"阿瓦尼原则"（The Ahwahnee Principles）诞生，其后卡尔索普（Calthorpe）等学者撰书定义新城市主义[7]，1993 年，第一届"新城市主义代表大会"（CNU）召开，新城市主义理论正式形成，三大核心思想得到确立与巩固。

(4) 推广期：20 世纪 90 年代后期至今，学者对理论体系作进一步补充，例如，2002 年，伊丽莎白和杜安伊（Elizabeth & Duany）提出断面（the transect）概念[3]。新城市主义理论开始在世界范围被普遍引用和付诸实施。我国以新城市主义为理念建设了一批地产项目，如深圳万科四季花城、天津万科水晶城等。

3.2 新城市主义运动实践发展

各阶段新城市主义运动实践活动侧重点不同。准备期以社区开发项目为主，尽管理论仍处在探索阶段，但早先的一些项目如佛罗里达州的海边社区（Seaside Florida）等基本奠定新城市主义实践的基调；形成期伴随着理论体系的不断壮大完善，实践活动也日渐成熟，"希望六号"（HOPE VI）项目是这时期主要代表；推广期新城市主义理论与实践同步多元化,项目类型多样,从小尺度的广场到大规模的城镇区域空间。在这些项目中,新城市主义核心思想贯穿始终。

3.2.1 准备期——营建良好的交通体系与步行系统

佛罗里达州的海边社区(1981年)是最早实施的新城市主义项目之一。该项目产生于社区归属感理论盛行的社会文化背景下,内部通过设置不同等级的交通系统,形成氛围良好的居住环境[9]。其中三条斜交街道构成第一级交通系统,第二级步行系统以红砖铺就,构成第三级交通系统的沙丘小径网络遍布,成为最受欢迎的步行路径(图2)。

图 2 海边社区的平面、限制车行的街道与步行小径
(图片来源:分别根据参考文献[9]的图1和参考文献[10]的图2、图3整理)

3.2.2 形成期——注重资源共享与邻里交往

早期的"希望六号"(1993)项目特别注重邻里交往与社区归属感的营造。雷切尔(Rachel)针对第一阶段项目检测在新兴的以混合收入为目标的新城市主义社区内居民的社区性认知。发现NewHolly项目在整合服务、社区建筑及创造广泛的社区资源等方面取得良好的实施效果(图3)。图4显示了在整体的社区活动中,三类居民参与广泛,体现新城市主义社区注重邻里交往的营造与公共资源的共享。图5显示了NewHolly项目自身的特点,即分支文学的基础设施利用率普遍大于其余三者[11]。

3.2.3 推广期——强调宜居、生态和可持续

纽约的斯卡尼阿特勒斯(Skanneateles)村镇项目(2010),力求维持村镇联动的历史脉络及各自的传统特性。

项目占地约48 km², 拥有约7500位居民。受蔓延开发的侵蚀,小镇原有的混合使用、步行化和可持续的良好地域景观日益被"城市氛围"同化。开发团体圣母大学建筑学院(University of Notre Dame School of Architecture)以村镇中核心的10个核心区域为重点设计对象,设计理念全方位反映《新城市主义宪章》要义,措施包括:①倡导村落建设的步行化、混合使用和消费档次适宜且类型多样化的零售分布;②退还保护农业用地,建设紧凑复合的居住区域;③采用人工湿地的生态手法处理污水;④增加娱乐休闲公园;⑤提供连接绿化廊道的徒步小径;⑥以便捷的公共交通减少对私人汽车的依赖[12](图6)。

图 3　NewHolly 项目的场地详细规划图
（图片来源：根据参考文献[11]的图 2、图 4、图 5 整理）

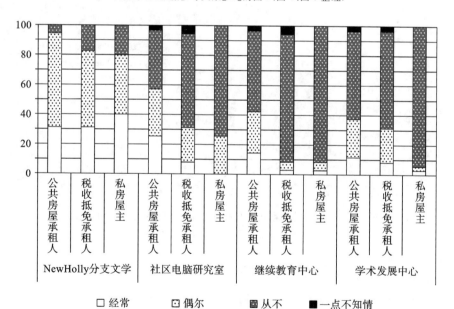

图 4　NewHolly 不同居民社区活动参与情况
（图片来源：根据参考文献[11]的图 2、图 4、图 5 整理）

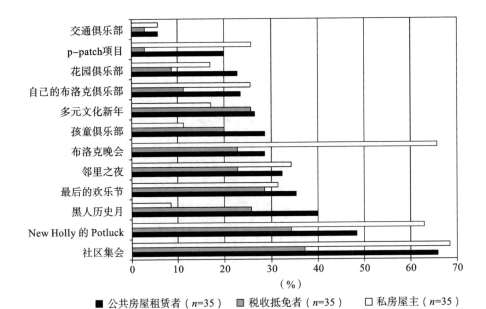

图5 NewHolly 不同居民服务设施使用情况

(图片来源：根据参考文献[11]的图2、图4、图5整理)

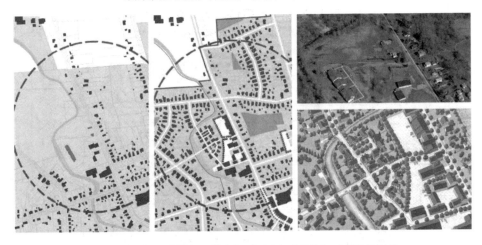

图6 斯卡尼阿特勒斯现状(左、右上)与方案(中、右下)的对比

(图片来源：根据参考文献[13]整理)

3.3　新城市主义理论发展特征

　　新城市主义运动实践的不同类型社区开发项目已付诸实施，包括"海边社区""肯特兰德斯"等取得突破性成功。虽然有批评声不绝于耳，但新城市主义理论在现阶段却始终处于不断的自我完善之中。

3.3.1 批判——理论发展的思考

社会各界的多方批判为新城市主义未来的发展提供问题导向型的思考模式。部分学者在研究中指出新城市主义项目费用过于高昂[14],主要原因在于建设及市场的综合作用使得利益导向下弱势群体利益空间被压缩。但是,这些批判是否真正与新城市主义在实践中的弊病相吻合至今尚未在学术界得到有信服力的回应。克利夫(Cliff)回顾并论证针对新城市主义的各种批判,认为很多批判都缺乏说服力,其中的典型即关于新城市主义忽略现代社会和经济的现实的问题,实际上新城市主义高度关注全球重组、社会变革及后资本主义时代土地发展的动态过程,这些可以在学者会议、书籍等记录中得到印证[15];对于新城市主义的"怀旧"情结,作者并不赞同,反嘲只是一种讽刺,新城市主义理念适用于多类型尺度的空间,不管是高密度的曼哈顿还是郊区的小村庄。与其说新城市主义是一种"怀旧",还不如定义其为一种对传统的城市化和公民生活的尊重[15],理论吸纳流行、适应环境和区域传统元素,并弱化项目激进的部分,即混合使用、混合收入、复杂的地块和交通组织[16],利用最新的结构技术,容纳汽车的使用等来建设新的项目[15],未来新城市主义的发展应当从中吸取教训。

3.3.2 吸纳——理论体系的完善

CNU 的成立推动了新城市主义理论的传播和体系化。而新城市主义理论原则在实践之前难以评价优劣,加之理论应用的对象处在动态变化之中,对整个理论体系进行完善显得非常必要。新城市主义者应该从现代主义的失败中吸取教训,建立对设计理论的交流和传承的意识[17]。这方面,DPZ 最先编制《理智规范》,但这种硬性的章程未成为广泛推行的"准则",证明变动的软环境承担作为主导的调控角色。

具体设计原则应关注实际项目的反馈和社会变化,适时对策略进行调整。社区规划中,新城市主义与可持续发展、精明增长等理论所倡导的最终目的是类似的,致力于创造具有"场所感"的空间[18],在这个大目标下,可对新城市主义的原则进行有效检验。另外,随着美国"生育膨胀"的一代进入老龄阶段,建成环境和规划、区划、住房选择、交通等都受到影响,亚瑟(Arthur)认为老年人和老龄化的家庭对新城市主义的发展有较大促进作用,他们更加需要步行可达性高的居住环境。而研究表明,仅有 1/3~1/2 的老年群体表现出对新城市主义构造的环境的青睐[19]。就此而言,新城市主义的原则值得进一步推敲。

除了理论体系内部的完善,对新城市主义体系的研究还体现出与其他理论思想的互融特征,包括社会生态学、社会资本学、城市形态学、环境与社区心理学及环境与行为研究领域的子学科等[8]。

3.3.3 保障——理论实施的加固

新城市主义项目实施中保障体制的缺失,致使实施过程中遇到体制冲突、资金不足等严重问题,甚至有些新城市主义实施项目被迫停止。

新城市主义运动早期,绝大多数设计项目和组织依托于有权势的人资助而建立。现今,已有学者指出美国现行的地方区划法和土地发展条例严重阻碍了新城市主义的推行[18]。史蒂文(Steven)反对各种类型的土地使用条例,主张撤销土地管制规定,也不看好新城市主义的发展[20],但是借鉴他的观点,新城市主义未来发展避免不了与许多限制条令进行协调。

资金缺乏是目前新城市主义实施面临的又一难题,对此,有学者认为应当改革现行体制,认可并推进CNU的发展[16]。克劳福德(Crawford)则直接提出构建一个地方政府体系用以推广新城市主义,具体由规划、原则、管理者和决策者组成[21]。

3.3.4 创新——理论应用的造血

相比理论产生之初,新城市主义的应用探索趋于多元化,包括与其他规划体系、设计理论的合作及应用领域的拓宽等。

西瓦诺(Civano)是美国图森第一个大型的"可持续"居住项目,该项目将新城市主义思想与绿化规划相结合,尽管建设效果存在争议[22],但不失为一个创新探索。安德鲁(Andrew)则在研究中提出关于新城市主义如何实施的问题,但并未受到重视,而更多的关注集中于新社区的建设,对此,他对在旧社区的建设中选择性采用新城市主义的原则进行了试验[23]。

4 批判中的新城市主义运动

对新城市主义的批判源于新城市主义强化脱离实际的理想模式,因此,新城市主义在缘起、内容及实施等多层面均饱受社会人士的诟病,针对新城市主义观点源起的反对主体提出的质疑往往是针对城市蔓延影响的辩证思考,这一讨论时至今日依然在学界存在;新城市主义核心内容认为新城市主义并非脱离现代主义独立生存的新理论,而其倡导的混合往往在实践中成为"混杂";实施过程中的兼容性、所导致的实施代价、专业与民主的背离、初衷改变、需求忽略及实施效果欠佳为新城市主义运动带来现实思考(图7)。

4.1 缘起的批判——反思城市蔓延

新城市主义将问题的矛头直指城市蔓延,将社会问题归咎于城市蔓延带来的开放空间、农用土地消减、环境恶化、交通拥挤、蔓延开发相关的高额开销,甚至郊区隔离引发的社会问题。而霍尔库姆(Holcombe)研究美国新城市主义对比市场作用的过程中,提出"城市蔓延"并非造成上述问题的元凶[24]。

首先,城市蔓延并未威胁到美国的开发用地。美国只有四分之一的国土用于开发,即使是城市化水平很高的城市,其土地开发程度也比较低。例如,新泽西的

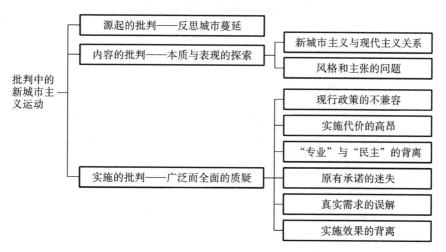

图 7　新城市主义运动批判框架体系图

开发度最高,却只达到 34.6%,马萨诸塞和康涅狄格则分别为 27.4% 和 25.8%[24]。

其次,随着技术进步,用于种植的土地需求总量在减少。研究表示,在 1950—1992 年期间,农业用地减少了 9.4%,而开发用地增加的幅度少于 5%[24],综合而言,农业用地的消减存在自身的动因,而不是由城市蔓延直接造成的。

再次,美国自然环境占有的空间十分富余,蔓延对自然空间的威胁并不成立。新城市主义倡导较高密度的土地开发,而有学者通过研究空气、水体的质量和土壤污染物等环境质量和人口密度的关系,发现高密度的开发往往导致更严重的环境问题[24]。那么,蔓延在这方面明显功大于过。

最后,交通拥挤问题或许是人们对城市蔓延最明显的责难之一,但是交通量随着区域的扩张而增加是必然的。人们不断逃离已经拥挤的片区,继而形成另一个拥挤的环境,这种"解决的策略"才是拥挤形成的主导因素。未来交通工具具有高频度使用趋势,那么新城市主义主张增加人口密度必然会使问题更加恶化[24]。

4.2　内容的批判——本质与表现的探索

4.2.1　新城市主义与现代主义关系

新城市主义的产生与现代主义批判密不可分,但是从迈克尔(Michael,2007)等对两种理论的研究来看,前者较多继承了后者的传统,包括模仿雅典宪章的理论组织机构和措辞框架,参考建立好的城市形态与理想城市价值观的关系等,后来新城市主义甚至非常肯定 CIAM 作为意识形态的启蒙者的地位[17]。

两个实例虽然存在较多差异,但是本质上都认为城市形态对社会行为有决定性的影响作用(表 2)。

表 2　现代主义与新城市主义对比

		现代主义	新城市主义
组织机构		CIAM	CNU
思想理论		雅典宪章（AC）	新城市主义宪章
实例		巴西利亚	欢乐的节日
	形式	宏伟	古色古香
	侧重点	理性	感性
	追求	全新的世界	小镇旧生活的复制、美国梦

资料来源：根据参考文献[17]整理。

吉尔也认为新城市主义并没有结束现代主义派，它保留了规划师和设计师作为专家的模式，依赖于规模扩张型的经济，妥协于汽车的使用和日益增加的消费欲望，并把规范和规则作为控制社会的指导[3]，就此而言，新城市主义近似于对历史的再次倒戈。

4.2.2　风格和主张的问题

新城市主义的怀旧情结和对空间决定论的质疑以早期的"希望六号"项目表现最为突出。外界批判尖锐地指出，过分依赖设计策略来解决顽固问题是绝对不可行的，现代主义派的很多失败案例已提供最好的前车之鉴[8]。

此外，新城市主义倡导与街区的其他使用功能相结合提供经济住宅，把保障性住宅与商品性住宅相混合，使贫穷居民集中于公共住宅中，这种做法存在引发社会动荡的隐患，受到很大程度的反对，混合未必就能解决社会分异和不平等问题[3]。

社区内部的关系和交流是新城市主义关注的核心层面之一。大卫·布莱恩（David Brain）则认为，社区文明才应该是最终目标，它包含的公平性是新城市主义的社区所没有的，而这点恰好随着社区的发展显得更为重要[25]。

4.3　实施的批判——广泛而全面的质疑

在美国，新城市主义运动的实践始于 20 世纪 80 年代，而实施过程中，除了收获良好的"海边社区"和 NewHolly 等社区，大量的社区在实践过程中，产生与现行政策不兼容、实施代价高昂、原有承诺迷失、真实需求被误解及实施效果背离等方面的缺陷。缺陷产生的内因是新城市主义自身的理论和原则的不足，外因是实施过程中的开发费用、政策等动态因素。而大量学者的批评指责为我们辩证地认识和思考新城市主义运动提供了良好的理论参考。

4.3.1　现行政策的不兼容

在实施过程中，新城市主义表现出与现行的区划政策不兼容的特点。大部分美国地方政府已经采用土地单一使用的区划政策，连同土地开发条例，与 TND 模式的土地混合使用以及一系列设计要求是相悖的[18]。例如，区划规定商业区必须与居住区分隔设置,而新城市主义则强调两者的混合;新传统性质的开发受到新城市主义强制性的"复古"要求的限制,而住区建设的用地规模也被设定最小范围。

4.3.2 实施代价的高昂

新城市主义项目高昂的开发费用是广受批判的又一个方面。开发费用高昂的主要原因是特殊的设计需求,如便捷的步行系统、交通环境的创造[14],此外也与土地市场作用紧密相关。例如海边项目,最初该项目的房价在美国任何居住标准中可以承受的范围,问题在于项目特殊的建设风格大幅提升了知名度,继而富人云集,房价上涨25%。另外新城市主义的社区的建设成本也比其他普通社区要高,包括建材、优质的建筑质量、公共场所设置需求等[8]。

4.3.3 "专业"与"民主"的背离

新城市主义的规划队伍人员繁杂,很多成员出身于建筑专业,不同专业拥有相异的思维方式。城市规划师强调协调,鼓励受规划结果影响的人完全参与规划过程,而建筑师则更偏向于特殊顾客的利益[3]。尽管新城市主义提倡公众参与,但是实践却显得牵强。库哈斯也承认市场力在一定程度上取代了公众的发言权[16],新城市主义只是一种郊区艺术,迎合了建筑师和规划师的意图[20]。

4.3.4 原有承诺的迷失

社会和谐是新城市主义所追求要点之一,但是这个美好愿景却给美国现下的城市化带来新的问题。多元的美国文化难以保证单一同质人群的聚合,不一致性成为新城市主义理念实施与管理复杂多元、日益全球化的社会的强大阻碍[17]。

新城市主义承诺保障弱势群体利益,但几十年的实践却带来一些适得其反的效果,文化差异性受到压制,社会多样性受到削减,社会分化、蔓延、高昂的市场房价等问题日益严重[17]。迄今为止,很多新城市主义项目被证明在设计和社会经济成分上相对同质,以部分"希望六号"项目为例,不仅忽略提供公益性的廉价住房,甚至完全破坏这种考虑而提升房价,造成了社会阶层进一步分离。但是值得说明的是,政策制定的缺陷,包括高昂的建设费用,均属于导致新城市主义运动实施不尽如人意的外部因素,与自身的理论和原则并无直接关系。同时,迈尔斯(Miles)[26]等学者通过对波特兰和亚特兰大两地不同社区类型对比发现,刻意营造具备传统人居尺度及交通、基础设施便捷性高的新城市主义社区,社会阶层的多元化并没有想象的高,单纯依靠物质形态手段实现社会阶层多样化未必有效(表3)。

真实性的创造也遭到质疑,景观形式教条化,缺乏设身处地地考虑地域特性,以致进口的新英格兰褐石出现在加拿大西部,南部风格的村舍则出现在安大略的社区中。开发商为了讨好富人,建设"镇中心"和"村庄广场",却忽视这些项目对老城镇中心和购物中心的影响[3]。

表3 波特兰与亚特兰大两地不同类型社区收入水平及多样性分布比例

	波特兰			亚特兰大		
	占新城市主义社区总量的比例/(%)	占居于两者之间的社区总量的比例/(%)	占郊区化社区总量的比例/(%)	占新城市主义社区总量的比例/(%)	占居于两者之间的社区总量的比例/(%)	占郊区化社区总量的比例/(%)
低收入社区	22	16	8	58	40	4
中等收入社区	47	39	21	20	17	13
高收入社区	31	45	71	22	43	83
多样化社区	53	58	52	34	45	11
总数	264	196	48	142	192	114

资料来源:根据参考文献[26]的表2整理。

实践项目忽略城镇的多样性和复杂性,它们不是完整的城镇,排斥地方零售服务业,很多项目的交通形式单一,居住者多为富裕的白领职业人士[3]。那未来它是否能持久存在呢？萨拉(Sarah)通过调查俄勒冈州的新城市主义项目新月村(Crescent Village)得到的数据(表4),反映出倡导混合使用和综合的邻里未必能促成不同年龄、种族和收入人群的聚合,这些多样性对比应答者之前所居住的社区并无明显差异,甚至出现弱化[27]。

表4 新月村与应答者的原居住社区人口多样性对比

多样性	少于原居住社区的比例/(%)	占原居住社区的比例/(%)	多于原居住社区的比例/(%)	备注
家庭类型	43.6	12.8	38.5	比例计算均以应答者的原居住社区为比较对象
收入	33.3	33.3	30.8	
种族	28.2	30.8	33.3	
年龄	17.9	33.3	43.6	

资料来源:根据参考文献[27]的表4.14整理。

尽管新城市主义提倡者强调公众意见和多种参与方式,但是,实际上他们更多偏重设计专业会议,导致对政策和环境问题的忽略。他们真正关心的是在自由市场条件下如何产生和维持经济活动,而不是人们的真实需求[3]。

4.3.5 真实需求的误解

近期的美国市场调查显示,人们相对青睐一种更加密集、步行化的居住环境,而现实市场中社区存在形式也并非传统社区和新城市主义社区非此即彼,最理想的社区形式或许处在两者之间。对于独栋住户,根据不同的选择标准,实际需求也愈加多样化,包含丰富多重的社区类型[14]。

现实中,美国很多老城市像巴尔的摩、纽瓦克市、圣路易斯和费城,人口下降急剧,人们更加向往独栋住房和低密度的生活方式[8]。这与新城市主义实际项目理念是相悖的,因此,有必要对其一贯坚持的原则有所调整。形式多样化最终目的在于合理地解决人的现实需求。实际情况是,郊区拥有充满活力的社区氛围,这点不被新城市主义所承认,人们更青睐私密的后院空间而不是新城市主义所认为的公共空间;汽车相比公共交通提供了更多自由的选择;人在不同的生命阶段有相异的生活需求倾向[20],而新城市主义单一的供给是否满足这些需求呢?具体可见汽车与公交出行的对比,前者提供的便捷度在美国各大主要都市区均已得到印证[24]。25 座城市的平均数据显示,在中央商务区内,对于相同的出行距离,汽车仅耗费公交所用时间的 73.6%,而在商务区之外,这一数值达到 60.4%。显然,随着生活水平的提高,人们更倾向选择便捷的汽车出行。

4.3.6 实施效果的背离

从新城市主义对美国城市和郊区社区形式的影响来看,虽然综合开发项目数目不多,但是传统设计要素、宅基地规模和住宅类型的混合等已经越来越为大众接受,新城市主义具有足够的社区形式改革能力。而根本问题在于,城市蔓延的问题是否得到真正解决或抑制。

新城市主义的市场影响力通常也被指责为薄弱的,常规的开发模式仍然以郊区开发为主导。据美国"莱夫斯调查",只有 10% 的被调查者了解完整的新城市主义,75% 的被调查者则更希望居住在城镇里,首选小城镇的人数只有 49%,很少家庭愿意放弃汽车或较大的前院,而且此倾向逐年上升(表5)。推行 20 年的样板项目和大规模的媒体介绍并未促进新城市主义得到公众的了解与认可[3]。

表5 不同年代美国住宅面积变迁

	1950 年	1970 年	1998 年	2000 年
新住宅的平均面积/m²	74	139	203	—
家庭规模/人	3.38	—	—	2.59
一般家庭购买一般住宅状况/(m²/人)	21.89	—	—	78.38

资料来源:根据参考文献[3]整理。

对现有实施效果的极大不满促使部分学者尖锐地指出,新城市主义只是为郊区化妆而已,汽车导向的模式消耗了城郊的土地却没有形成城市[3]。支持市场作用的学者提出新城市主义应对蔓延存在两方面问题:①新城市主义的目标看似美好,但是由于与市场主导相违,因此难以实现;②新城市主义运动倡导的方法与苏联模式的中心规划类似,同样也难以获得良好成效[24]。

4.4 小结

新城市主义运动注重建成环境的空间营造,设计手法详细具体,涉及了微观的尺度、设施配备等,力图重构物质形态环境实现社会公平。

物质形态决定论作为美国战后初期主流城市规划思想,其指导下的城镇规划,提倡依靠建筑师或工程师,以城市设计为核心,采用统一的精细程度表达城市土地使用和空间形态,同时也包含建筑或其他人工结构环境的设计[28]。新城市主义在继承物质形态决定论的基础上,融入以人为本的人文色彩和保护自然的生态思想,具体表现在促进邻里交流的公共空间、社区氛围的营造,以及强调城市发展边界的控制等方面。

然而物质形态规划论存在固有缺点,尼格尔·泰勒(Nigel Taylor)在综合20世纪50年代和60年代涌现的针对物质形态规划论的批判后,认为城市时刻处在动态变化之中,物质环境和社会生活之间的关系异常复杂,规划师缺乏对真实世界的本质认识是问题的根源[28]。同样,新城市主义尽管在其基础上有所发展,但本质仍从属于物质规划的范畴,在一定程度上具备上述普遍特征。对于上文提及的关于新城市主义运动设计思想的方面,是否应换以一种"情有可原"的态度呢?毕竟物质规划本身无法彻底解决真实世界的多重问题,新城市主义也只能在尽其所能的情况下为我们提供一种建设良好环境的选择和尝试。解决全局问题的良方还有待未来的探索,所谓良方并不存在完型,而有赖于每种尝试的互补综合。

5 反思与启示

美国新城市主义社区为当代社区建设带来的启发作用是明显的。早期新城市主义项目——海边社区,其建筑形式深受理论影响,整个平面单元划分图案痕迹明显,步行系统便捷,在经济上也取得了成功。马里兰州的肯特兰德斯社区中成功地将土地使用和住宅类型混合处理。安德鲁(Andrew)通过研究大波士顿地区新城市主义的原则应用提出新城市主义在填充式居住开发中也是可行的,并在一定程度上遏制了城市蔓延[23]。

当前,新城市主义运动处于多种批判思潮影响下的调整完善期。一方面,新城市主义的实践影响已有所体现,成功地启发了美国人对城市和郊区的思考。除CNU之外,"城市土地研究所"(ULI)、美国规划师协会(APA)等许多组织也合力促进其学术地位的稳固;另一方面,城市蔓延问题却并未得到妥善解决,形形色色的、指向新城市主义的批判归根到底都是对新城市主义的"新"的强烈质疑,从理论到实践,不过是一场声势浩大的复古运动。

尽管新城市主义运动后期遭遇的批判同样是对社会现实的真实写照,但不可否认的是,新城市主义运动提供的仅仅是一种解决策略,一个公式,城市作为重要的变量对最终结果起到举足轻重的作用,除此之外,还包括实施手段的不确定性等因素。因此,在任何阶段,对新城市主义运动框架进行调整及思考如何实践都是一种必然。

20世纪90年代新城市主义思潮传入我国,成为风靡一时的流行语的同时,相当多的地方政府将新城市主义视作招商引资等商业行为的理论噱头,新城市主义建设在我国逐渐演变成与初始愿景大相径庭的实践"怪胎"。归根结底,作为运动传承国的中国,缺乏的是运动策源地的学术热情与监督体制。新城市主义本土化的过程中,需要依托专业学会,形成新城市主义实施建设的监督机构,以社会团体的形式广泛发动公共参与,实现新城市主义由噱头转变为建设中的实料。

纵观中美两国城市发展历程,内在文化根基与外在制度变迁差异明显,人口、文化、地理、制度、经济等使得"公式"的异地应用变得更加复杂。一方面,部分在美国看来难以实现的制约因素,在中国却可以轻易达到,如公交发展对最低用地密度的要求[29];另一方面,我国缺少推动新城市主义实施的历史及现实条件,诸如美国20世纪60年代兴起的"邻避症候群"(NIMBY)思潮[30],同时,我国人口环境压力已远超过美国,不同于美国郊区化的城市蔓延模式,我国城市化的城市蔓延,其社会根源差异决定新城市主义的实际效用也会大不相同。因此,借鉴新城市主义运动成果的同时,需要社会各界依据中国的具体国情对要素进行本土化的处理,避免简单地照搬套用。

参考文献

[1] 丁成日,孟晓晨.美国城市理性增长理念对我国快速城市化的启示[J].城市发展研究,2007(4):120-126.

[2] 宋彦,张纯.美国新城市主义规划运动的再审视[J].国际城市规划,2013(1):98-103.

[3] 吉尔·格兰特.良好社区规划:新城市主义的理论与实践[M].叶齐茂,倪晓晖,译.北京:中国建筑工业出版社,2010.

[4] New Urban News. Creating livable neighborhoods [J/OL]. [2010-04-06]. http://www.newurbannews.com.

[5] Congress for the New Urbanism. Charter of the new urbanism[EB/OL]. [2002]. http://www.cnu.org/cnu.

[6] Anuar Alias, Azlan Shah Ali, Chan Keen Wai. New urbanism and township developments in Malaysia[J]. URBAN DESIGN International, 2011(16): 76-83.

[7] Erin K Ferriter. The sustainability of new urbanism case studies in Maryland[D]. Delaware: University of Delaware, 2008.

[8] Charles C Bohl. New urbanism and the city: potential applications and implications for distressed inner-city neighborhoods[J]. Housing Policy Debate,2000,11(4):761-80.

[9] Jeanne M Plas, Susan E Lewis. Environmental factors and sense of community in a planned town[J]. American Journal of Community Psychology,1996,24(1):109-143.

[10] Ivonne Audirac, Anne H Shermyen. An evaluation of neotraditional design's social prescription: postmodern placebo or remedy for suburban malaise?[J]. Journal of Planning Education and Research,1994(13):161-173.

[11] Rachel Garshick Kleit. HOPE VI new communities: neighborhood relationships inmixed-income housing[J]. Environment and Planning A,2005(37):1413-1441.

[12] Congress for the New Urbanism. Strategies for sustainable skaneateles[G/OL].[2011-03-02]. http://www.cnu.org.

[13] The University of Notre Dame School of Architecture Graduate Urban Design Studio. Strategies for sustainable skaneateles[M/OL].[2010]. http://architecture.nd.edu/.

[14] Yan Song, Gerrit-Jan Knaap. New urbanism and housing values: a disaggregate assessment[J]. Journal of Urban Economics,2003,54(2):1-34.

[15] Cliff Ellis. The new urbanism:critiques and rebuttals[J]. Journal of Urban Design,2002,7(3):261-291.

[16] Ellen Dunham-Jones. New urbanism's subversive marketing[M]//Michael Shamiyeh. What people want. Germany: Birkhäuser Basel,2005:255-269.

[17] Vanderbeek Michael, Irazabal Clara. New urbanism as a new modernist movement: a comparative look at modernism and new urbanism[J]. Traditional Dwellings and Settlements Review,2007(19):41-57.

[18] Brown Ted R, Bonifay Cecelia. Is new urbanism the cure? A look at central Florida's response[J]. Real Estate Issues,2001,26(3):21-27.

[19] Arthur C Nelson. Catching the next wave: older adults and the "new urbanism"[J]. Generations,2009-2010,33(4):37-42.

[20] Greenhut Steven. New urbanism:same old social engineering[J]. Freeman,2006,56(3):8-12.

[21] Crawford Paul. Afterword: creating a local government system that

promotes new urbanism[J]. Planning Advisory Service Report, 2004(526): 81-83.

[22] Cheek Lawrence W. New urbanism sees green[J]. Architecture, 2000, 89(3): 74-75.

[23] Andrew Port. Application of selected new urbanist Principles to residential infill developments in mature suburbs of greater Boston[D]. Amherst: B. S. L. A, Landscape Architecture University of Massachusetts, 1999.

[24] Holcombe, Randall G. The new urbanism versus the market process [J]. The Review of Austrian Economics, 2004(17): 285-300.

[25] Brain D. From good neighborhoods to sustainable cities: social science and the social agenda of the new urbanism[J]. International Regional Science Review, 2005, 28(2): 217-238.

[26] Rebecca Miles, Yan Song, Larry Frank. Social diversity and construction era of neighborhoods with traditional design features: Portland and Atlanta compared[J]. Journal of Urbanism, 2010, 3(1): 19-38.

[27] Sarah Wraye Wilkinson. Suburban new urbanist environments: the resident experience[D]. Eugene: University of Oregon, 2009.

[28] 尼格尔·泰勒. 1945年后西方城市规划理论的流变[M]. 李白玉, 陈贞, 译. 北京: 中国建筑工业出版社, 2006.

[29] 董宏伟, 王磊. 美国新城市主义指导下的公交导向发展: 批判与反思[J]. 国际城市规划, 2008(2): 67-72.

[30] 张衔春, 王旭, 吴成鹏, 林颖. 透视高速城市化下垃圾焚烧厂选址困局——以汉口北垃圾焚烧厂为例[J]. 《规划师》论丛, 2010: 94-97.

该文发表于《国际城市规划》2016年第3期, 作者为张衔春, 胡国华。

英国"绿带"政策对城乡边缘带的影响机制研究

摘要 城乡边缘带是独立于城市与乡村的复杂耗散系统,具备地理复杂性、社会动态性、人口流动性,同时受到政府不同控制政策的深刻影响。本文首先系统梳理英国"绿带"政策功能主题的变迁,即从卫生隔离与疾病防护为主、游憩功能为辅,到休闲功能为主、兼顾抑制城市蔓延,再到强调抑制无序蔓延,进而向混合功能演化的过程;其次,阐述"绿带"政策在土地利用、生态结构、社会人文方面的鼓励、抑制与保护机制;最后,分析中英"绿带"建设的区别及"绿带"政策对我国当下城市空间增长边界划定的启示。

关键词 城乡边缘带;绿带;城市蔓延;空间增长边界;影响机制

1 引言

20 世纪 30 年代,"城乡边缘带(urban-rural fringe)"一词率先为英国学者所使用,尽管远远晚于 19 世纪 60 年代开始的城市化进程,却在学术上提供了足够的城乡边缘带治理经验。二战后,英国逐步在城乡边缘带寻求控制城市规模和容量的具体措施,包括管理措施、规划策略及经济政策[1]。

与英国城乡边缘带密不可分的是实行了一个多世纪的"绿带(green belt)"政策。英国第一条正式的绿带是与 19 世纪霍华德的"田园城市"直接相关的,最初对绿带的设想是控制城市扩张,并为城乡边缘带提供农业用地与娱乐设施。20 世纪 50 年代后,伴随绿带政策的颁布与实施,英国城市的大量土地开发活动出现了边缘转移的趋势。位于城乡边缘带的绿带区域由于兼具土地空间储备和成本洼地特征,成为住宅开发、工业建设及行政办公区植入的特殊混合地段。1988 年,英国政府颁布的《绿带规划政策指引》(Planning Policy Guidance 2:Green Belt,下称《绿带指引》)明确规定了绿带用途、土地利用形式及开发控制策略[2],意味着包括绿带在内的城乡边缘地区虽然应尽量避免不适宜的土地开发形式(如大面积工业用地布局、居住社区开发等),但可以进行部分开发(如局部的商业设施、不完全且零散的居住社区、市政工程建设等)[3]。据统计,目前英国建成的绿带不容忽视,截至 2003 年底,仅英格兰现有的成型绿带就达到 14 个,总面积约 16716 km^{2}[4]。其中,伦敦的绿带更是由 20 世纪 20 年代的 200 km^2 增长到 20 世纪 80 年代的 4300 km^2。通过划分绿带,一方面抑制了工业革命引发的高速城市蔓延,有效恢复了大都市郊区的农业用地与生态用地[5];另一方面引导了空间的合理布局,有效优化了城乡边缘带的土地利用形式,从而有力地协助了英国中央与地方政府对城乡边缘带的管理控制。

基于英国绿带的基本理念,世界各国开展了与本国国情相结合的绿带改造。德国在柏林及勃兰登堡计划中,将柏林附近的绿带改造为具有一定宽度的带状公园;加拿大多伦多建设的大金马蹄绿带通过国家控制及土地管理策略,有效抑制了城市蔓延[6];荷兰兰斯塔德的"绿心"虽然位于多个城市的交接地带,但是与绿带具有相同的发展控制、生态维护等基本功能。我国不少城市也在进行绿带的规划和建设,但如果简单照搬英国绿带政策,会与我国耕地保护的要求产生矛盾,不合国情的盲目建设有可能导致绿带"只开,不见绿",甚至引发社会矛盾。全面认知、把握英国绿带政策的实施背景、发展演变、治理策略是有效借鉴国外先进经验的基础,也是协助实现社会、经济、环境可持续发展的重要保证。

2 英国绿带发展阶段分析

英国绿带发展经历了由单一功能向多功能发展的四个阶段。由于城乡边缘带的发展基础差异,不同阶段的绿带政策对城乡边缘带的影响机制并不相同。早期,绿带主要维护城乡边缘带的有序发展,抑制城区蔓延;后来逐步走向维护城乡边缘带农业景观与生态多向性,充分体现了绿带与英国大都市发展之间的动态关系。

2.1 产生期——卫生隔离与疾病防护为主,游憩功能为辅

城市卫生与疾病防控问题是绿带产生与发展的直接动力。1580年伊丽莎白一世宣布在伦敦3英里(约4.8 km;1英里≈1.6 km)外建立隔离带,隔离带内禁止新建住宅,以防止瘟疫和传染病蔓延,对于绿带的实践探索由此开始。伴随工业革命的不断深入,19世纪二三十年代,肺结核与霍乱等疾病大面积流行[7],绿带逐渐作为卫生隔离的重要手段被执政者所重视。19世纪后期,城乡边缘带广泛建设绿带来连接郊野公园。罗德·米斯(Lord Meath)受到芝加哥、波士顿等城市林荫大道的启发,于1890年向伦敦郡委员会(米斯担任第一届主席)提出郊野公园和开敞空间应该用宽广的林荫大道来连接[8]。威廉·布尔(William Bull)提出用公园带连接伦敦周围的开敞空间,形成半英里(0.8 km)宽的"绿色腰带"(green girdle),位于伦敦建成区外边缘,设想由绿色草地和树林构成的圆环将永远不受侵蚀[9]。1911年,乔治提出类似方案,认为带状绿地应该在距伦敦中心0.25英里(约0.4 km)或更远的地方设立,在发展中引入"绿环(green ring)"能改善伦敦与周边地区的联系,优化城市物质空间环境。

郊区与近郊区的概念相继于19世纪末提出,前者因铁路发展而提出,后者则伴随电车与地下铁路而产生。作为卫生防护带的绿带有效抑制了因铁路车站而蔓延的社区建设;同时,结合绿带的游憩功能,整个郊区的格局得到了完整保存[10]。

2.2 发展期——开敞游憩功能为主,兼顾抑制城市蔓延

现代意义的绿带形成于1891年,这是伦敦郡委员会对埃比尼泽·霍华德控制伦敦增长要求的回应❶[11]。

1927年,大伦敦区域规划委员会(Greater London Regional Planning Committee,GLRPC)成立,雷蒙德·昂温(Raymond Unwin)为大伦敦区域规划引入绿色腰带的概念,并试图将其简化为不连续的公园带,而不仅仅是卫生防护带或农业带,以充分提升绿带的休憩娱乐功能。同时,部分带状开敞空间甚至达到6英里(约9.6 km),以抑制伦敦零星向外蔓延的趋势。昂温意识到城乡空间形态的重要性,认为开敞空间可以帮助乡村地区发展,并满足社会对游憩空间的需要[12]。

虽然伦敦郡议会早在1891年就意识到伦敦地区的"失控",但"在大伦敦周边设置半英里绿带"的议题却直到1924年才被正式提出。1935年,第一个官方绿带构想由大伦敦区域规划委员会提出。方案提出建立一个支持公共活动和游憩用地的保护区,并形成兼具连续性与可进入性的环状绿化带或公共空间环带[14]。1938年,伦敦及周围各郡通过了《大伦敦绿带规划法案》[*The Green Belt (London and Home Counties)Act 1938*,下称《绿带法案》],客观上为郡政府收购土地提供了法律依据。

2.3 强化期——抑制城市无序蔓延的功能强化

1944年,帕特里克·阿伯克隆比(Patrick Abercrombie)主持编制大伦敦规划,提出在伦敦周边建立一个宽度为10英里(16 km)的绿带,作为昂温绿色腰带的空间延伸。但阿伯克隆比的绿带更类似于环状的公园用地,目的也在于限制城市增长(此时伦敦的人口即将超过周围八个城镇的人口总和)。同时,绿带作为限制城市蔓延的政策管理工具,开始为执政者和规划师所关注;而1938年的《绿带法案》主要是限制土地所有者和租赁者。

1947年,英国《城乡规划法》允许各郡政府在其发展区域中划定绿地保留区,以满足未来发展的需求,并赋予相关部门足够的权力冻结绿带中的土地开发,为绿带发挥调节城乡边缘带作用的社会问题提供了坚实的法律基础。此后,绿带作为解决城市增长蔓延以及农田和农用地被侵占等问题的较为通用的手段,逐渐在英国各郡及有卫星城的城市广泛实施,并且在全世界范围内形成了一定共识[15]。英国《城乡规划法》的颁布,使开发权"国有化",为英国施行绿带规划提供了法律依据。但是,过于严格的绿带控制手段也造成城乡边缘带景观严重分异,城市景观与乡村景观以绿带为界,泾渭分明。

---

❶ 霍华德在其著作《明日的田园城市》中提出要围绕城市建立绿带并保护其免受侵蚀,绿带可作为农业和休闲地带[11]。

2.4 完善期——混合多功能发展

1955年4月,英国下议院颁布《绿带通告》(Circular No. 42/55),提出在全国范围内普遍实施绿带规划,要求地方政府考虑正式设立绿带,而且地方的绿带界限需要获得中央政府批准。该政策的目标是牵制较大的已建成地区的发展,阻止邻接城镇的合并相连,保护城镇的特殊肌理及特色[17]。此时,绿带的基本作用还是塑造城市形态,政府部门认为绿带不能引入游憩功能[17]。然而在实际的土地利用中,包括游憩在内的其他功能的比例正在悄然增加。数据显示,1960—1978年,用于非正式游憩功能的大都市绿带(Metropolitan Green Belt, MGB)的比例从3.9%上升到9%[18]。同时,1978年对伦敦周边绿带的调查也揭示出绿带中的非正式游憩点相较于1971年不论是大小还是数量都显著增加[19]。

1977年,英国乡村审查委员会(Commission for Rural Communities, CRC)关注城市边缘区的发展,认为该区域土地利用的改善可以带来更多社会价值,提升视觉环境。CRC指出城市边缘区需要游憩设施和投资,1974年,CRC针对城市边缘区批准了游憩计划。1948年,环境部门发行了《运动和娱乐白皮书》(*White Paper of Sport and Recreation*),进一步确认了休闲的价值。

随着城市化的推进,适宜开发的土地获得许可越来越难。有研究表明,在经济衰退时,为了推动经济增长、创造就业机会,地方规划部门调整绿带边界,用以释放土地发展经济,绿带的功能更趋于多元[20]。1988年的《绿带指引》提出绿带功能包括:①抑制城市中心区的蔓延;②阻止邻近的城镇融合;③避免乡村被进一步侵占;④保护具有历史意义的小城镇特色;⑤帮助城市再生,鼓励重新利用废弃地和其他城市用地。绿带地区可以进行部分开发,但应避免不适宜的开发形式[21]。2011年《国家规划政策框架草案》(*National Planning and Policy Framework*)则提出保证绿带的永久开放性,防止城市蔓延,并为市民提供开敞空间。

目前,由于各方主体不同,对绿带设定的发展目标也不一致,绿带政策实施难达共识(表1)。这也要求在绿带政策严格的条款下,具有一定的发展自由度[15],在限制城市地区扩张的同时,为城乡边缘带保留舒适的自然环境和休闲空间,促进乡村地区发展。

表1 不同利益主体及相应目标一览表

主体对象	相关组织机构	目标
企业	城镇规划咨询者、调查者、律师/中介、机场、水厂、煤矿公司	操作上更少的限制
开发商	城镇规划咨询者、调查者、律师/中介	开发绿带土地
	房产公司	开发/出售土地
	开发商	使地方当局意识到开发用地的位置

续表

主体对象	相关组织机构	目标
政府	城镇规划咨询者/中介	将开发用地从绿带中移除
	区域政府办事处	保证地方当局与中央政府发展方向一致
	教区委员会	保护绿带
	贸易工业部门	增加就业
土地拥有者	城镇规划咨询者、调查者、律师/中介	开发/出售土地
	农民	开发并获取规划收益;出售土地
非政府组织	英国乡村保护协会(The Campaign to Protect Rural England,CPRE)、伦敦绿带委员会、居民委员会	保护绿带并与地方当局达成共识
个人	居民	保护绿带并与地方NGO结盟

资料来源:根据参考文献[15]整理。

3 绿带政策对城乡边缘带的影响机制分析

3.1 促进鼓励——提高地区吸引力

3.1.1 有助于扩大城乡边缘带就业渠道

绿带政策为城乡边缘带居民提供了广泛的就业渠道与众多的岗位,这与二战后英国郊区化进程及绿带功能的若干次重大转变密切相关,而郊区化与绿带的关系也甚为密切。

战后郊区化促进城市生活居住、商业办公等职能逐步外迁,由于快速发展的迫切需求,短期内"绿带"对城乡边缘带的空间控制并不强。可开发空间的稀缺性刺激了内部区域的土地升值与吸引力提升;同时,由于早期绿带的单一功能备受诟病,后期土地利用模式逐渐灵活多元,不断改变着英国城乡边缘带的就业种类与结构。绿带内的用地类型变得多元化,包括零散居住、基础服务设施、商业及零售、轻型制造业、仓储及配发、公共机构、公园、退化农用地及废弃用地等,土地功能从单纯的农林用途到可引入运动场所与医疗机构,再到可用于区域对外交通、城市主干道建设,乃至机场和军事用地、休闲娱乐场地等,促使城乡边缘带功能和服务类型日益丰富。伴随绿带政策的不断完善及对美学价值关注的"降温",城乡边缘带可提供多元化的就业岗位(旅游服务、商业服务等)[6],有助于改善就业形势,丰富居民就业渠道。

3.1.2 促进功能类型与结构要素更新

英国绿带政策促进了城乡边缘带功能类型与结构要素的有机更新。有学者采用乡野调查和数据统计的方法对20世纪80年代伦敦地区南部绿带各类景点进行OD分析(即出行起止点分析:O 即 origin,指某目标景点的出发地;D 即 destination,指目标景点),发现与这一区域的绿带联系最紧密的并非远在数十千米外内城中心的居民,而是平均距离2～10 km的邻近居民(表2)[22]。绿带在地理空间尺度上与城乡边缘带范围大致相当,因此其与城乡边缘带可能存在更加紧密的功能关联。伴随绿带政策的更替,英国多数城乡边缘带已处于空间扩张相对稳定的时期,功能整合与内部填充逐步成为城乡边缘带主要的发展特征,而土地商品化的增强带动附着其上的功能空间发生演化[23]。实际上,英国历次的绿带政策都与其都市区功能空间与结构要素的转型紧密相连。从早期的卫生隔离与防扩散到休闲开放空间,再到如今的综合性、多元化功能,绿带功能的变化持续影响着与其空间紧密联系的城乡边缘带地区,促使这一特定地域不断演化,包括区位条件(从城市边缘区转变为区域交通门户或枢纽)、职能定位、土地利用方式(从分散到集中)、产业类型(从低级到高级,从被动扩散到主动选择)、功能组织等。大伦敦地区绿带政策的一个重要影响是带来大量高频率、远距离的机动车出行(普遍认为是由绿带的空间隔离所致)[24],其中内城与远郊及城外其他地区的繁忙双向交通流极大地推动了城乡边缘带(扼守咽喉之地)的道路交通结构重组。

表2 20世纪80年代伦敦地区南部绿带主要景点游客出行距离

景点名称	出行距离/km
赛尔斯登森林	5.9
萨顿奥克斯公园	6.1
凯斯顿公共用地	6.7
埃普索姆公共用地	6.9
图克伍德景区	7.2
班斯特德丘陵	7.9
莱盖特公园	8.5
榆树岭	8.8
欢乐谷	10.2
莱盖特与科利山	10.3
雷德希尔与欧斯森林	10.3
阿斯丘陵	10.6
埃普索姆与沃尔顿丘陵	11.2
科尔斯登公共用地	12.9
提尔波斯特山	14.9
斯塔夫赫斯特森林	24.3

资料来源:根据参考文献[24]整理。

此外,功能禁入(如污染较强工业等)也是绿带政策促进城乡边缘带功能更新的另一方式,其利弊尚存争论。虽有学者认为对城乡边缘带土地利用的过度规划将导致空间破碎化和人工化倾向[25],但垃圾处理、矿产开采、机场跑道等功能在城乡边缘带的建设因绿带影响而调整,部分中小企业的商业扩展计划也发生变化,从而推动该地区的商业服务业职能重组。

3.1.3 推动生态修复与开敞空间重构

绿带政策的鼓励机制还体现在对城乡边缘带生态修复和开敞空间重构的推动。虽有学者认为伦敦的绿带初衷是为内城居民提供户外空间和郊野风貌,实际上并没有带来预期的效果(部分地方当局也承认),但多数研究仍肯定其在保障区域开放空间结构方面的积极意义。积极作用来自两方面:相关法律条款、公众意识的约束以及以绿带为生态核心的一系列保护拓展实践。

与绿带相关的法律条款与社会公众意识是推动城乡边缘带生态空间保护的重要工具。20世纪20年代,英国政府与相应规划机构通过立法,以绿带创造更多的开敞空间,保护农村与城市环境。而后数十年内,绿带的永久开放性一直被认为是历届政府必须坚持的原则与共识。稳定的绿带边界对于生态修复和开敞空间重构意义重大,近年来逐步得到英国中央政府和地方组织的重视。通过法律途径划定明确的、易辨识的绿带节点、连接线和区域标志,与城乡边缘带其他建设地区的开敞空间体系形成有机整合,从而推动不同发展背景与条件下的区域生态要素提高连续性与完整性。

同时,在城乡边缘带的某些地区,绿带实际上已经起到景观导向作用,并成为特定地区的生态建设核心。部分学者鉴于绿带对大伦敦地区开敞空间体系的重要作用,提议尝试实施新的绿色空间规划以强化及修正伦敦"绿带"在塑造区域生态景观方面的现有功能[15]。斯佩尔索恩(Spelthorne)等地将绿带规划与城乡边缘带的土地利用规划协调起来,通过开展景观培育与园林绿化工程谋求一体化的开放空间序列。近年英国部分地区也意识到绿带与具有弹性的绿楔结合有助于进一步提高城市绿色空间的保护力度。此外,对于城乡边缘带这一特殊的地域空间,绿带是影响其开敞空间重构的重要手段之一[26]。

3.1.4 鼓励城乡边缘带特色社区发展

绿带政策在一定程度上鼓励城乡边缘带的特色社区发展。特色社区具备三个基本特征:优美环境与自然风光引导的高品质住区;以某些文化教育职能为核心的功能社区;政府主导的"可负担社区(affordable community)"。

绿带政策的实施促使主要大都市区城乡边缘带成为城镇密集地区,即生态要素高度集中、自然本底优势突出的地域。有限的土地资源、严格的功能限制使得这一地区的土地价值飙升,成为吸引追求高品质居住环境的高收入人群的主要社区。

在绿带政策带动下,生态环境改善与高品质住区建设促使以智力要素和知识分子群体为主体的知识社区诞生,大学、研发机构、文化设施等成为其核心功能[29]。

绿带政策下的"可负担社区"是执政党"公共政策包"的重要组成部分。20世纪末,伦敦的绿带建设成为新劳动党奉行的公共政策之一,该党承诺在2006—2016年建设120万套廉价住房,促成其社会公平的治国理想。城乡边缘带相对都市区中心拥有更大的发展建设空间,而且有"绿带改革"作为实施保障等原因成为此类社区或住房的主要分布地[28]。

3.2 干涉抑制——塑造发展新格局

3.2.1 严控蔓延,限制空间拓展方向与开发规模

除了提高地区整体吸引力外,绿带对城乡边缘带的影响还包括通过干涉抑制来塑造新的发展格局。这包含两个层面的内容:一是对地域空间的严格管控;二是通过与多方利益群体博弈,调控城乡边缘带地区的发展动力与方向。

严控城市蔓延作为绿带政策主要初衷之一,对城乡边缘带地区空间拓展的方向与开发规模的限制是刚性与持久的。一方面,1938年的《绿带法案》直接以法律条文的形式限定伦敦地区的城市建设扩张,成为依托绿带政策抑制城市蔓延的重要法律依据。而1955年《规划政策指引报告》中的绿带政策更明确指出要防止邻近乡镇合并,通过隔离的方式阻断城乡连接,通过对绿带边界宽度进行审查实现城乡边缘带发展方向与框架的可识别与可预见。相关数据显示,1997—2000年全英格兰绿带中年均新增开发建设用地约 $10\ km^2$,城乡边缘带强烈的发展申诉仅有不到1/3进入受理程序[3]。说明尽管绿带政策经历了数十年的调整与磨合,其对城乡边缘带地区的开发建设限制仍然强而有力。另一方面,绿带对城乡边缘带的空间形态、空间发展时序、开发强度的限定均起着关键作用。其较为刚性的法规内容、复杂的修订程序、长时间的调整周期均决定了城乡边缘带内部有限土地的使用方式、市场资本和基础优势。2004年英国颁布的《规划政策声明7:农村地区的可持续发展》强调绿带在开发中要优先其中的棕地再利用,这一紧凑集约的发展理念进一步限定了城乡边缘带土地开发的路径与模式[27]。

3.2.2 政府干预与政策介入影响地区发展动力与方向

以绿带为空间载体的博弈是不同的政府干预手段、发展与保护政策协调落地与妥协重组的过程,对城乡边缘带的发展方向和动力产生直接影响[28]。与绿带毗邻的城乡边缘带,在不同区位条件与制度环境下获得的发展动力迥异。经济衰退或城乡边缘带某片区缺乏足够经济支撑时,地方规划管理机构往往试图通过调整绿带边界来释放增长空间[29],通过非正规经济与差异化的土地价值避免长期发展惯性下的停滞乃至衰败。对于某些城乡边缘带地区,绿带政策使其长期背负沉重的公共利益责任,从而引发功能空间破碎化、规模效应惰性和动力失灵等问题。由于土地所有权与开发权在多个空间层面的错位,城乡边缘带的地方机构与中央政府、国家议会往往在地区发展上处在矛盾对立的立场,地方政府能在多大程度上介

入开发成为引导地区发展的核心。而部分地方政府可能面临较大的发展诉求或压力,过度发展导致的地区私密性下降、干扰与环境污染上升、土地开发投机与炒作等成为政府干预与政策介入的主要出发点,如依托绿带的空间边界实现填充式开发(infilled development),以达到抵制增长的目的。

此外,近年来第三方组织(私人土地所有者、社会团体、非政府组织)在英国城乡边缘带绿带政策的制定过程中扮演着越来越突出的角色,多元化的利益诉求和多渠道的沟通方式是该地区及其邻近绿带发展的重要支撑[26]。

3.3 隔离保护——影响城乡联络度

3.3.1 保护生态要素与生物多样性

绿带政策有效保存了伦敦周边的生态网络,其在支撑绿色空间规划概念的同时,也可以协助满足伦敦居民的利益[30,31]。在重新评估绿带景观生态优势的基础上,通过绿带政策适度整合城市和农村地区的功能空间,能够在更大区域内保护生态要素完整度,丰富生物多样性[28]。

3.3.2 特殊群体居住权与文化传承

与绿带在空间上最为邻近的往往是城乡边缘带内的社区居民,绿带对他们而言不仅仅意味着一类功能空间或是空间管理工具,还可能意味着一种较为强烈的社区文化和归属感[32]。一旦要在此区域内开展复垦活动,社区参与就显得尤为重要。地区实践表明:在与绿带紧密相连的某些城市边缘带,废弃土地的回收与再开发过程能否持续与相关社区的公众参与程度直接相关,社会、教育、卫生及经济利益也受到社区参与的影响,参与程度越高,积极影响往往越大[1]。

3.3.3 城乡隔离下的地域景观分化

绿带政策形成了英国大城市城乡边缘带混乱的景观层次(图1)。尽管对发展类型有特定的严格控制,最初用于控制城市蔓延、分隔城市与开敞空间的绿色环绕物却已经创造出不同寻常的动态边缘地。农村地区的农业、林业活动与城市功能交织在一起[33],长期的功能更新使得城乡边缘带土地利用布局普遍较为杂乱,很难直观地辨识出该地区发展的目标意图,这样的发展态势不利于绿带周边景观环境的保护与塑造。

英格兰地方政府认识到,即便实施严格的绿带政策也并不能保证地域景观格局不受侵蚀。污水处理厂、精神病院、庇护中心、劳教所等城市功能与农村地区的农业和林业混杂在一起,形成了独具特色的城乡边缘带杂交式景观。在英国,大量研究表明:城市规划在城乡边缘带具有相对迟缓的执行力及微弱的实际效用,单纯依靠空间政策工具已很难创造出新的环境机遇[32]。

4 英国绿带政策对我国的启示

绿带政策的核心在于通过规划绿色开敞空间实现卫生隔离、空间抑制与土地

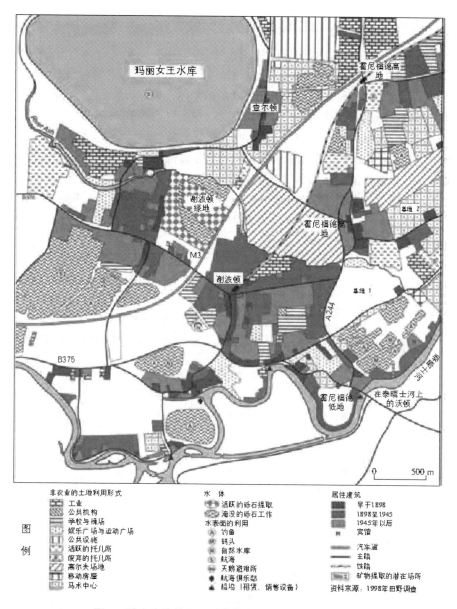

图1 城乡边缘带业已形成的多样而杂乱的用地形式
（资料来源：参考文献[5]）

的多功能利用。英国的绿带政策对城乡边缘带的影响已突破政策制定者最初的设想，从简单的优化物质环境转向对社会、经济和文化的深层次影响；其影响绩效与持续时间同绿带政策的现实特征密切相关。为确保我国绿带政策对城乡接合部产生积极影响，有必要探讨我国绿带与英国绿带的区别及其对空间增长边界划定的可借鉴经验。

4.1 两国绿带建设比较及对我国的启示

虽然近年来国内城市绿带建设需求高涨,但由于长期缺乏理论指导,始终未形成系统的体系,制度层面的建设也不健全[31]。从伦敦与北京绿带建设的对比来看,一方面北京市绿带建设的法律保障体系不够健全(多为地方条例与法令),缺乏像英国《城乡规划法》那样的高层次法律确认,导致其合理性与合法性不足;另一方面,条例与法令制订过于刚性,导致建设过程中项目兼容性较差,加之公共参与严重不足,最终与建设初衷严重背离(表3)。尤为值得注意的是,英国绿带政策的成功实施与其规划体制中决策权的下放密不可分,这与我国"自上而下"的规划编制方式与决策体系具有很大差别,很有可能是我国绿带实施困难的深层次原因。

表3 伦敦与北京绿带建设情况对比

		伦敦	北京
背景条件	城市化进程	成熟阶段	快速发展阶段
	理论及依据	"田园城市"模式; 《城乡规划法》(1947),绿带开发权力固化; 《城乡规划法》(1968),绿带规划成为地方政府结构规划中的一项重要内容	《北京市人民政府批转首都规划委办公室关于实施市区规划绿化隔离地区绿化请示的通知》(1994) 《关于加快本市绿化隔离地区建设暂行办法》(2000) 《关于实施四、五环路两侧绿化带的规划管理规定》(2001)
	建设目的	阻止大面积建成区的无限制蔓延(根本目的); 阻止城镇的合并; 阻止对乡村环境的入侵; 保护城镇的环境和历史城镇的特别属性; 推动城市衰退区的更新	落实《北京市总体规划》中关于北京市"分散集团式"空间格局的设想
绩效差异分析	建设实践及绩效	成立大伦敦区域规划委员会,经过昂温、阿伯克隆比等几代人的建设,有效地建成了具法律保障的永久性绿带	初期绿带建设规模小、速度慢、布局不尽合理;之后绿带建设逐步纳入法制轨道;整体上建设进程较慢,出现很多不相容的建设项目,且绿带内外不同功能集团边界模糊
	规划的权力结构安排	下放规划决策权力; 国家法律、规章的约束; 强有力的公共参与	自上而下的规划控制; 市场化背景下,地方微观决策权力与多元化之间的冲突; 市民参与规划决策权力较小
	政策的权威性	国家法律形式	地方规章形式

资料来源:根据参考文献[33]整理。

英国绿带政策对我国城市绿带建设的启示有以下几方面：绿带政策在城市化快速发展阶段的实施比在城市化成熟阶段更为困难；绿地系统建设的重点除了树立可持续发展观外，绿线划定落地和绿线保护刚性同样重要；建立分类型、分等级的保护机制，实施引导和政策保障，更加符合乡土中国的国情[29]；中心城区用地和绿带应保持适度规模，同时还应宏观权衡城市的总体发展及微观的绿带内部及周边使用者的利益[35]。此外，我国特大城市的绿带建设还应遵循在范围划定和功能转化中，刚性与灵活性相结合、规划和市场相结合等原则[34]（图2、图3）。

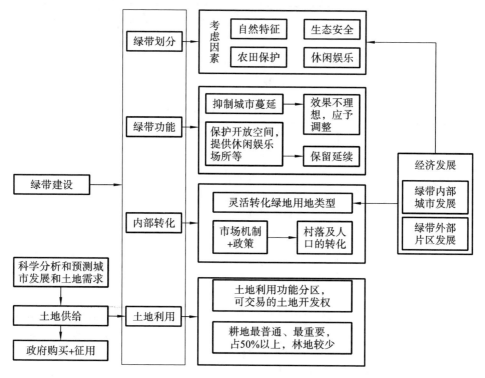

图 2　伦敦绿带政策示意图

（图片来源：参考文献[34]）

近年来由于英国经济社会及环境形势严峻，尤其是"绅士化"现象的出现，绿带政策对城乡建设、生态保护等方面的影响备受争议（表4）。绿带政策在保护生态和可持续发展方面虽具有重要意义，但实际操作中也会出现诸多不利于经济及社会发展的问题。

由表4可见，仅仅依靠单一的控制性规划政策很难从根源上改变城乡边缘带问题，即便短暂的正面效应也是与各种社会政策及时代背景叠加的产物。因此，实施绿带政策的同时，要加强对于绿带政策的时代背景研究，综合考虑与绿带相匹配的空间策略，实现多项政策的互补，控制与引导相结合，惩罚与补偿、奖励相结合，多方位地考虑绿带政策对城乡边缘带的空间影响与可能发生的突发事件。

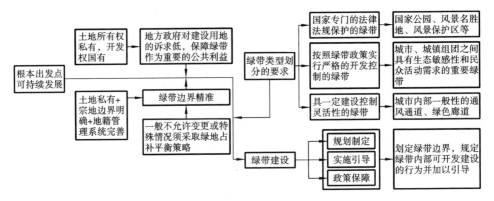

图3 英国绿带政策对我国绿带建设的启示图

(图片来源:参考文献[29])

表4 英国绿带政策的影响一览

	城市	乡村	生态	其他
消极影响及问题	住房短缺;诱发失业的可能;交通距离及交通成本增加	农村土地闲置;绿带范围内土地和房屋涨价;未能有效吸纳城市疏散的人口	不利于环境改善	未遏止城市的蔓延;忽略城乡边缘带地区的特征;未协同考虑其他类型的规划;未明确绿化带作为娱乐休闲场所的目的
	土地供应紧张;阻碍城市发展;不利于紧凑城市的形成;商业、工业的发展受限制;保护中产阶级利益,限制工薪阶层,产生社会不公	农业地区的开发压力增加;农民增收难以满足		
积极影响	提供休闲场所	保护农业、林业及相关用地	保留开敞空间;保护并美化环境;改造利用废弃土地	—

资料来源:根据参考文献[3][5][28][29][33][34][35][36]整理。

4.2 绿带政策对我国空间增长边界划定的启示

城市边缘带作为城市与周边乡村的过渡地带,其的控制与管理是促进城市空间合理增长的关键。城市空间增长边界划定可参考借鉴英国绿带政策经验,如采用规划及政策手段关注边界周边区域的协调和居住者的多层次需求,力求降低负面效应。

首先,绿带政策有其局限性,不能妄想仅通过绿带建设就能实现既保护生态环境、抑制城市蔓延,又促进经济社会发展的双重目标。其次,应建立灵活多元的管理平台,综合多种方法解决城乡边缘带的复杂问题。再次,绿带建设应秉持刚性与弹性相结合的原则,一方面必须明确提出保护和引导城市增长的边界,另一方面也应坚持弹性适度原则,当面对未来不确定的社会经济发展需求(如住房、产业发展的空间需求等)时,绿带政策应具备灵活适应与转化的能力[28]。此外,绿带建设的服务对象应逐步从大城市扩展至小规模城镇,有条件的地方可考虑建设与管理全覆盖[37]。最后,绿带实施应综合城市总体发展和区域自身需求,降低管理效率,避免管理交错。

参考文献

[1] Gallent N, Bianconi M, Andersson J. Planning on the edge: England's rural urban fringe and the spatial-planning agenda[J]. Environment and Planning B: Planning and Design, 2006(33): 457-476.

[2] 杨小鹏. 英国的绿带政策及对我国城市建设的启示[J]. 国际城市规划, 2010(2): 100-106.

[3] 贾俊, 高晶. 英国绿带政策的起源发展和挑战[J]. 中国园林, 2005(3): 69-72.

[4] 巴里·卡林沃思, 文森特·纳丁. 英国城乡规划[M]. 陈闽齐, 周剑云, 戚冬瑾, 等, 译. 南京: 东南大学出版社, 2011.

[5] Gant Robert L, Robinson Guy M, Fazal Shahab. Land-use change in the "edgelands": policies and pressures in London's rural-urban fringe[J]. Land Use Policy, 2011(28): 266-279.

[6] 黄雨薇. 英国绿带政策形成、发展及其启示[D]. 武汉: 华中科技大学, 2012.

[7] 孙施文. 现代城市规划理论[M]. 北京: 中国建筑工业出版社, 2011.

[8] Meath L. The green girdle round London[M]. London: The Garden City, 1906.

[9] Bull W. A green girdle round London[M]. London: The Sphere, 1901.

[10] 刘易斯·芒福德. 城市发展史——起源、演变和前景[M]. 宋俊岭, 倪文彦, 译. 北京: 中国建筑工业出版社, 2005.

[11] Howard E. Tomorrow: a peaceful path to real reform[M]. London: S. Sonnenschein, 1898.

[12] Miller M. The elusive green background: Raymond Unwin and the Greater London Regional Plan[J]. Planning Perspective, 1989, 4(1): 15-44.

[13] Greater London Regional Planning[S]. Second Edition. Greater London Regional Planning Committee, 1933.

[14] Amati M, Yokohari M. Temporal changes and local variations in the functions of London's green belt[J]. Landscape and Urban Planning, 2006, 75(1-2):125-142.

[15] Amati M. From a blanket to a patchwork: the practicalities of reforming the London green belt[J]. Journal of Environmental Planning and Management, 2007, 50(5):579-594.

[16] Local planning authority green belt statistics[R]. Office of the Deputy Prime Minister, 2003.

[17] Green belts circular 42/55[S]. Her Majesty's Stationery Office, Ministry of Housing and Local Government, London, 1955.

[18] Thomas D. London's green belt[D]. London: Faber and Faber limited, 1970.

[19] Ferguson M J, Munton R J C. Informal recreation sites in London's green belt[J]. Area, 1979:196-205.

[20] 张振龙,于淼. 国外城市限制政策的模式及其对城市发展的影响[J]. 现代城市研究, 2010(1):63.

[21] Munton Richard. London's green belt: containment in practice[M]. Boston: Allen & Unwin, 1983.

[22] Carolyn Harrison. Countryside Recreation and London's Urban Fringe[J]. Transactions of the Institute of British Geographers, New Series, 1983, 8(3):295-313.

[23] 山鹿城次. 城市地理学[M]. 朱德泽,译. 武汉:湖北教育出版社,1986.

[24] Curtis C. Can strategic planning contributes to a reduction in car-based travel[J]. Transport Policy, 1996(3):55-65.

[25] Gallent Nick, Andersson Johan. Representing England's rural-urban fringe[J]. Landscape Research, 2007, 32(1):1-21.

[26] Whitehand J W R, Morton N J. Urban morphology and planning: the case of fringe belts[J]. Cities, 21:275-289.

[27] Whitehand J W R. Fringe belts: a neglected aspect of urban geography[J]. Transactions of the Institute of British Geographers, 1967(41):223-233.

[28] Amati Marco, Yokohari Makoto. Temporal changes and local variations in the functions of London's green belt[J]. Landscape and Urban Planning, 2006(75)125-142.

[29] 张媛明,罗海明,黎智辉. 英国绿带政策最新进展及其借鉴研究[J]. 现代城市研究, 2013(10):50-53.

[30] Fábos J G. Greenway planning in the United States: its origins and recent

case studies[J]. Landscape Urban Planning, 2004(68): 321-342.

[31] Ndubisi F. Landscape ecological planning[M]// Thompson G F, Steiner F R. Ecological design and planning. New York: John Wiley and Sons, 1997: 9-45.

[32] Shoard M. Edgelands [M]// Jenkins J. Remaking the landscape: the changing face of Britain. London: Profile Books, 2002: 117-146.

[33] 李强, 戴俭. 规划制度安排与绿带政策的绩效: 伦敦与北京的比较 [J]. 城市发展研究, 2005, 12(6): 30-33.

[34] 谢欣梅, 丁成日. 伦敦绿化带政策实施评价及其对北京的启示和建议[J]. 城市发展研究, 2012, 19(6): 46-53.

[35] 谢欣梅. 北京、伦敦、首尔绿带政策及城市化背景对比[J]. 北京规划建设, 2011(11): 68-70.

[36] Tang Bo-sin, Wong Siu-wai, Lee Anton King-wah. Green belt in a compact city: a zone for conservation or transition? [J]. Landscape and Urban Planning, 2007(79) 358-373.

[37] Aylmer Coates U. Urban congestion and green belts[J]. Royal Society for the Promotion of Health, 1955(76): 542-548.

该文发表于《国际城市规划》2014年第5期,作者为张衔春,单卓然,贺欢欢,龙迪。

焦点地域·创新机制·历时动因——法国复合区域治理模式转型及启示

摘要 20世纪90年代后,全球大都市区发展出现了新特征,这随之要求大都市区的治理模式产生与之相适应的变革与调整。由于法国在国家发展历程、政府干预市场以及分权背景等方面与我国有极大的相似性,本文以法国复合区域治理模式为研究点,发现目前法国复合区域治理的作用焦点区域已转为大都市区,并以巴黎大都市区为例进行分析,指出复合区域治理作用下产生了"中央主导,地方自治"的发展模式,探讨产生该模式的核心,即"城市合同"的现实基础、多元参与主体、多目标导向及内在逻辑。由此更为深入的研究发现,造成法国区域治理模式转变的内在动因包括内外压力下的目标策略调整、新国家主义下的责权事权分化两方面,并从运行模式、实现条件、地方参与等多个角度归纳了对我国区域治理的启示。

关键词 复合区域治理;城市合同;分权;法国;巴黎大都市区

1990年后,国外大都市区发展出现了三大新的空间发展特征:新型功能要素带动空间形式变迁、郊区化促进区域经济与空间整合、旧城更新主推功能与结构重组[1]。同时,以独立城市建成区为界的城市发展模式转向了城市核心区连通周边城郊接合部及广大农村地区的大都市区一体化空间发展模式,这对我国特大城市与大城市区域统筹、城乡统筹提出新挑战。空间结构的区域化导致我国传统行政区划及其衍生的行政区经济难以适应要素的区域流动和经济全球化与本地化的时代发展特征。西方的"善治"理念给我国区域治理模式提供了思想及制度创新方面的新思考:要实现行政区经济与经济区经济相重合,需要在区域治理模式上打破传统的"一个地方,一级政府"的单边治理模式[2]。客观上,这一方面要求自上而下的行政放权与治理机构再整合,并在治理主体上形成政府与公民合作管理公共生活的模式;另一方面需打破传统行政单元,突破行政区经济束缚,建立跨区域协同治理的可实施机制。

"区域治理"一词最早来源于1992年世界银行的年度报告中。治理一词包含多主体参与、平等交流、分权及效率四层基本含义。西方几十年的区域治理经验为我国建立本土化的区域治理模式提供基本借鉴。同时,近些年国际区域治理研究也在不断深化中。彼得·纽曼以欧洲区域治理变迁为例,指出地方政治因素是推动实现多主体合作的主要因素,外在的资金支持构成了合作初始动力,而收益-成本预期是构成合作长久持续的内在动力[3]。沃尔特·尼科尔斯梳理了法国大都市区域治理的发展历程,指出在形成治理的整个环节中,多主体的合作固然重要,但是因权力分化利益诉求的差异性引发的斗争也同样推动治理机制形成[4]。大都市区域治理的合作伙伴关系研究是当前学术界研究的热点问题。刘杏雯以剑桥市为例,研究治理过程中合作伙伴关系的灵活性与合法性之间的关系,认为二者并非对立关系,灵活性的提高有助于增加合作关系中的合法性[5]。同时,大都市区域治理创新深受自由主义思想的影响,例如曼彻斯特大都市区域治理中广泛的协议与认同[6]。迈克尔·布塞尔基于公共管理学视角,采用解释性方法,通过大量文献总结发现以民主责任性(democratic accountability)为理念将深刻影响管治中的制度安排以及民主参与的程度与质量[7]。此外,有学者认为并非只有政府主导才可以实现治理,例如约翰·哈里森以亚特兰大门户为例,认为利用私人资本也可以实现非政府的空间治理(non-state spatial governance)[8]。西方国家政治经济发展在制度结构及运作模式上已趋于成熟,同时,政治及社会发展的极大灵活性造成治理模式方法异常丰富,制度创新不断。这也深刻解释了当前国外区域治理研究主要针对个案研究,是以案例研究的方式来揭示不同尺度地区的治理经验与教训。

  法国与中国都是中央集权制国家,行政分权历史背景相似。二者也都曾借助政府主导经济发展[2]。所以,研究与借鉴法国大都市区区域治理模式对我国区域治理模式构建与范式转变有重大意义。20世纪80年代前,法国的区域管理模式以中心化为主要特征。1982年,分权制改革开始实施,通过城市合同与协约的模式实现地方与中央的管理分权。复合治理来源于区域公共管理的复合行政概念,指在小政府善政和大市场自由化的基础上,将政府公共服务职能以转包、招标等方式让渡给公民社会组织,通过公民社会的良好运行弥补政府失灵、市场失灵,从而达到政府、公民社会、市场三者之间的和谐统一[9]。法国复合区域治理模式产生于法国领土整治的"光辉30年"❶之后。由于均衡化的发展战略,法国地区发展差异逐步缩小,就业机会趋于平衡,各大区发展区域均衡,分权背景下各大区实力得到增强[10]。区域协同发展成为区域治理的主要议题。同时,工业就业外溢也带来了新的就业调整。之后,20世纪90年代法国经济发展缓慢,以城市合同为核心的复合区域治理模式由此产生,旨在帮助落后地区发展、维护弱势群体利益和实现社会公平。

  本研究以法国区域治理模式为例,重点结合巴黎大都市区区域发展特征,系统归纳区域治理主体与分工及构建多元参与的契约模式(城市合同),并结合现状不同层级政府的利益博弈,提出法国治理模式转变的深层次成因,针对法国"复合式"区域治理模式总结可借鉴的治理经验,有助于我国纵向府际关系调整与跨区域联合治理,形成"政府—市场—公民—社会团体"四位一体的区域治理网络结构。

---

 ❶ 有学者把1945—1975年这段法国领土整治最为重要的时期称为"光辉30年"。

1 法国复合区域治理模式作用焦点地域——全球化时期的巴黎都市区

法国作为单一制国家,行政单元划分具有强烈的国家特色,分为"大区—省—市镇"三级。大区作为特殊的行政单元,大致等同于我国的省级行政单元。全法国包括 26 个大区,其中 4 个位于海外,22 个位于本土。大区作为独立行政单元,区内设大区委员会,每 6 年直接普选产生,并任命区长代表中央管理各省。大区之下,设置有 96 个省,省下共设有 36 568 个市镇。在法国的 26 个大区中,巴黎大区的发展最佳,经济实力强劲,也集中体现了法国复合式区域治理模式,见之于区域空间,形成中央、地方两级治理层次。

1.1 全球化背景下法国巴黎都市区发展概况

巴黎大都市区位于巴黎大区,在巴黎盆地内,以巴黎为中心,包括围绕其周边分布的博尚、塞日蓬图瓦斯、埃夫利、芒特、努瓦西勒格朗、蒂日利略桑、塞纳-马恩等不同规模的城镇所组成的多中心城市群。其总面积约 1.2 万 km²(约占国土面积的 2.2%),人口约 1170 万(约占总人口 18.8%)。巴黎大都市区亦被称为法兰西岛,其行政管理部门包括巴黎省及其相邻的 7 个省份❶。巴黎省的行政长官同时也是巴黎大都市区的行政长官。因此,巴黎大都市区作为一级行政建制,是由区域行政长官集中管理的多中心城市群。

巴黎大都市区的形成源于 20 年代 60 年代巴黎开始的新城规划。1960 年颁布的《巴黎地区区域开发与空间组织计划》(PADOG 规划)提出要遏制郊区蔓延,追求地区均衡发展,通过向郊区转移人口及产业来疏散中心区,并鼓励巴黎周边城镇发展,规划建设一批新城,从而围绕巴黎组成一个"多中心城市聚集区"。1965 年颁布的《巴黎地区国土开发与城市规划指导纲要(1965—2000)》(SDAURP 规划)提出要保持城市建成面积增长,满足人口增加与土地开发的空间需求,新城建设沿一条平行于塞纳、马恩-卢瓦兹河谷,并与现状建成区南北两侧相切的轴线布局,其作为区域优先发展轴线被之后的大都市区空间规划所强化。

伴随着经济全球化浪潮,区域产业分工合作引发了大都市区连绵发展,实现了大都市区与周边乡村劳动力的区域高度整合,巴黎大都市区发展成为与伦敦、纽约、东京并称的世界级大都市区(表 1)。其用地规模和人口规模均与其他三个大都市区不相上下,除东京内城区人口超过外城区人口,其他城市均实现人口向外城区和郊区的转移。与伦敦相比,巴黎的新城建设更为成功:它把新城作为区域城市空间的组成部分,而非当作孤立于中心城区之外的游离部分,这实现了由单中心结

---

❶ 7 个省份分别为上塞纳省(92 省)、塞纳-圣但尼省(93 省)、瓦勒德马恩省(94 省)、塞纳-马恩省(77 省)、伊夫琳省(78 省)、埃松省(91 省)和瓦勒德瓦兹省(95 省)。

构向区域内城市各自分工的多中心空间结构转变,而区域内城镇与中心城区的有效协作是实现巴黎大都市区空间规划的主要目的。

表1 巴黎、伦敦、纽约、东京城市用地规模与人口规模比较

	城市	CBD	内城区	外城区	郊区	周边地区
城市人口规模分布/万人	巴黎	23	82	650	11257	145645
	伦敦	27	294	1257	9651	15996
	纽约	22	160	618	9285	18627
	东京	42	539	1564	9160	23323
城市用地规模分布/km²	巴黎	25	215	399	452	1066
	伦敦	17	217	405	551	489
	纽约	54	269	463	818	403
	东京	30	786	369	808	760

1.2 不同尺度下巴黎大区复合区域治理内容

基于法国行政分权化的改革趋势,依托复合治理机制,法国区域发展形成了"中央-地方"双层治理模式。以法国巴黎大都市区为例,巴黎大区作为一类正在加速形成的"多中心城市聚集区",逐步呈现出以中央政府为主导、地方机构自治为特征的"双主体"区域治理模式。

1.2.1 国家尺度——中央政府主导

中央政府是巴黎大都市区区域治理的主导性机构。其主要作用是结合巴黎大都市区在不同空间尺度下的规划定位制定空间发展规划和区域管理政策(表2)。中央政府通过在欧洲、国家、大区、区内城镇等各类区域层面展开统筹协调,研究和确立核心城市在区域治理中的定位与职能。如在欧洲层面,巴黎与巴黎盆地是欧洲中心地区的一部分;在国家层面,巴黎是法国人口产业空间布局的中心;在区域层面,巴黎大都市区包括了尺度更小的巴黎城市地区和巴黎聚集区,是巴黎盆地的核心部分;地方层面,都市区内城市之间需要跨市域展开区域协调。

巴黎大都市区的区域治理可追溯到20世纪60年代。当时,巴黎城市区域与外围区域的联系日趋紧密,促成了巴黎与外围区域整体空间规划的产生。这种中心与外围以及次区域网络之间的联系显示出多中心城市间互动格局的雏形。之后,随着知识经济的兴起,知识密集型产业对区域选址需求引发了中央政府对区域空间布局做出调整,新空间规划沿一条东西向平行于城市建成区边界的切线作为空间优先发展轴线,以布局新城和新兴产业。这期间中央政府及其下属的国家规划机构国土规划与地区发展委员会与区域内的8个省份共同编制巴黎盆地跨区域计划条约(CPIBP,1994—1999),以确定巴黎大都市区边界,避免了更大尺度的空

间分散。

在国家尺度上,巴黎大都市区多中心规划的核心是从巴黎到国土范围内其他地区的再分配政策[11]。这种政策可归结为一种所谓的复合治理和城市合同模式。该模式适应了国家"均衡战略"对于国土范围内实现各地区平衡发展的需求,避免了巴黎的单一极化,要把法国更多的城市打造成像巴黎一样的国际城市。

表2 不同尺度下涉及巴黎大都市区区域治理内容一览表

尺度	名称	缩写	内容
欧洲	欧洲空间发展展望	ESDP	欧洲尺度上的空间多中心化(与欧洲外围相比,巴黎与巴黎盆地作为中心地区的一部分)
西北欧	西北欧设想		宏观区域尺度上的多中心化(在此尺度上,巴黎盆地处于欧洲中心地域的外围)
国家	公共服务纲要	SSC	主要装备制造业和服务业的部门规划(公路、铁路、能源、环境、高等教育)
	国家区域战略行动计划	PASER	定义了全国性目标并于四年内将在特定区域实施的规划
国家/区域	国家区域计划条约	CPER	约6年时间内,在特定空间规划领域由全国政府与特定区域在投资协议上达成的契约
区域	大区国土规划纲要	SRADT	从区域角度详细描述的区域规划资料
	大巴黎整治区域纲要	SDRIF	大巴黎区域的专业规划资料,合法整合了其他所有规划资料(包括市级规划)
地方	地域协调发展纲要	SCOT	跨市域的规划资料
	地方城市规划	PLU	市级的城市规划资料

资料来源:根据参考文献[11]整理转译而得。

1.2.2 区域及地方尺度——地方积极寻求自治

尽管在国家尺度上,巴黎大都市区是法国国内唯一能与西北欧其他经济集聚区竞争,并达到世界与欧洲的竞争水准的地区,但是它周围城市和广大农村地区比较贫困。因此,受到都市区之外的区域普遍欢迎的"大都区网络远景(metropolitan network scenario)"获得了更多支持。

相对于中央政府制定的巴黎盆地跨区域计划条约(CPIBP,1994—1999)所提出的多中心规划政策,大都区网络远景与巴黎区域规划议程存在紧密的相关性[11],而后者却指出巴黎盆地内的其他城市应该获得比巴黎区域内更高的自治权。它也获得了国土与规划发展委员会的认同。

巴黎盆地的地方政府寻求自治的努力在大巴黎地区区域整治纲要(SDRIF)的

修订中得到了关注,大巴黎地区总体规划的修改被中央政府提上议程。地方寻求自治是为弥合由于大巴黎多中心规划所造成的在扩大的巴黎区域内劳动力功能的分离,而它已限制了劳动力在大都市尺度上潜在的分散化,同时地方自治也是为了将大巴黎地区区域整治纲要(SDRIF)扩展到大都市区之外的重要策略。尽管这种地方自治努力的效果有限,但仍有一部分跨区域计划获得了通过,包括一条连接诺曼底和拉德方斯与Roissy机场的铁路,连同巴黎与奥尔良(Orléans)之间的铁路提升计划。

2 中观尺度复合区域治理实施创新机制——多方协作下的城市合同

2.1 城市合同达成的现实基础

法国"城市合同"治理模式有效地发挥了复合治理的优势,主要针对长久以来法国福利国家的模式所带来的经济衰退与就业率下降等问题[12]。"城市合同"有别于传统意义上的合同,它并非由合作者站在平等的位置上协商并相互让步达成的。它是由中央政府先制定一套总体目标,各个区域再将它们的发展策略与选择融入大框架之中[13]。早期的"城市合同"是为了推进第十个三年规划而制定的,强调多方合作,其中推行方包括法国中央政府、各地区政府、法国国家基金会(CAF)等,而参与方则更加广泛。有研究指出,城市合同具有三方面的现实基础[12]。

2.1.1 经济实力和法律地位的强化

法国分权传统及早期实施的均衡化发展战略一方面强化了政府在法律体系中的合法定位;另一方面提升了大区的经济实力,确保合同过程中各方利益主体之间关系的合作性,因此也促进了法国区域治理中合作伙伴关系的形成。城市合同的四个主要合作方向是:保证共和国协约的稳定;加强社会和谐与稳固;实施多元主体参与的集体计划;与地方居民合作,建立新型民主关系[12]。

2.1.2 统一领导机构保障有效协调

城市合同由城市合同实施委员会统一领导,而城市合同实施委员会下设包括秘书处、经济建设与国际发展部、城市发展部、资源管理部、卫生管理部、水资源管理部、道路维护部等部门,对区域治理的重大事项进行多方面的严密管理[12,14]。

2.1.3 强大规范能力下的行为约束

通过城市合同将非政府组织与政府当局有效联系起来,以提供资金、场地、政策优惠等,地方政府可以有效地约束非政府组织行为,使其服务于社会[12,14]。

2.2 城市合同参与的多元主体

法国在地方分权的过程中产生地方联合体繁荣,地方联合体成为参与区域治理的一类重要主体。这一过程中,地方各类政府组织的能力也得到了进一步提升,成为地方参与区域治理的重要条件。

表3显示了法国各类参与区域治理的主体类型,包括市镇、聚居联合会、市镇联合公共公司、都市共同体、城市共同体、市镇共同体、省议会、大区议会等,其中聚居联合会、市镇联合公共公司、都市共同体、城市共同体、市镇共同体为主要的地方联合体形式,在区域治理中发挥着重要的作用[15-16]。中央政府通过法律,对联合体的权力进行保障,包括将一部分市镇的税收和权力移交给联合体,如规划权、公共服务设施网络的建设经营权、向联合体内生产企业征收特别税的权力等[17],同时中央政府还通过财政手段对联合体发展进行激励[15,17]。

表3 法国各类区域治理主体一览表

类型	数量	功能
市镇(communes)	36500	地方规划、建筑许可、小学的建设和维护、垃圾处理、公共福利等
聚居联合会(voluntary inter-communal syndicates)	无数据	具有灵活性的市镇联合体,可以是单一功能的(SIVU),也可以是多功能的(SIVOM)
市镇联合公共公司(EPCI)	约2250	永久性的市镇联合组织,负责防火、垃圾处理、交通、经济发展、住房等公共服务
都市共同体(urban communities)、城市共同体(city-wide communities)、市镇共同体(communities of communes)、省议会(departmental councils)	96	社会事务、部分高等教育、道路修建与维护等
大区议会(regional councils)	22	经济发展、一些交通设施、基础设施、国家与区域规划、部分高等教育、培训以及公共卫生等

资料来源:根据参考文献[15]整理。

2.3 城市合同内容的目标导向

在多元参与制定协调的城市合同的基础上,城市合同也具有多目标性及多元化。以土伦湾环境管理合同为例,其合同内容在指标参量上,充分体现了多元性及多目标性(表4),概括起来主要是为了实现协约稳定、社会和谐、计划项目落实及地方参与等目标。

表4 土伦湾环境管理合同的多目标指标一览表

模块	目标领域
背景数据模块	基础人口统计数据、经济与住房数据
模块一：社会经济发展	贫穷、就业岗位、城市生产力、健康、社会投资、教育、社会凝聚力
模块二：基础设施	网络服务，包括水、卫生环境、电力和电话
模块三：交通	交通和道路
模块四：环境管理	空气和水质量、固体废弃物、资源和灾害
模块五：地方政府	管治、财政与地方参与
模块六：住房	住房需求、住房价格与质量、土地、财政与建设

资料来源：根据参考文献[18]整理。

2.4 城市合同运行的逻辑框架

法国"城市合同"在制定实施中遵循的逻辑框架是在中央政府制定宏观总体目标的前提下，通过多主体参与、多目标导向，着重于在不同层级政府之间、政府与非政府组织之间、政府与群众之间建立具有法律意义的合作关系（图1）。

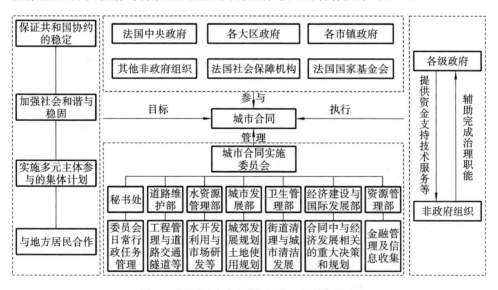

图1 法国"城市合同"多元治理逻辑框架图
（图片来源：根据参考文献[14]及网络资料绘制）

3 契约型复合区域治理实现的历时动因——均衡失效与新国家主义

法国作为具有长久单一制历史的国家，其中央政府相较于其他西方国家具有更强的行政权力，它始终是地方与区域政策的制定者与执行者。二战之后，在经济崛起的"辉煌30年"中,法国依靠中央政府的集权作用,实现了工业化与城市化的快速发展。在这一时期,中央政府以区域均衡为主要手段促进区域经济发展,通过中央设立的规划部门制定区域发展的计划,并由DATAR这一中央机构为地方提供专家支持,负责实施地方与区域的项目。

中央政府自上而下的区域协调手段主要包括限制企业在巴黎等重点地区的发展、修建铁路等基础设施连接巴黎与边远地区、将具有集聚作用的政府部门搬迁到不发达地区、投资建设反磁力城市和新城等。然而在20世纪70年代后期,随着全球市场一体化进程加快及法国内部经济结构调整,自上而下的均衡化策略实施乏力。因此,法国政府开始将区域治理目标由均衡发展转向加强国家竞争力,并伴随着地方分权的进程与各类联合体组织的发展,形成了有别于前一阶段自上而下治理模式的新区域治理模式。这种治理模式既保留了国家的协调与统筹能力,又在更大程度上体现了地方与市场力量的参与,为新阶段法国区域经济的进一步发展提供了充足的动力。

3.1 内外压力下的目标策略调整

3.1.1 国家竞争力培养下均衡区域治理策略失效

从20世纪70年代后期开始,法国在内外压力之下对原有的均衡化的区域治理目标与策略进行了调整。这个阶段,随着发达国家在快速发展之后普遍经历的经济下行,均衡化的发展与经济增长的目标开始不再吻合,因此,法国开始转向国家竞争力的培养,通过培育巴黎等具有国际竞争力的大城市来拉动法国整体经济的发展成了这一阶段区域治理的主要目标[13,19]。原有的自上而下的治理模式遭遇了严峻的挑战。其中,外部压力主要来自生产全球化、劳动力的全球分工、廉价工业品的全球竞争以及欧洲一体化进程的加深。内部压力则来自法国自身工业产业就业规模的逐渐缩小以及高技术产业的发展。

从外部环境来看,法国经济随着加入欧洲经济区统一市场(EEC)、关税贸易协定(GATT)以及随后的世界贸易组织(WTO)逐步开放,其低成本的制造业,如钢铁和纺织业,受到了来自东欧国家以及世界范围内廉价劳动力的冲击,这使得法国政府依靠直接投资大型工业项目的均衡化策略逐步失效[13,20]。一方面,一种以本地内生化发展、中小企业为主的发展方式在全球化的背景下更加具有稳定性和竞争力;另一方面,巴黎大都市区作为法国最具国际竞争力的区域,均衡化政策对其发展的制约也受到质疑。因为,无论是培育自下而上的本地企业,还是激发巴黎作为国际都市的潜力,都需要法国的区域治理进一步结合本土的知识与力量,对原有模式进行调整。

3.1.2 知识经济时代工业衰退及高技术产业发展

从法国国内来看,其整体的工业发展在20世纪70年代后期开始出现衰退。1950—1989年,工业就业占法国整体就业的比重由35%下降到22%。这意味着工业已无法提供更多的就业,更多的就业开始集中到第三产业以及知识经济。而刺激高技术产业的发展,不能靠政府将产业投放到低就业率的地方来实现,也就无法作为其刺激地方经济发展的一种工具。相反,高技术产业对人才质量以及地区环境品质的需求,使自下而上的地区竞争力培育变得更加重要。这时,不同的地方政府会为争取更多的产业落户展开竞争,这需要将更多的中央权力移交给地方。

表5 法国各产业就业人数与比例变化(1989—2012年)

年份	农业就业		工业就业		第三产业就业	
	人数/万人	比例/(%)	人数/万人	比例/(%)	人数/万人	比例/(%)
2012	65.41	2.7	335.5	13.6	2060.30	83.7
2011	65.69	2.7	338.2	13.7	2061.47	83.6
2010	65.70	2.7	339.9	13.9	2047.47	83.5
2005	74.73	3.1	383.0	15.8	1962.50	81.1
2000	82.20	3.5	419.6	17.8	1861.58	78.8
1995	91.39	4.2	418.9	19.3	1657.52	76.5
1989	120.97	5.6	471.9	22.0	1550.59	72.3

数据来源:法国统计局(Insee)官方网站(http://www.insee.fr/en)。

3.2 新国家主义下责权事权分化

复合区域治理模式区别于传统治理模式在于打破单一行政体制下的权力上下级分工及自上而下与自下而上的定向权力架构。在行政领域,依靠建立完全的合同模式,形成政府与市场、政府与企业、政府与非营利组织及政府与公民的法律上的合作关系。"城市合同"在多元主体协调的基础上形成的合同也多是多元利益导向,即多目标的合同内容。

区域治理过程中,责权分化形成了法国区域治理中"中央政府主导,地方寻求更大自治空间"的治理特征。在分权化的社会发展趋势下,城市合同也成为地方与中央利益博弈的工具之一,治理主体的分化又迫切要求加强合同制的磋商与协作。在大都市区层面,城市合同及分权制导致事权的上下级分离,复合式的区域治理模式在大都市区形成"中央—地方"两级区域治理的基本模式。

3.2.1 国家控制转向管制竞争,事权下放促进地方多元主体繁荣

现有对法国地方分权的引介与研究,已经较为详尽地阐述了法国从1982年《权力下放法案》开始的地方分权进程[14,21-23]。但现有文献没有注意到的重要特点,是法国分权过程中,中央政府仍然具有重要的权力与作用。因此,法国的地方分权不能叫作"新自由主义",而应该是"新国家主义":并非进行高度的管制,而是从国家控制向管制竞争转型[13,22]。该特征对理解法国自下而上与自上而下相结合区域治理方式具有重要意义。

法国的地方分权过程比较明显的一个结果是中央政府功能的转移。中央政府通过地方分权的方式,将那些能够改善投资环境的功能转移到市政、大区、区域和市镇联合体手中,包括城市规划、交通规划、经济规划、住房、社会政策、文化以及公共卫生等[14]。另一个结果则是因为市镇联合体这类行政单元的发展和更多地发挥作用,都市区成了地方与区域政策实施的重要尺度,中央政府对市镇联合体采取了许多财政上的激励政策,进一步促进了市镇联合体的繁荣,市镇联合体也成为区域政策成功实施的重要载体[13]。

但是中央政府仍然保持着对地方有效控制的能力。因为地方分权的过程还伴随着权力下放,中央政府将一些中央机构与部门下放到了地方,参与地方决策并监督地方的自治[13,22]。有文献显示,法国98%的中央政府官员在巴黎之外就职,而且他们的职责在大多数欧洲国家都属于地方政府[13]。另外,事权大量下放的同时,财权虽也部分下放,但是地方财政自主能力仍受到限制。从税收来看,地方税收占总税收收入的比例虽然有所上升,但仍只有30%左右(表6)。因此,地方政府一方面需要听从选民,但也需要接受中央政府的指导[24]。

表6 法国中央政府与地方政府税收收入分配比例(1980—2012年)

年份	总税收收入 (10亿欧元)	中央政府		地方政府	
		税收收入 (10亿欧元)	所占比例/%	税收收入 (10亿欧元)	所占比例/%
1980	99.5	86.1	86.5	13.4	13.5
1985	173.9	144.8	83.3	29.1	16.7
1990	231.1	188.9	81.7	42.2	18.3
2000	318.2	256.8	80.7	61.4	19.3
2005	374.2	292.1	78.1	82.1	21.9
2007	383.6	275.7	71.9	107.9	28.1
2009	343.6	227.0	66.1	116.6	33.9
2010	363.7	274.9	75.6	88.8	24.4
2011	389.6	270.6	69.5	119	30.5
2012	409.4	285.8	69.8	123.6	30.2

资料来源:法国统计局(Insee)http://www.insee.fr/en,转引自参考文献[24]。

3.2.2 职能转型与角色再定位,中央政府仍然保持有效控制能力

随着多样化地方联合体政治的发展,法国地方层级的政府能力得到了重大的提升。技术层面上,地方层级的政府开始拥有自己的规划专家、经济学家和城市地理学者,从而不再对中央的技术支持过度依赖[15];功能层面上,地方层级的政府组织需要与各类利益主体进行横向联合,其中包括地方经济力量(商会、公会、商务个

人等）、志愿组织与公私合营关系（混合经济组织）[15,25]；政治层面上，地方政府的领导力得到提升，他们既要在公私关系中利用好市场力量来进行经济建设，也需要在纵向上与各种同级或不同级的组织建立关系并竞争，地方政府更加具有企业的特质[15]。这些能力的提升为法国区域治理的良好推进提供了条件。

在上面所述的三个重要背景之下，法国的区域治理模式发生了转型。在法国"地方分权"背景下区域治理模式转变，由区域治理的"旧模式"，也就是中央政府自上而下地制定规划并实施规划，财权、事权高度集中的做法，转变为"新模式"，体现了中央政府与地方各类自治组织组成了复合治理体系，显示为中央政府与地方网络化治理主体的双层结构。区域规划成为中央政府制定的框架，通过财权、事权的部分转移以及地方各类自治组织的发展，地方将自己的发展目标融入中央的框架之中，同时，中央通过DATAR这样的权力下放组织，监督和参与地方决策过程。

4 法国复合区域治理模式启示

近年来我国大城市区域化和区域城镇化特征逐渐显著，空间范围从原来的京津冀、长三角和珠三角逐渐扩展到东部沿海乃至内陆地区，许多特大城市突破传统行政界限与周边城镇功能紧密相连，空间连绵对接。随着大城市都市区、城市群以及城镇密集地区等新型城镇组合的出现，跨市域、跨省域和沿流域城镇地域功能联系快速增强。在此背景下，以自上而下行政区经济为基础、以单一中心城市为核心的传统区域治理模式遇到了越来越多的难题：利益主体新增及多元化、主体间利益关系复杂化、垂直行政体系与水平功能联系不匹配等问题愈发突出。同时，新一届政府提出的"以人为本"的新型城镇化及"市场主导、政府引导"的行政体制改革及政府职能调整均对区域治理模式提出了新的迫切要求。

以此为前提，论述的法国复合区域治理模式对当代及未来中国的启示主要有以下几点。

首先，我国新时期的区域治理模式应该从传统单一的中央政府自上而下指令性管理向新型上下结合的复合型治理转变。这种转变意味着针对特定区域的治理主体将得到大幅扩充，可能涉及中央政府、省级政府、地方政府、跨界第三方协调机构、区域企业网络乃至区域内部的市镇联盟、公民等等。此背景下的区域治理手段应相应改变，不能沿用单纯的逐级贯彻、垂直分配和行政区统筹做法，而应该更多地增加水平协调、跨界统筹，以及促进多主体共同发声。

其次，新时期我国的区域治理模式虽然强调了多元主体，尤其是非政府组织和市场的参与价值，但是也必须认识到地方政府、跨界协调机构及区域企业联盟等在引导区域协调发展和协同治理上的局限性和行动能力的有限，中央政府及省级政府仍应发挥主导性作用。从空间角度来看，中央政府及省级政府在宏观发展战略及区域政策制定、重大资源要素配置等方面的作用无可替代。但同时，我国国土面积较大，东中西部、沿海及内陆、南方及北方经济社会发展阶段存在较大差异。复合型区域治理手段特别要强调因地制宜,治理模式应该更有侧重。如我国中西部广大地区目前及未来一段时期内仍将处于人口快速城镇化、工业化加速发展及空间增量扩张阶段,这就决定了区域非均衡增长的客观趋势,自上而下的政府引导(来自中央政府、省级及地方政府)在中西部区域治理中作用仍将长期突出。李克强总理关于"促进约1亿人在中西部地区就近城镇化"的战略也预示着县域单元主体在区域治理中的地位和话语权得到强化。而我国东部部分沿海发达地区已经进入工业化后期甚至后工业化时期,空间发展已经转入存量优化阶段,区域扩散和均衡增长成为未来发展趋势,此背景下的区域治理则应该更加强调市场主体的话语权,应更加注重基层村镇联盟和非政府组织主体在治理分工上的积极作用。

再者,我国传统治理模式向复合型区域治理模式转变必须以放权、分权为基础和重要前提。一方面,区域治理中非常关键的是在放权和分权作用下的市场机制及其在资源配置中基础作用的有效发挥。另一方面,同样重要的还有跨界治理机构的建立和有效运行,其有效运行的核心在于清晰的权责划分和稳定的资金及技术来源,搭建一个跨界的话语平台并促进区域政府与非政府组织间合作伙伴关系的建立是跨界治理机构的核心任务。同时,与分权、放权相适应的财权分配问题在某种意义上决定着区域治理成效,尤其影响地方政府、第三方机构及基层市镇联盟在共同参与治理方面的积极态度和主观能动性。我国目前中央地方财税关系属于"集权分散型","集权"指中央政府集中大部分财政收入,"分散"指地方政府承担大部分支出责任。财权上收、事权下放的权力主导型财税体制造成了城市政府的事权和财力不匹配,影响着城市政府的行为方式,是"城市病"的体制性原因之一[26]。

此外,我国复合区域治理协调机制的建立可能需要某种既具法律效力又体现自发博弈过程的特定区域政治和社会契约。这种契约的建立需要多元主体的共同参与,中央政府、省政府与地方政府可作为契约方,与包括企业、第三方机构及公民在内的非政府组织建立多种社会责权关系,本质是在中央政府分权、放权基础上对于各参与主体形成的共识性制度约束和治理分工。这种契约有助于减少放权过程(监管、运行、实施等各环节)中地方与中央、政府与市场之间的矛盾以及制度成本,也有利于改变我国现阶段政府主导、企业自发、第三部门隶属的主体关系,避免制度权力陷阱导致的公众参与流于形式,从而促进多方主体合作伙伴关系的建立,以及公众的监督与被监督机制的形成。其中应重点强化政府与第三方组织及企业网络的合作关系。例如可尝试推动特许经营[23],以及通过第三方组织吸纳公民参与政府决策,逐步推行将第三方组织引入政府机构构成、政府官员政绩考核、治理公共行政测评等领域;还要大力推动政府与企业及公众的合作关系。在涉及部分公共利益问题上,政府让渡出职权,通过契约合同,将开发权转渡给企业,只在宏观上进行项目监督和费用检查等,在合同最高终止权归国家所有的前提下,有目标地以经济激发地方企业的开发能动性。

最后,对于多元主体中的政府组织层面,我国可尝试借鉴法国复合区域治理模式的经验,在个别区域的市县级别内试点开展部分市县联盟自治,在不改变既有整体行政体制基础上,打破传统的中央政府主导、省级政府和地方政府分头治理的行为机制,逐步推进试点区域行政单轨制向双规制转变,在法律层面适度扩大市县的区域治理职权,给予其一定的财政支持(如建立相关财政专项资金)。

参考文献

[1] 单卓然,黄亚平,张衔春.1990年后发达国家都市区空间演化特征及动力机制研究[J].城市规划学刊,2014(5):54-63.

[2] 李宜强.治理理论视角下的中法区域一体化比较研究[J].理论月刊,2012(7):138-142.

[3] Peter Newman. Changing patterns of regional governance in the EU[J]. Urban Studies,2000(37):895-908.

[4] Walter J Nicholls. Power and governance:metropolitan governance in France[J]. Urban Studies,2005(42):783-800.

[5] Mandy Lau. Flexibility with a purpose:constructing the legitimacy of spatial governance partnerships[J]. Urban studies,2014(51):1943-1959.

[6] Lain Deas. The search for territorial fixes in subnational governance:city-regions and the disputed emergence of post-political consenus in Manchester,England[J]. Urban Studies,2014(51):2287-2314.

[7] Michael Buser. Democratic accountability and metropolitan governance:the case of South Hampshire,UK[J]. Urban Studies,2014(51):2336-2353.

[8] John Harrison. Rethinking city-regionalism as the production of new non-state spatial strategies:the case of peel holdings Atlantic gateway strategy[J]. Urban Studies,2014(51):2315-2335.

[9] 郭爱君,范巧.政府行为绩效的经验考察与"复合治理"的构建[J].华中师范大学学报:人文社会科学版,2009(1):53-59.

[10] 汤爽爽.法国光辉30年领土整治中的"均衡化"政策[J].国际城市规划,2013(6):90-97

[11] Ludovic Halbert. The polycentric city region that never was:the Paris agglomeration,bassin Parisien and spatial planning strategies in France[J]. Built Environment,2006,32(2):185-193.

[12] 李宜强.城市合同:法国区域治理的经验与启示[J].城市问题,2012(7):84-87.

[13] Ancien D. Local and regional development policy in France:of changing conditions and forms,and enduring state centrality[J]. Space and Polity,9(3),2005:217-236.

[14] 李宜强.法国复合治理研究与启示[J].中国流通经济,2011(9):61-66.

[15] Cole A. Decentralization in France:central steering,capacity building and identity construction[J]. French Politics,2006,4(1):31-57.

[16] 丁煌,上官莉娜.法国市镇联合体发展的历史、特点及动因分析[J].法国研究,2010(1):76-82.

[17] 卓健,刘玉民.法国城市规划的地方分权——1919—2000年法国城市规划体系发展演变综述[J].国际城市规划,2009(S1):246-255.

[18] Yves Henocque. Urban communities and environmental management in France:the example of the Toulon Bay Contract[J]. Ocean & Coastal Management,2001,44:371-377.

[19] 米歇尔·萨维,罗震东,周扬,等.法国区域规划50年[J].国际城市规划,2009(4):3-13.

[20] Jessop B. The future of the capitalist state[M]. Cambridge:Policy Press,2002.

[21] 冯萱.1999年—2000年法国城市规划改革及其启示[J].规划师,2012(5):110-113.

[22] 上官莉娜,李黎.法国中央与地方的分权模式及其路径依赖[J].法国研究,2010(4):83-87.

[23] 郁建兴,楼苏萍.近20年来法国地方治理体系变革与新治理结构[J].学术研究,2006(1):78-83.

[24] 刘丽,张彬.法国政府间事权、税权的划分及法律平衡机制[J].湘潭大学学报:哲学社会科学版,2013(6):65-69.

[25] Cole A,John P. Local policy networks in France and Britain:policy co-ordination in fragmented political sub-systems[J]. Western European Politics,18(4),1995:88-108.

[26] 林家彬.我国"城市病"的体制性成因与对策研究[J].城市规划学刊,2012(3):16-22.

该文发表于《经济地理》2015年第4期,作者为张衔春,胡映洁,单卓然,杨林川,许顺才。

兰斯塔德"绿心"保护：区域协调建构与空间规划创新

摘要 兰斯塔德地区作为全球典型多核心发展的城市密集区已成为国内外学者关注的重点地区。由于区域增长的多元化及内部空间建构的增长与保护间的长期矛盾，对兰斯塔德的发展历来褒贬不一。本文着力研究兰斯塔德地区在"绿心"保护过程中建立的区域协调机制的核心及空间规划的整体理念和发展保护策略，从协调主体的建构、协调机制的演化、协调政策的更替三方面分析兰斯塔德地区区域协调的全过程与协调效果，并通过旧版规划、新版规划和展望规划的提炼，总结可供中国借鉴的空间发展与空间规划经验，实现中国的跨区域的协调机制与空间规划方法的理论创新。

关键词 兰斯塔德；绿心；区域协调；空间规划

1 引言

兰斯塔德地区是位于荷兰西部，由阿姆斯特丹、海牙、鹿特丹和乌得勒支四大核心城市及众多小城市组成的多中心都市群。兰斯塔德"绿心"是被城市群环绕的绿色开放空间，位于兰斯塔德都市群中央，约 400 km² 的农业用地构成"绿心"的主体空间。"绿心"除跨越上述四个主要城市之外，还涉及阿尔梅勒、代尔夫特、多德雷赫特、豪达、哈勒姆、希尔福瑟姆、莱顿祖特尔梅尔、武尔登及阿尔芬 9 个小城市。

荷兰从 20 世纪 50 年代末开始由中央政府通过国家空间规划对兰斯塔德中央农业绿地进行保护。之后逐渐建立了协调城镇发展及绿心保护的区域性联合机构。该机构最早由非政府组织构成，包括：绿心筹划指导委员会、兰斯塔德规划咨询机构、兰斯塔德地区代表团等。接着政府组织出现，诸如兰斯塔德委员会、绿心平台等，后者是由国家、省政府、四个核心城市相关行政机构共同组成。

20 世纪后 40 年间，在以空间规划为导向的国土开发战略影响下，中央政府推出五次国家空间规划对兰斯塔德绿心实施保护，避免其沦为短期利益的牺牲品，力图在区域内保留相对完整的开敞空间，使之成为世界城市群中具有鲜明多中心网络型特征的代表区域。

兰斯塔德地区多中心网络化的城市群空间组织理论研究成果丰富，而兰斯塔德中央"绿心"的研究尚不多见，在区域协调与空间规划方法创新的研究上更是极度缺乏。王晓俊等（2006）指出绿心面临着城市空间拓展、农业规模化经营、不同城市管理权限冲突等一系列现实压力，简要介绍"绿心"保护中建立区域联合机构、空间规划明确具体化、增强保护政策弹性等措施[1]。也有学者认为绿心的实质不是单纯的绿色空间,进而对绿心空间的地形、生态、水文地质、基础设施和人口要素进行深刻剖析,指出"绿心"具有公共空间属性,必须实现系统化和公众化[2]。笔者通过对兰斯塔德绿心保护过程中区域协调政策与五次空间规划方法创新进行分析归纳,就我国跨区域的政府协调与空间规划创新提出若干解决建议。

2 兰斯塔德绿心变迁历史

兰斯塔德绿心规划始于1951年,之后屡经变迁,经过五次重大空间规划的结构性调整形成目前的绿心建设现状。

绿心保护形成期,荷兰政府提出对绿心开展的"绝对保护"具有严重的理想主义色彩,以求获得保留完整的区域公共开放空间。20世纪60年代,由于区域发展面临城市建设空间无限扩张的压力,荷兰政府的理想主义规划方案与现实发展制约因素相结合,绿心保护进入寻求保护与发展之间平衡的探索期,随之提出的"紧凑城市"方案逐步在区域二三十年的发展中发挥积极作用。20世纪90年代,经济全球化和欧洲一体化进程加快,荷兰政府为适应国际竞争需要适时提出"城市网络"策略,力图融入欧洲网络,提高兰斯塔德的国际竞争力。规划在进入21世纪后加强了对欧洲尺度方面的考量,兰斯塔德以"三角洲大都市区"的全新形象积极参与国际竞争,兰斯塔德绿心保护在发展中稳步推进。

2.1 兰斯塔德绿心保护形成期

兰斯塔德的研究最早追溯到1951年,荷兰重建和住房部预见到人口高度集聚将引发重大城市问题,决议成立国家西部工作委员会,着手研究西部地区空间现状和问题。此后,委员会发表《荷兰西部的发展报告》,指出国家政府应继续坚持区别于伦敦和巴黎城市空间形态的分散型区域空间形态特征,以此将自然空间与人居环境紧密结合,给居民提供优越的居住环境。同时,通过限制大城市扩张来迎合其他新城镇发展。根据该理念,报告富有灼见地保留地区中间相对开放的空间,即绿心,并且提出对该区域实施严格的保护策略,"兰斯塔德"的概念得以延续,并在之后的五次国家空间规划中进一步加强。

2.2 兰斯塔德绿心保护探索期

1960年,荷兰第一次将国家空间规划的重点放到区域分散发展上,因为中央政府已经关注到荷兰西部出现的经济过热和过度集聚问题。规划将西部城市群视为整体向外发展,因而必须保留区域中部的绿心,同时将工业向其他地区分散布局。第一次国家空间规划虽效果不佳,但其提出的保留绿心理念在之后的规划中一直在争议中延续并发展。第二次国家空间规划将极核式扩散❶作为应对策略，而兰斯塔德绿心理念没有发生根本变化，甚至得到强化，但由于缺乏配套的执行工具，实际效果有限。第三次国家空间规划则以具体开发规划取代分散布局以改变前两次规划成效不显著的状况。区域平衡增长成为政府的关注点，第四次国家空间规划中提出的"紧凑城市"政策，在城市发展的压力下保护了兰斯塔德绿心，并成为影响荷兰之后三四十年区域发展的重要政策。

2.3 兰斯塔德绿心保护发展期

第四次国家空间规划出于提升区域的国际商业竞争力的目的，明确提出兰斯塔德城市的特定功能配置，但是其对地区发展的严格约束导致地方政府消极执行。同时，伴随政局变动，最终以失败告终。

第四次国家空间规划修正案和反思版的规划理念中出现了重视欧洲和网络特质的倾向，为第五次国家空间规划奠定了基础。2000年底，第五次国家空间规划把荷兰的国际竞争力紧密地嵌入到欧洲的发展网络中，突出区域和地方合作以提升国际竞争力，"三角洲大都市（delta metropolis）"成为兰斯塔德打造的国际竞争新形象。从五次空间规划看出，兰斯塔德绿心概念的提出与区域竞争力的诉求在规划层面存在此消彼长的关系。尽管如此，绿心理念在半个世纪里保存下来，并通过区域协调和空间管制的平衡作用成为在现实压力面前区域空间形态的理想模式。

3 兰斯塔德绿心保护：区域协调

荷兰国家层面的区域协调框架包括区域协调主体、区域协调机制和区域协调政策三部分。区域协调主体是外在基础，区域协调机制是内涵动因，区域协调政策是主体内容（图1）。

在区域协调框架下，区域协调具备五个特色，即空间和土地利用协调、生态和环境保护协调、基础设施建设协调、产业和经济发展协调及居住和公共服务协调。区域协调是以内涵式的可持续发展作为提升区域国际竞争力的核心手段，以可持续性为主要协调目标，着重突出生态环境保护。兰斯塔德绿心作为提升区域环境品质的重要开放空间，被提升到战略层面予以研究。

3.1 协调主体的建构：政府主导下以区域组织为平台的多元参与制度

区域协调主体包含国家、省和市镇政府及区域协调组织，同时，适时把企业等

---

❶ 极核式扩散：在荷兰现有的中心城市等级之下，以中心城市为极核，在其外围布局卫星城或新城镇，同时沿用以绿化带分割城市区域的城市空间扩展方式。

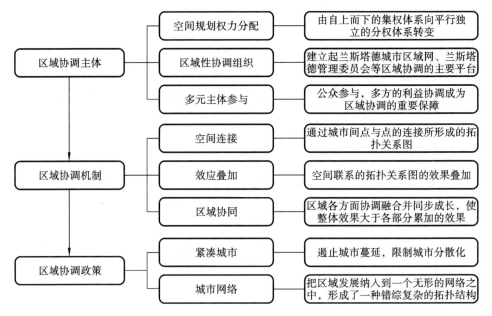

图 1　荷兰区域协调整体框架图

（图片来源：作者根据相关资料整理绘制）

私营部门及公众纳入，共同参与区域政策制定和实施，形成政府主导下以区域组织为平台的多元参与制度。

3.1.1　空间规划权力分配由集权向分权转变

中央与地方利益从根源上具有不一致性。中央政府着眼于全局利益，关注国家层面的空间开发，负责制定空间发展战略规划，引导地方政府的城市开发。地方政府则更关注地方利益诉求，试图通过城市开发提升地方竞争力。不同出发点导致了中央和地方利益博弈，规划由于地方政府的消极实施而沦为一纸空文。其中典型代表就是第四次国家空间规划对各城市职能的定位与地方政府追求城市多样性大相径庭，导致规划未能有效执行。这次教训让荷兰政府充分意识到规划需要得到参与各方的充分支持才能实现，而信任将是规划顺利、快速实现的先决条件。为此，荷兰政府于 2008 年开展地方政府空间规划体系改革，建立起中央与地方合作共赢的新机制。

2008 年改革前，荷兰各级政府的规划是自上而下的权力集中。中央政府负责制定全国性的空间发展战略规划，并与欧洲空间规划相协调；省政府基于中央政府决策，负责拟定本省的政策，政策核心理念将融入区域与省域规划中；市政府则负责地方规划，制定本市的区划是规划工作的核心；市级参议会拟订土地使用规划，展示土地的使用状况及将要建设或正在建设的建筑，该规划必须通过省级政府的批准。

2008 年改革后，荷兰政府将中央和地方政府的利益厘清，从而使自上而下的空间规划编制过程演变为各级政府平行构建各自的结构展望,并将各级政府利益整合为一个规划。在此分权制度下,荷兰政府搭建了一套区域协调体系,体系下由国家、省和市镇政府各方制定相关政策(图2)。正如原荷兰住房、空间规划与环境部(现荷兰基础设施与环境部)❶国土规划司司长汉克·欧文科(Henk Ovink)在谈及"兰斯塔德环型城市远景"时所强调的"广义的联合与合作关系",唯有在规划过程与规划内容上建构起有广度和深度的合作关系才会使整体的远景规划有被实现的可能[4]。

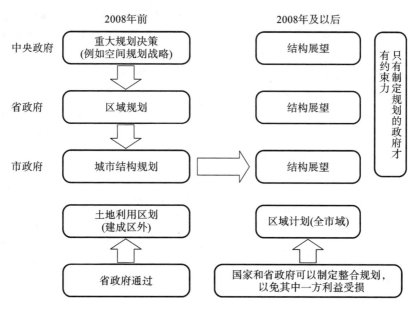

图2 荷兰政府和空间规划体系演变图
(图片来源:作者根据参考资料[5]整理绘制)

3.1.2 区域性协调组织建构主要平台

1985年,第四次国家空间规划颁布后,荷兰开始逐渐成立区域性协调机构。当时的区域协调组织基于第四次空间规划提出的"紧凑城市"政策,从单一城市考虑城市空间形态问题,严格控制开发,维持城市紧凑形态。这对阻止郊区城市化起到了作用,但忽视了地方政府的发展意愿。因而,1990年后区域协调组织转向建立"城市网络",即基于城市群空间形态组织功能网络,并形成与之一致的区域协调机制。兰斯塔德区域(Randstad Region)、兰斯塔德管理委员会(Administrative Committee for the Randstad)、绿心平台(Greenheart Platform)、三角洲大都市联合会(Deltametropolis Association)等协调组织在此背景下成立[6](表1)。

---

❶ 2010年10月,原荷兰交通、公共工程及水管理部与原荷兰住房、空间规划及环境部合并,成立了荷兰基础设施与环境部。

表 1　兰斯塔德区域重要的区域协调组织

组织	成立时间	组成	主要职责	实施效果
兰斯塔德区域	1991	南荷兰、北荷兰、乌得勒支和弗莱福兰	协商和政策协调,对外宣传强化兰斯塔德职能	与兰斯塔德其他协调平台一起发挥了区域协商和协调作用,使区域政策得到贯彻
兰斯塔德管理委员会	1998	中央政府、兰斯塔德四省、兰斯塔德四大城市(阿姆斯特丹、鹿特丹、海牙、乌得勒支)和各市当局	咨询机构,最初协调中央政府在兰斯塔德的空间投资,后来也讨论兰斯塔德空间规划第五次政策文件	通过协调区域战略空间议题和投资配额,提升政府间补贴协调效率,强化区域空间经济结构
绿心平台	1998	国家相关部委、省政府、环绕绿心的4个主要城市及其市政部门与相关团体	搞好对绿心的保护及国家政策的执行与监督工作	限制绿心内的开发项目,提升了绿心景观环境品质,保护了绿心生态
三角洲大都市联合会	2000	兰斯塔德四大城市和越来越多的其他城市地方议会和利益集团	促进兰斯塔德向三角洲大都市转型,通过发起研究和设计活动、游说、充当智囊团,鼓励以兰斯塔德为基础的地方合作	成功争取了兰斯塔德四省组成兰斯塔德区(三角洲地区),并使其共同接受三角洲大都市远景展望

资料来源:参考文献[6]。

3.1.3　多元主体参与构筑重要保障

兰斯塔德区域协调是建立在多元主体参与的基础上,公众参与在协调多方利益并推动规划实施上发挥了重要作用。荷兰相关法律规定了区划的制定和修改需要得到广大民众的参与,对于公众的各种发言、讨论、质疑,政府要做解释和宣讲[7]。荷兰法律对于规划的修改要求规划的利益方都参与其中,最终的规划是兼顾各方利益的结果。如果区划修改直接影响到某些公民的土地权益,公民有权利提起诉讼并在法官审查通过后获得相应赔偿;如果修改区划导致公民利益受损,那么公民则可以获得政府的全部补偿。民主的进程需要付出代价,但是值得的,由此换来了兰斯塔德区域整体的协调发展。

兰斯塔德的实践证明,唯有使利益相关方参与到政策制定和实施的全过程,才能够有效实现政策的既定目标。

3.2　协调机制的演化:空间联系基础上的效应叠加与区域协同

兰斯塔德区域协调机制是在区域内各城市空间联系的基础上实现的(表2)。

空间联系生成拓扑状❶的城市空间形态,由此产生了区域内的空间、经济、社会和文化多层面的效应叠加,促使形成区域内的互动交流势能,推动区域协同发展。

表2 兰斯塔德区域协调机制的特征、策略与效果

机制	特征	策略	效果
空间联系	通过城市间点与点的连接所形成的拓扑关系图	基础设施共建共享协议; 完全市场开放; 提供政策优惠	形态方面,由单一城市为主的多中心结构转变为网络化城市空间形态; 功能方面,区域内部要素自由流动,联系紧密程度极大增强
效应叠加	空间联系的拓扑关系图的效果叠加	区域整合性合作模式; 强大组织能力; 战略网络; 信任制度	将挑战转化为区域发展机遇,推动区域竞争力的提升,实现区域发展突破
区域协同	区域各方面协调融合并同步成长,使整体效果大于各部分累加的效果	多学科交叉研究手段; 开放式对话平台	推动区域在空间、经济、政治、社会和生态等多层面的协调与融合; 共同制定区域发展目标、政策和规划,协同行动、计划和安排,实现区域高度一体化

3.2.1 空间联系

通过城市间点与点的连接,形成一张联系各城市、反映区域内部联系的拓扑图,区域由中心城市为主体的多中心结构转变为网络化的城市空间形态。兰斯塔德目前形成了多中心互补,大、中、小城市分工合作的城市群网络结构。在此网络化的城市空间形态上,形成三个层次的空间结构。

(1) 四大城市和周边10个城市之间的合作平台,包括交通、住房、就业、经济事务和福利事业等,更小尺度的城市之间也存在相同的合作网络。

(2) 北部和南部的城市组群之间的合作网络。

(3) 整个区域尺度下的多个合作网络[8]。在整个城市网络结构中,有依托海牙、阿姆斯特丹、鹿特丹和乌特勒支四个大城市的不同规模的次生城市群,以及四大次级城市群环绕的天然的"绿心"开放空间。

新型城市空间网络结构通过重大交通干线实现空间连接,并且在区域协调组织的作用下,国家、省、市镇政府及私人团体能够达成区域性基础设施共建共享协议,并采取完全市场开放、提供政策优惠等措施促进区域内部出现要素的自由流

---

❶ 拓扑状:计算机网络术语,形容网络中各站点相互连接的形态,本文指城市点与点之间连接所形成的网络化城市空间形态。

动,联系紧密度极大增强。

彼得·霍尔(Peter Hall)等对兰斯塔德12个城市的空间联系度进行量化分析后发现,兰斯塔德的阿姆斯特丹、鹿特丹、乌得勒支和海牙4个城市的区域联系度与国内联系度远高于其他8个中小城市,4个城市在区域和国内占据中心地位[10]。阿姆斯特丹和鹿特丹两个城市的欧洲联系度和全球联系度远高于其他10个城市。阿姆斯特丹和鹿特丹是荷兰的两大世界城市,相较于阿姆斯特丹的欧洲航空中心地位,鹿特丹在港口运输方面优势明显(图3)。

3.2.2 效应叠加

效应叠加是指各城市间点与点连接关系的拓扑图叠加,可以冲抵给区域可能的不利影响的因素,将区域原有的挑战转变为机遇。区域内建立起来的"城市网络"犹如一张保护网,当外部对区域某一部分发起冲击时它会有一个缓冲空间,促使区域内部运行机制进行主动的积极的调整,采取应对策略将挑战转化为区域发展机遇,从而提升区域竞争力。

这种效应叠加需要良好的信任和透明度,提升区域边际消费倾向,使得兰斯塔德的各省、市镇政府和私人团体在良好的开放共享氛围中积极采取行动[11]。兰斯塔德内部通过强大的组织能力,建立起区域整合性合作模式和战略网络,共同承担风险,分散外部挑战对区域局部的冲击,并通过区域内部资源整合,国家、地方政府和私人团体通力合作来应对挑战,并有可能成功将挑战转变为现实机遇,实现区域发展的突破。例如,高速铁路等交通运输技术进步曾对兰斯塔德绿心构成威胁,因为发展高速铁路将会严重分隔绿心,破坏沿线景观生态。通过各部门强有力的合作,在绿心采用7 km长的地下线路这一方案成功解决了生态保护难题,也促使兰斯塔德地区更快地融入欧盟的核心空间[1]。

3.2.3 区域协同

区域协同是指区域各方面协调融合并同步成长,使整体效果大于各部分累加的效果。通过兰斯塔德区域协调促使各方面的资源优化与整合,从而推进区域整体效能的全面提升。

由于兰斯塔德区域内的"城市网络"结构,政府和市场需求之间共同的发展需要采取多学科手段和开放式对话来实现。基于区域发展的多个利益主体,荷兰政府开展的城市规划、城市经济、公共管理、房地产与土地开发等多学科的交叉融合的研究将会有助于推动区域在空间、经济、政治、社会和生态等多层面的协调与融合。例如,城市开发不仅涉及空间形态设计,还包括开发过程与管理、收益与成本、生态与环境影响等多种因素。另外,建立旨在协调各方利益的开放式对话平台,通过共同制定区域发展目标、政策和规划,协同行动、计划和安排,实现区域高度一体化。在兰斯塔德区域内,阿姆斯特丹和鹿特丹间的办公网络联系系数最高,表明在区域内的城市空间联系的客观条件下,阿姆斯特丹和鹿特丹存在的商业机会最大,最能够吸引大公司入驻和高层次人才就业,决策者可据此协同区域内城市开发项

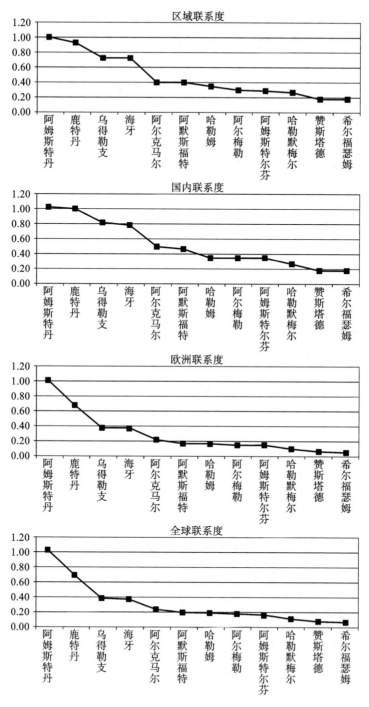

图 3　兰斯塔德各城市联系网络

（图片来源：参考文献[10]）

目和管理进程,提出在保护兰斯塔德绿心前提下的可行方案[10]。

3.3 协调政策的更替:从"紧凑城市"过渡到"城市网络"

兰斯塔德区域政策制定深受由来已久的框架影响,框架包括符合宪法的结构和正式的政府组织及非正式的与政策制定有关的关联、规程和程序[12]。在此框架影响下,兰斯塔德区域协调政策经历了由"紧凑城市"向"城市网络"的转变。

3.3.1 紧凑城市

荷兰第四次国家空间战略规划确立了"紧凑城市"政策。"紧凑城市"政策包括以下标准以供都市区内的新城区选择。

①减少到主要城市中心的距离。
②确保自行车和公共交通良好的可达性。
③尽可能保持开放空间城市化的自由度。
④给混合使用开发以优先权,包括娱乐设施、产业和办公。
⑤提供健全的财政基础(包括私人金融和国家财政)。

"紧凑城市"政策的第一步是把蔓延式的分散化发展形态植入有限的新城中,而在绿心内遏止城市蔓延;第二步是整体上限制城市的分散化,而推进在兰斯塔德内临近或位于大中型城市内的新城的发展。

政策实施30年来,从实施情况看,"紧凑城市"策略是成功的。兰斯塔德得益于政策的保护,新城发展中城市蔓延得到遏止,新城绿心很大程度上仍然保持着农业和休闲空间的主导地位。但是,"紧凑城市"策略只能在几十年间许多特殊环境占优的情况下才能够实现。其中关键因素是中央集中的税收系统,使得被转给市政当局和市民的分享收益是根据需要而非基于税收生成。而另外两个关键因素,住房政策和土地政策却有着重大调整,且这些改变足以削弱中央政府今后执行"紧凑城市"政策的能力[13]。

3.3.2 城市网络

面对1990年后外部竞争压力的增强,荷兰政府必须实现政策转向和管理思想转变,通过协调机制作用把挑战转化为提升自身竞争力的重要机遇。随后,荷兰的政策导向确立为积极融入欧盟来参与国际竞争。紧凑城市和开放空间保护策略被"城市网络"的新概念所取代。同原有的"紧凑城市"策略相比,"城市网络"结构把区域发展纳入一个无形的网络之中,形成了一种错综复杂的拓扑结构[14]。

发生政策转变的主要原因包括以下几个方面。
①大多数都市区作为规划单元尺度过小。
②作为组织要素的公共交通不足。
③大都市区消耗了过多开放空间且向缺水地区扩展。
④社会的发展是以"网络基础"为导向而非根据"地缘"关系。
⑤国际竞争有利于大都市区而非小城市[13]。

第五次国家空间规划指出"城市网络"是呈现出大大小小的紧凑城市网络形态的高度城市化地区,在网络中每个城市都拥有自身的特点和轮廓。该政策并没有将计划蓝图植入到网络中,构成网络主体的市政当局需要搁置竞争,在共同协商中提出空间规划。"城市网络"大于都市区内各部分的叠加,有利于发挥区域的协同效应,强化地区间的合作机制,构建涉及多个空间尺度的合作网络。

荷兰政府为确保规划正确施行,采用了最为严格的规划控制制度,制定了一系列的区域协调法律作为基础保障,使规划能够在执行中得到贯彻落实。这些区域协调法律对兰斯塔德绿心保护起到了深远的影响。

兰斯塔德的绿心能够以其独特的空间形态在区域规划中独树一帜,与其良好的法律保障密不可分。首先,荷兰是国际上法律体系最为健全的国家之一,其完善的法律体系为开展区域协调奠定了良好的制度基础;其次,荷兰的区域协调法律对规划实施的强制性做出了明确规定,保障规划顺利实施;再次,荷兰对城市开发高度重视,任何城市建设领域的活动均有法可依。

4 兰斯塔德绿心保护:空间规划创新

兰斯塔德绿心保护在空间规划上以全新人居环境为建设目标。荷兰空间规划对兰斯塔德地区的定位屡次变动,开始之初是意图使兰斯塔德在国家空间中发挥核心作用;后来的空间规划则更重视国家均衡增长。空间规划定位改变表明国家对兰斯塔德区域规划进入到新的发展阶段。

4.1 旧版规划:新概念——在探索中找寻路径

20世纪50年代,西欧主要大城市借助战后重建实现城市空间重构。伦敦、巴黎等欧洲大都市普遍采取单中心发展战略,此后,交通拥堵、环境破坏问题逐步暴露出来。

基于对伦敦大都市区单中心结构所引发的城市问题的反思,荷兰规划机构在国家空间战略规划制定过程中提出对兰斯塔德地区的中心地带采取绝对保护的策略,以使兰斯塔德的四个中心城市阿姆斯特丹、海牙、鹿特丹和乌得勒支能够围绕中心开放空间形成多中心的城市群,从而直接避免陷入单中心结构城市问题的泥淖[15]。中心开放空间即后来提出的绿心,都市区因此得以由绿心承担起各大城市之间的缓冲功能,该规划因此被称为"具有可持续发展价值的围合绿心的大都市区规划"。

绿心已成为当代研究大都市区空间形态的经典案例,但是在规划初期,这个充满理想主义的规划方案却遭到公众的质疑。当时的人们普遍认为战略规划没有与国外大城市和国内广大的偏远地区相结合。由问题出发,规划在探索中找到兰斯塔德多中心大都市区多中心结构的优势和劣势的平衡点,以同其他大都市区展开竞争,并在后来的新版规划中予以体现。

4.2 新版规划:新技术——在问题中抓住方法

21世纪以来,荷兰空间发展规划逐步重视欧洲尺度下的区域发展,努力提升大都市区的国际竞争力。在兰斯塔德规划的整体发展过程中,决策者越来越需要找到理想和现实的平衡点。

新版规划一改既往的以"红—绿"区分城市和乡村的单维形态规划,因为从功能角度看这种区分会限制空间功能。新版规划第一次把"绿—蓝"结构和城市结构结合起来,因为这两种结构都有自身的推动力、机遇与挑战[16]。"绿—蓝"结构的提出把绿色开敞空间和水系作为独立的空间要素进行保护。

新的居民点建在中心城市周围以保护珍贵景观资源。结合蓄水地的保护可以保证建成区与自然地的永久分隔,因为市场对滨水区住宅的重视将会促进水系岸线景观的保护,而政府职能可转向发展"绿—蓝"三角洲和加强地区联系。

4.3 展望规划:新图景——全新人居环境的呈现

2010年荷兰政府内阁重组,新内阁趋向于激进的分权和撤销管制规定,政府财政预算规模缩减(例如停止了城镇化补贴),在基础设施和空间规划的国家政策战略中,对国家空间规划收益的转移支付减少。物质领域(规划、自然与基础设施)的整个立法体系的激进性转变正在酝酿中。住房、空间规划及环境部被拆分组成新的基础设施与环境部,空间规划司被新的指导全局的空间规划与水管理机构所兼并,空间规划在部门名称当中不再可见。

国家空间战略政策及增补项在2012年出台的文件"基础设施与空间规划国家政策战略"(National Policy Strategy on Infrastructure and Spatial Planning)中被压缩,文件包含了所有的国家交通政策及简化的空间规划,这种结合是一种显著的创新[18-21]。

在此新的政策战略实施进程中,展望规划呈现出全新的人居环境图景,它不仅重视利用人居环境的质量,还把相邻开敞空间的质量纳入考虑范围。总体上看,由于城市增长、交通拓展和高强度土地利用,人口集聚中心的城市建成区通常伴随着巨大的环境压力而迅速扩展。在城市环境无法依靠优化自身质量获得持续发展的时候,相邻的开敞空间质量则发挥主导作用,因为在高密度的人口聚集区,没有可持续的开敞空间就没有可持续的城市发展。

因此,展望规划的绿心概念一方面创造了与之适应的壮观的区域景观,使其能够包容大都市区的城市化;另一方面也催生出与之适应的由国家、省和市政府共同参与的区域协调机制。绿心呈现出一个潜在的与大伦敦"绿环"等效的巨型中央公园,使得兰斯塔德在大都市区尺度下成功地把休闲游憩区和集约专业化的发达农业区等多种功能结合起来。出于对绿心的保护,兰斯塔德的休闲游憩区建设即使计划有必要的投资支持,仍然进展迟滞,实施起来相当困难。

尽管如此,欧盟共同农业政策(Common Agricultural Policy,CAP)❶却已经进入高级阶段,意味着一项在范围和财政资源方面,涉及加强农村发展政策的全面而基础的改革,从而影响到绿心地区的潜力和政策,同时使开放空间的城市化成为整合规划政策进程的主题。这部分的政策内容将主要由对绿心拥有地方司法权的南荷兰省和乌得勒支省所决定[15]。

规划的实施归根于绿心内的省政府和市镇当局致力于区域政策协调。绿心的设计质量区划被称为"提供共同开发导则的第一步"。紧缩的城市化,主要涉及斯科普和列登地区,以协调斯科普国际机场的扩建。而在"豪达、鹿特丹、祖特尔梅尔"组成的三角区,正在实施一个多样而复杂的发展规划,它能够把园艺和生活区发展中新的大尺度功能与不同水体及土壤条件结合起来[15]。

5 兰斯塔德绿心:经验借鉴

5.1 国际影响

兰斯塔德规划对欧洲规划思潮产生了广泛而深刻的影响。在大部分欧洲城市看来,兰斯塔德规划属于超前规划。同时,由于兰斯塔德处于欧洲空间规划的核心区位,其大都市区空间形态的特殊性在区域范围内具有强大的影响力。现在的欧洲空间规划,很大程度上是欧洲各国规划在相互借鉴、认真反思中不断完善而逐步形成的。兰斯塔德规划为欧洲空间规划注入了新思想、新活力。

兰斯塔德对全球区域规划产生的影响在于它所提倡的全新的区域空间形态,反映出对传统区域空间规划潜在问题的新探索。兰斯塔德是绿心环形大都市,由四个核心城市和若干中小城市环绕区域空间内的公共开敞空间所组成的多中心城市群。在欧洲其他大都市区如伦敦、柏林等区域规划中则是环形绿带包围着的单中心城市群,哥本哈根则是指状廊道发展并有多条绿带楔入城市。如何在线性空间为主导的城市群中有效实施空间管制、区域协调,兰斯塔德开创了先例。

5.2 国内借鉴

中国当前以区域规划为导向的区域发展战略是通过管控政策和平衡增长政策实施有效的区域协调发展。中国区域规划的实质是国家层面的空间规划,通过多次经济结构调整使其现实地位得到确立。纵观中国区域与城市群规划,兰斯塔德绿心规划所体现的思想精髓对我国不同层面的区域规划有着重要的借鉴意义,例如《长株潭城市群区域规划》就形成了以长沙、株洲和湘潭三市所围合的公共开放空间为主体的区域绿心,并且实行严格的管控与保护。

---

❶ 欧盟共同农业政策,是在1962年欧共体通过的"建立农产品统一市场折中协议"最初框架下形成的,其基于农业和乡村发展两大支柱,旨在通过降低成本保障欧洲农业的国际竞争力,控制农产品生产和财政预算开支的过度增长,进行国土整治和环境保护,促进农村发展等。

长株潭城市群在空间形态上属于多中心城市群,三个中心城市围合成的绿心是以农田、林地和水域为基底的一个绿色空间。长株潭城市群的绿心保护从区域协调方面突破行政障碍,以省政府主导三市编制区域城乡建设规划,开展区域生态环境整治,推进区域基础设施建设,建立区域规划协调实施机制。

长株潭绿心保护的根源问题也不容忽视,如:绿心空间不断遭受蚕食、绿心规划与相关规划矛盾重重、三市调整绿心规划意愿强烈、分市建设投资导致基础设施难以推进及尚未建立完善的生态补偿机制等。绿心蚕食反映出发展与保护的矛盾,荷兰空间发展规划致力于维持二者之间的平衡,采取的紧凑城市、城市网络战略对中国有一定的借鉴意义。可见,通过对空间向心力的合理引导,避免绿心建设填充,是绿心环形城市群发展需要极力注意的。《长株潭城市群区域规划(2008—2020年)》由此提出针对性的发展策略,主要涉及建立区域生态补偿机制、基础设施区域协调机制、适时评估绿心总体规划实施绩效和创建跨区域的空间管制实施等方面(表3)[22]。

表3 兰斯塔德空间规划和长株潭城市群规划比较

	条目	兰斯塔德	长株潭
现状概况	总面积/km²	10880	28088.1 核心区:8848.2
	其中:绿心面积/km²	约400	522.9
	人口数量/万人	约720(2006年)	1384(2010年)
	人口密度/(人/km²)	约662	492.7
区域协调	区域协调主体	政府主导下以区域组织为平台的多元参与制度	地方政府主导的集权制度
	区域协调机制	空间联系、效应叠加和区域协同	生态补偿、基础设施区域协调和跨区域空间管制
	区域协调政策	紧凑城市、城市网络	区域协调保障政策
空间规划	空间规划定位	具有国际竞争力的绿心大都市区	确保城市群生态安全的生态屏障和具有国际品质的都市绿心
	空间规划策略	"绿心"保护、"蓝—绿"结构与城市结构相结合	高端占领、主动保护;创新发展、整体提升;资源整合、城乡统筹

6 结束语

兰斯塔德绿心规划为人类展现出一幅人居环境的新图景。在大都市区域尺度下保留的大片开敞空间是偶然还是必然?由四个方面可以看出兰斯塔德绿心规划所做的创新。

首先,兰斯塔德绿心规划是人类对大都市区域尺度下人居环境的有益探索。荷兰国家规划机构从一开始即对现存的大都市空间环境中固有的人居环境空间形式产生怀疑。

其次,兰斯塔德绿心规划是多行政单元大都市区行政管理机构协调运作制度的创新。荷兰从国家到地方各级政府的区域协调是促进绿心保护的坚实保障,层层政策和法律的嵌套配合,促使大都市包围的开放空间得以留存,而公众参与则进一步加强了其保护作用。

再次,兰斯塔德绿心规划是人类对大都市区域尺度空间环境管理技术的创新。荷兰规划管理技术跳出原有的"红—绿"结构,把"蓝—绿"结构与城市结构相结合,体现了从规划手段上把城市与乡村的对立形式转变为把自然、乡村和城市融合统一的新格局。

最后,大都市区空间规划的创新在于在不同地域空间上推动人居环境向前发展,为大都市区人居环境形态的地域适应性研究开辟新道路。兰斯塔德绿心形态被世界其他地区大都市区规划所借鉴,反映出人居环境形态在全球的扩散,并促进了各地区绿心研究的本土化。

兰斯塔德空间规划所体现的即是荷兰空间规划思想的本质内涵。空间规划是在政府主导下由住房、空间规划与环境部负责编制的法定规划。空间规划编制过程严格按照法律要求做到公开、透明,使得荷兰规划的整体实施效果突出。兰斯塔德空间规划一直以来就是地方政府协调的核心内容,荷兰政府正是以兰斯塔德绿心空间规划的创新,显示出其在土地利用控制方面的决心。

参考文献

[1] 王晓俊,王建国.兰斯塔德与"绿心"——荷兰西部城市群开放空间的保护与利用[J].规划师,2006(3):90-93.

[2] 谢盈盈.荷兰兰斯塔德"绿心"——巨型公共绿地空间案例经验[J].北京规划建设,2010(3):64-69.

[3] Henk Ovink. Randstad 2040—towards a sustainable and competitive delta region[R/OL]. IFoU, (2008-10-26)[2013-10-12]. http://www.ifou.org/conferences/2008taipei/pdf/cityandwater_conference_www.ifou.org_04.pdf.

[4] 王秋元.承前启后发展荷兰整体性长期规划——环境部国土规划司司长汉克·欧文科[J].国际城市规划,2009,24(2):14-19.

[5] MLIT. An overview of spatial policy in Asian and European countries[R/OL]. (2015-05-15)[2013-10-12]. http://www.mlit.go.jp/kokudokeikaku/international/spw/general/netherlands/index_e.html.

[6] Lambregts B, Zonneveld W. From randstad to deltametropolis: changing attitudes towards the scattered metropolis[J]. European Planning Studies, 2004,12(3):299-321.

[7] Bart Wissink. 在社会变革中的荷兰空间规划——参与的政治学[J]. 国外城市规划,2002(2):11-14.

[8] 李国平. 兰斯塔德地区:网络型城市的典型代表[N]. 中国社会科学报,2012-04-09A06.

[9] 吴德刚,朱玮,王德. 荷兰兰斯塔德地区的规划历程及启示[J]. 现代城市研究,2013(1):39-46.

[10] Lambregts B, Kloosterman R C, M van der Werff, et al. Randstad Holland: multiple faces of a polycentric role model[M]// Peter Hall, Kathy Pain. The polycentric metropolis: learning from megacity regions in Europe. London:Earthscan,2006:137-145.

[11] 陈雅薇,杰勒德·维格曼斯. 荷兰城市开发过程管理及其对中国的启示[J]. 国际城市规划,2011,26(3):1-8.

[12] Hendriks F. Shifts in governance in a polycentric urban region:the case of the Dutch Randstad[J]. International Journal of Public,2006,29(10-11):931-951.

[13] Arjen J, Van Der Burg, Dieleman F M. Dutch urbanisation policies:from "compact city" to "urban network"[J]. Royal Dutch Geographical Society,2004,95(1):108-116.

[14] Hajer M, Zonnveld W. Spatial planning in the network society—rethinking the principles of planning in the Netherlands [J]. European Planning Studies,2000,8(3).

[15] Ernst Storm. Managing Randstad Holland[C]. Geneva:ISOCARP,2004.

[16] Arjen J, Van Der Burg, Bart L Vink. Randstad Holland towards 2040—perspectives from national government[C]. Dalian:ISOCARP,2008.

[17] IFoU, Randstad 2040 and Olympics 2028[R/OL]. IFoU,(2009-7-22) [2013-10-12]. http://ifou.org/summerschool/2009delft/lectures/01_ifou_summerschool_2009.pdf.

[18] Ministry of Infrastructure and Environment. Spatial planning calendar—75 years of national spatial policy in the Netherlands[R]. [S. l.]:Ministry of Infrastructure and the Environment,2013.

[19] Hans van der Cammen, Len de Klerk. The selfmade land:culture and evolution of urban and regional planning in the Netherlands[M]. Houten:Spectrum,2012.

[20] Jelte Boeijenga, Jeroen Mensink. Vinex atlas[M]. Rotterdam: Uitgeverij, 2008.
[21] Ministry of Infrastructure and the Environment. 35 icons of Dutch spatial planning[R]. [S. l.]: Ministry of Infrastructure and the Environment, 2012.
[22] 湖南省长株潭"两型社会"建设改革试验区领导协调委员会办公室. 长株潭城市群生态绿心地区总体规划(2010—2030)[R].[S. l.]:[s. n.],2012.

该文发表于《国际城市规划》2015年第5期,作者为张衔春,龙迪,边防。

中国实证篇

珠三角城市区域治理的尺度重构机制研究——基于产业合作项目与交通基础设施项目的比较

摘要 珠三角作为中国东南沿海的巨型城市区域,旨在构建跨越经济社会系统的多元协同的综合一体化地区。本文以深汕特别合作区与穗莞深城际铁路两个区域合作项目为例,借鉴"新国家空间"理论,基于区域治理所面临的经济发展困境与行政治理困境,分析区域治理过程中的权力上移和下移,即省市关系调整的弹性应对策略。研究发现:区域产业合作项目中,为克服城市间合作的制度化不足的行政治理困境,省政府进行了包括资源注入、事权下放、去管制和扩大地方自主权的区域治理权力的尺度下移;区域基础设施项目中,为了解决省政府财权不足的行政治理问题,省政府进行了水平权力重组以构建综合博弈体、强制性地方事权上收和以收权导向的行政奖励的区域治理权力的尺度上移。由此,本文认为珠三角区域治理并非单向、机械的尺度建构过程,而是区域项目建设导向下,以破解行政治理困境为目标,灵活多向的尺度重配过程。

关键词 珠三角城市区域;城市区域治理;尺度重构;省市关系

1 引言

资本高速流动与再地化下,城市区域治理逐渐成为全球地方重构的新趋势[1,2]。全球城市网络中,竞争主体已从单体城市转向"城市区域"(city-region)。分工有序、内部协同的城市区域成为推动国家经济发展、参与全球竞争的重要引擎。京津冀、长江三角洲和珠江三角洲(简称"珠三角")的协同发展是当前引领中国城市群发展的国家级空间战略,被赋予提升国家竞争力与平衡区域发展的双重战略要义[3,4]。其中,珠三角经济系统具有强异质性特征,即各城市形成了独特的全球化与本地化路径,并由强地方能动性且碎化的权力空间向一体化的方向发展。2019年《粤港澳大湾区发展规划纲要》的颁布,不仅勾绘了珠三角发展的宏观战略蓝图,更将香港与澳门纳入一体化进程中,是全球化背景下重塑区域治理的协同化、构建不同制度形态下经济社会多元协同的综合跨界区域的重要实践。珠三角城市的产业经济形成了特色鲜明、相互独立且各自链接全球化的特征,如深圳内引外联的出口导向经济、佛山与中山的集体经济及东莞制造业为主的村镇经济。然而,在全球生产网络的本地化组织中,人才、资本与信息等流动加速了该区域产业及劳动力的地理重构。因此,不同经济与权力要素的跨界协调与地理重构成为珠三角一体化的主要任务[5];珠三角作为中国制度探索与改革先行区,不同权力等级系统及碎片化的治理体系成为经济要素流动与资本循环的体制桎梏[6]。城市间如何一体化发展对于珠三角的改革引领和协同发展具有重要理论与现实意义。

尺度重构理论为理解跨界治理提供了重要分析工具。尺度重构系指权力与控制力在地理尺度上建构与再建构的过程[7,8]。在既定尺度上,管制权力向更高级别的地理尺度偏移被称为尺度上移,向更低级别的地理尺度偏移被称为尺度下移[8]。尺度重构理论发展对于欧盟多层级治理,表现为公共服务治理权力的尺度上移和产业协作权力的尺度下移。一方面,民族国家权力被理解为动态的,而非静态的权力"容器"[9]。伴随全球城市的产生,跨国事务的日常化与多样化促使民族国家权力部分上移,组建超国家组织(如"欧盟")以致力于跨国事务治理;另一方面,产业合作出现近地域空间集聚,部分权力下移至城市区域尺度,组建次国家组织,以解决治理碎片化[9,10]。其中,区域治理的尺度重构被视为多种权力上移与下移的整合过程,被资本积累方式、社会斗争过程及国家管制体制综合塑造。同时,特定尺度的区域治理空间是被主动选择的,符合特定目标导向[10]。然而,学术界在借鉴西方尺度重构理论时,将中国城市区域治理的形成解释为城市为克服自身积累危机的权力上移的过程。Wu Fulong 将区域治理理解为国家以区域协同为目标的特定尺度建构,包括行政区划合并、组建跨界合作伙伴团队与区域组织及编制区域规划[11]。虽然区域治理形成受一系列地缘政治力量综合作用,但其尺度重构逻辑仍有待揭示。

城市区域由不同经济、社会、制度与文化项目组成[12]。旨在推动"产业和劳动力转移"的跨界产业合作项目及推动快速轨道交通系统组建的城际铁路项目,成为促进珠三角协同发展的重要抓手。由于不同项目的社会服务目标及供给体制差异较大,其权力运作逻辑及模式显著不同。因此,本文构建理解中国区域治理尺度重构的理论框架,以产业项目中的深汕特别合作区和交通基础设施项目中的穗莞深城际铁路为例,追溯两项性质不同的区域项目的预备与建设过程,回答不同类别与导向的跨区域项目中的再塑区域治理尺度逻辑,以验证单一的尺度上移是否是中国城市区域治理的唯一尺度逻辑。

2 理论回顾:城市区域治理与国家空间选择

2.1 新国家空间理论与尺度重构

城市区域既包括以城市中心区及外围附属乡镇构成的都市区,也包括核心城市与外围附属城市间组成的城市群[12]。城市区域是后福特制的信息化与资本高速流动下,资本与劳动力要素的近地域集聚现象。受交通与交易成本的影响,规模效益递增决定了核心城市与周边附属地区的产业与资本互动,从而形成城市的区域性联系[23]。20世纪70年代后,由于福特-凯恩斯主义受自由经济影响而面临瓦解,民族国家权力被超国家与次国家组织广泛消解[9]。西方政治经济、人文地理与社会学者开始着眼于政府角色与管制的动态变迁[9,14],从国家管制(state regulation)维度将城市区域阐释为分层设权的行政框架体系下,构建超越城市尺度的权力管制平台(regulatory platform)[11]。对应地理要素的跨界重配,城市区域治理成为跨区域尺度重构的协调机制。具体而言,在全球化、私有化、市场化与去管制下,地方(城市)性积累体制(city-based accumulation regime)出现了秩序危机:为争夺流动资本与劳动力等再地化(reterritorialization)时,城市间产生无序恶性竞争及逐底竞争(race to the bottom),造成资源浪费、环境破坏与社会不公平[15]。区域治理可以弹性构建(不创造正式的地域机构)跨管辖权的协调机制,因而成为化解危机的重要政策手段[16]。重构过程中,政府权力也在区域协调中发生让渡。城市政府让渡其对城市空间的部分管辖权以达成治理协同,在上一层政府或区域联盟中消解危机。

"新国家空间"理论为跨越地理与行政管辖的权力尺度重构提供了新的理论视角。对于区域治理尺度逻辑,Jessop Bob 提出了策略与关系国家理论(strategic-relational state theory),认为国家并非仅受经济理性影响,而是依托不同类别的国家项目,在社会关系中强化不同尺度的国家管制与权力延伸[17]。因此,国家作为社会体,其某些偏向性会主动赋予特定尺度优先发展权。通过构建某一领导权下的积累策略(accumulation strategy)以维系资本循环;同时,一系列国家项目得以展开,以调整非经济领域内主导与从属阶层的社会关系[9,17]。两个过程共同构成国家空间的形成与演化。而后,Brenner Neil 提出国家空间战略(state spatial strategy)与国家空间项目(state spatial project)的概念,将空间性引入策略与关系国家理论[18,19]。国家空间项目旨在不同空间尺度上建构国家权力,规制与管理国家机构;国家空间战略则主要调整国家资本积累体制,以解决资本循环中的体制桎梏[18]。因此,城市区域被嵌构到国家资本循环、积累体制转型与社会斗争中。国家空间重构在中心化与去中心化、平等化与集中化、单一性与多样性及统一化与定制化中持续变动[18,19]。根据国家空间项目与国家空间战略,国家空间选择(state spatial selectivity)被提出,认为国家空间项目与国家空间策略被民族国家主动运用,以区域性政策及社会政策来构建新的社会关系,并在特定空间上建构权力[19]。而尺度选择是一个分层重构的过程,与特定的地域及历史背景密不可分[19]。这一抽象化的尺度选择成为解释城市与城市区域尺度重构的重要范式。

2.2 中国城市区域治理的尺度逻辑:国家空间选择视角

国家空间选择被广泛运用到当前中国城市区域研究中。中华人民共和国建立初期确立的计划经济体制选定国家尺度作为资本积累的主要尺度,地方则作为附属尺度服从于国家主导的生产力布局与资源分配[11]。由于长期中央主导的资本积累模式造成一系列积累危机,如尾大不掉、分配效率低下及地方发展热情不足等问题,1978年改革开放后,中央主动选择性地强化地方尺度作为主导经济发展的地理尺度,以消解计划经济模式带来的资本积累危机。一系列事权下放、政策实验(policy experimentation)及财税体制改革确立了地方政府发展主义(local state developmentalism)[2]。由此,资本积累模式实现了从中央尺度向地方尺度的尺度下移,而四十多年来高涨的地方发展热情与市场化改革及全球化趋势成为推动中国经济发展的重要动力。

近些年的城市区域化趋势,则被理解为地方主义下,国家空间主动选择的过程,即中国新一轮资本积累危机的地理空间修复过程。Wu Fulong系统梳理了后改革时期中国城市区域的尺度逻辑,即在城市企业主义(urban entrepreneurialism)下,城市间恶性竞争引发资源浪费、环境污染及耕地破坏等问题,城市区域治理是通过构建城市区域管制主体以实现区域协同目标的权力尺度上移[11]。同时,有学者归纳出自上而下中央政府主导型与自下而上地方政府发起型两种尺度构建模式[20]。在土地财税的空间治理中,权力上收的趋势更加明显,旨在克服地方分散主义带来的无序竞争[21]。然而,已有研究将城市区域治理机械化地理解为尺度上移的过程,抑或是自上而下或自下而上的尺度建构,都未能解释城市区域主义的内在异质性。此外,以尺度重构来理解中国城市区域治理体系与治理能力需根植于地方化制度背景与空间实践。虽有学者从路径依赖(path dependence)、政策实验与国家尺度重构(state rescaling)构建了解释中国政治经济变迁的理论框架[22],但仍缺乏对于城市区域这一特定空间单元的尺度重构的翔实理解。本研究通过构建中国城市区域治理的尺度重构的理论框架,对比产业发展与基础设施两个内在逻辑截然不同的区域发展项目,旨在揭示城市区域治理过程并非权力尺度上移的单一运行逻辑,而是尺度上移与下移等不同逻辑并存的复杂统一体,它取决于区域发展项目解决的经济发展困境与行政治理困境。

3 中国区域治理的尺度重构理论框架

本文将区域治理视为国家空间的特定尺度实践,以此理解中国区域治理的尺度重构(图1)。区域治理的实质是政府权力在省市关系上的再调整,而事权与财权动态匹配是区域治理的权力核心[1]。区域治理尺度重构包括三方面:经济发展困境引致的中国城市区域战略、不同区域发展项目中的行政治理困境及省市关系调整的弹性应对策略。

3.1 经济发展困境引致的中国城市区域战略

伴随经济全球化,中国城市资本循环嵌入到全球资本循环中,由此产生的经济发展困境表现在城市-区域尺度上[23]。城市尺度上,经济发展困境指城市发展资源不足,如土地、劳动力、财政资源与产业资本。发展资源缺失导致城市资本循环动力不足与产业结构失衡。区域尺度上,经济发展困境指区域发展要素流动不畅与

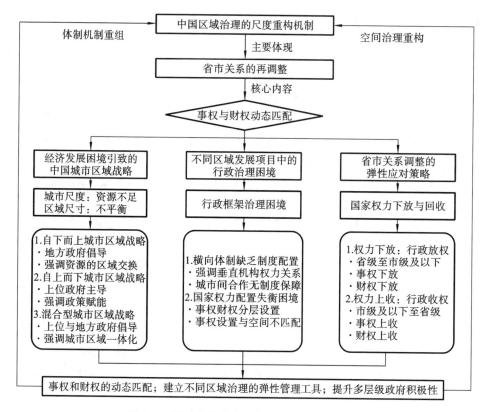

图1 中国城市区域治理的尺度重构理论框架

区域(经济)不平衡。不同尺度的经济发展困境要求实施差异化的城市区域战略,以维持或创造资本积累模式[16]。

中国的城市区域战略包括三种形式,即自下而上的城市区域战略,由地方政府倡导的城市区域战略旨在解决城市内部经济发展困境,通过发展资源的区域交换,突破地方发展的制度瓶颈;自上而下的城市区域战略,由上位政府主导的城市区域战略旨在先导性构建区域资本积累体制,提升区域竞争力,解决区域经济发展困境;混合型城市区域战略,由上位政府与地方政府共同发起,通过一体化发展走出城市及区域尺度的经济发展困境[2]。以上城市区域战略共存在不同城市区域中,其中长三角、珠三角等沿海发达城市区域以自下而上为主,内陆欠发达地区以自上而下为主。此外,中国的城市区域战略也服从于地方政府的政治诉求,通过积极融入全国层面的区域发展浪潮,促进地方官员的政治晋升。由不同经济发展困境引致的城市区域战略是区域治理尺度重构的基础动力,它决定了国家权力安排中的事权主体,即由谁负责区域发展的具体事务。在资本要素的驱动下,为构建区域层面的积累秩序,中国区域治理重构本质上是政府事权在科层系统的再安排。同时,事权实现需要依据不同的区域发展项目重新构建国家权力,达到稳定的区域治理[1]。

3.2 不同区域发展项目中的行政治理困境

中国当前实施的大量跨区域的产业与基础设施项目是城市区域治理的具体行为与措施,成为承载区域治理的空间"骨架"。由于破解不同尺度经济发展困境的诉求,区域发展项目在外在形式与构建的管制实体的权力属性上具有高度差异性。如在产业合作园区的权力设置上,就存在高度自治的地方政府主导型治理架构(如郑汴新区)、高度中心化的多层级治理架构(如天府新区与西咸新区)、权力碎片化的次区域治理架构(如贵安新区)及地方权力拼贴的委托代管治理架构(如江阴靖江工业园)[24]。不同的权力配置模式依托于地方经济系统及制度形态,没有统一范式。

区域发展项目实施中,为了塑造与地方经济系统与制度形态相匹配的差异化权力结构,需破解行政框架内部的行政治理困境。总体上,行政框架存在两方面结构缺陷。一方面,行政治理架构中,横向的水平体制(城市间合作)缺乏必要的制度配置。行政治理架构以科层(hierarchy)的权力关系来维系,如自上而下传达的行政指令、官员绩效考核与行政区划调整[25]。垂直的权力与机构设置有助于保持中央威权与地方自主间的动态平衡。但目前横向的城市间合作缺乏行政管理机制与制度合法性(institutional legitimacy),成为实施区域发展项目的制度阻碍[26];此外,行政治理架构中,存在权力配置失衡危机。在行政等级体系中的配置遵循"一级政府,一级事权,一级财权"分层设权模式[1]。然而,空间重构中,事权上收与下放与财权存在地理空间上的错位。典型例子是 1994 年分税制改革后,地方获得更多事权,但财权上收之后造成地方财力落后与发展动力不足。后经由"事权与财权相匹配"向"事权与财力相匹配"的权力重构,行政治理困境才被暂时化解[27]。以上行政治理困境源于改革开放后对中央主导的资本积累模式的路径依赖,而主动的区域治理(省市关系)尺度重构成为破解行政治理困境的弹性应对策略。

3.3 省市关系调整的弹性应对策略

区域治理主要表现为省市关系的权力变迁[1,2]。一方面,上位政府(省政府)需要在地方尺度延伸国家管制,协调与监督地方发展;另一方面,地方政府也需参与区域治理,在更大地理尺度上化解城市资本积累的困境。因此,省市关系始终处于动态调整过程中,表现为权力(事权与财权)的下放与回收。具体来说,区域治理的尺度重构因不同区域发展项目所需要处理的行政治理困境而不同,并非绝对、线性与机械的尺度上移或下移。

为应对行政架构中的治理困境,省市关系调整成了重要弹性应对策略,包括权力尺度下移的行政放权与权力尺度上推的行政收权。行政放权指权力从省级尺度单元下放到市级(以下)行政治理单元,下放的权力包括各项事权(行政许可)与财权(资金拨付)。其中,事权下放旨在扩大地方自主权,而财权下放旨在解决地方资金短缺问题;行政收权指权力从市级(以下)行政治理单元回收到省级尺度单元,同样表现为各项事权与财权的尺度上移。由于中国国家管制具有高度灵活性,省市关系的调整是对行政治理困境的弹性应对。首先,科层化的权力结构使得上位政府具有灵活且有效的对下管制工具,如行政命令与官员晋升考核[26]。由此,省政府在尺度调整中具有绝对话语权并能灵活使用管制工具构建不同的治理模式。其次,事权的履行需要相应财权的支撑[1]。因此,事权在国家体系中的重新安排也必然会带来相应财权的重构,使得区域治理朝向稳定结构演化。最后,经济发展困境的多尺度性使得城市区域发展不只是"零和博弈",而具有共赢可能,激发省市等多层级政府参与,并将应对行政治理困境作为最迫切的政治任务[17]。综上,应对现有行政治理困境所进行的区域治理尺度重构是灵活与暂时性的,也是多层级政府共同参与的。

区域发展必然以实际的治理机制的约束或治理项目为媒介,产生跨区域的治理关系。其媒介或为区域协调政策,或为具体的跨区域的产业项目与基础设施建设项目等。不同的区域发展项目蕴含着差异化的尺度逻辑,体现在省市关系的重构上。本文选取珠三角两项不同类别的区域工程,首先,探索城市区域战略所要破解的经济发展困境及两项区域发展项目所面对的具体行政治理困境;进而,追踪项目的预备与建设过程,省市关系如何尺度重构以弹性应对行政治理困境;最后,归纳对比不同区域发展项目中,尺度重构的逻辑及对珠三角高度碎片化治理架构的政治经济意义。

本研究采用深度访谈与文本分析法。对于深汕特别合作区,调研于 2016 年 3—4 月及 11—12 月展开,穗莞深城际铁路调研于 2017 年 2—4 月展开。其中深汕特别合作区共访谈 4 名参与编制合作区相关规划与发展政策的规划师及 5 名对合作区发展有深入了解的行政管理人员;对于穗莞深城际铁路,访谈省直相关部门,如住建厅、发改委、广东省铁路建设投资集团等的政府官员 4 人,以及参与铁路相关规划编制的规划师 2 人。相关文本包括各类规划文本、区域发展政策及相关新闻报道。

4 深汕特别合作区中的尺度重构:权力下放

4.1 经济发展困境:区域发展不协同与发展资源配置错位

深汕特别合作区是中国境内的首个特别合作区,于 2011 年 2 月设立,起初由汕尾与深圳市政府共建,后转为深圳市全面主导,于 2018 年 12 月 16 日正式揭牌。合作区位于汕尾市海丰县境内,面积达 468.3 km²。合作区是汕尾市连接珠三角的"西边门户",也是汕尾境内距离深圳距离最近的区域。广东省委、省政府针对合作区先后下发了《深汕(尾)特别合作区发展总体规划(2015—2030 年)》《广东深汕特别合作区管理服务规定》等法规,持续推进合作区发展。深汕特别合作区依托跨区域的产业合作项目,需要同时破解城市与区域尺度的经济发展困境。

区域尺度上,经济发展困境体现为深圳与汕尾的巨大经济社会发展落差。数据显示:2000—2010年,深圳与汕尾市地区生产总值的比值呈扩大态势,差距最大时达到近87倍(2005年深圳市生产总值为4950.91亿元,汕尾市56.95亿元)。即便是经济发展水平中游的江门,汕尾市经济总量也不足其五分之一。2015年后,区域不平衡问题得到一定缓解,但深圳与汕尾的地区生产总值仍差距20~30倍。城市尺度上,经济发展困境体现为发展要素的配置错位。其中,深圳产业资本面临用地饱和的经济发展困境。2006—2011年,深圳城市建设用地面积从739 km²增长至840 km²,全市86%的规划建设用地已开发。估测2011—2020年,深圳年度可增工业用地面积仅约1.5 km²[28]。产业用地的近饱和和高成本征收,是制约深圳经济发展的主要障碍。相较之下,汕尾经济发展困境是缺乏强力产业资本,导致经济增长乏力。2007—2010年,汕尾工业企业数量常年在全省地市中倒数第二,工业总产值始终全省倒数五名,产业发展的规模与质量严重落后。

4.2 行政治理困境:城市间合作的制度化缺失

深汕特别合作区项目主要面对的行政治理困境是横向的城市间合作缺乏统一可循的制度设计。主要涉及四项制度:用地指标供给机制、自主开发依法合规机制、人事任命制度、合作区行政管理体制。首先,《深汕特别合作区土地利用总体规划(2010—2020年)》中,合作区仍有超过50 km²的建设用地缺口,土地指标从何而来、能供多少,是合作区能否顺利运转的前提条件之一。其次,合作区产业项目选址落地、用地及工程许可、建设管理等事务,面临合法性问题,各类(级)规划申报与审批缺乏法定依据,将抑制自主创新建设。再者,合作区人才引进需求,加重人事编制数量、组织关系划转、公务员选聘等环节的压力。而合作区的行政级别模糊,导致其公务员招聘需经深圳、汕尾两市分别审批,运作程序冗长,降低了行政效率。最后,融合共建性质,使得合作区无法照搬上级监管(如西咸新区)或省直管(如贵安新区)的行政管理体制。为此,省市关系进行了权力尺度下移,为差距悬殊的两市设计一套权力融合、协商互补、独立自主的行政组织架构。

4.3 权力尺度下移的省市关系重构

为破解城市与区域尺度的经济发展困境,针对城市跨界合作制度化缺失的治理困境,广东省在实践中采取了混合(省市两级政府协同)治理模式[29]。推动城市间合作的"结对子",耦合深圳资本空间依赖需求及汕尾摆脱边缘经济塌陷诉求,对深圳与汕尾市进行权力下放,通过权力尺度下移破解治理困境,通过资源注入、事权下放、去管制和扩大的地方自主权四种措施形成权力尺度下移的区域治理机制。

4.3.1 资源注入

省级政府多筹并举,帮扶供应用地指标。全省层面,省级政府将用地指标纳入全省土地利用年度专项计划。2015年出台的《广东省土地利用年度计划管理办法》,在大幅取消12个城市的扩容提质指标的情况下,保留了合作区土地利用年度计划指标。2014与2015年分别供应70 hm²与370 hm²的建设用地指标。地市层面,由省政府出面协调汕尾城区、海丰县供给土地指标。合作区层面,省政府支持围海造陆新增土地指标,支持增减挂钩调整指标分布。对符合土总规、符合年度指标、符合耕地占补平衡和符合报批条件的农用地,支持转用与土地征收。此外,省政府集中专项资金与优惠补贴,给予资本注入。一方面,出台产业园区扩能增效方案,计划5年内向合作区注资135亿元,安排产业集聚和企业创新专项资金共40亿元;另一方面,要求职能部门运用财政专项资金扶持合作区产业。同时,省政府对合作区企业出口退税指标实施单列,颁布行政事业性收费优惠政策。

4.3.2 事权下放

人事安排基本交由合作区自主管理,党工委书记与管委会主任由汕尾和深圳各自推荐,省政府并未外派领导或直接委任。党工委与管委会自主对下设部门定岗。部门主要领导干部的任免,经由深圳与汕尾协商,广泛交叉任职。省政府鼓励自主制定公职人员考录招聘工作方法,自主探索制定机关事业单位行政人员薪酬体系、福利方案及工资政策。此外,省政府同意合作区同时保留两市的人才引进政策。

4.3.3 去管制

省政府于2015年出台[粤府令第216号]《广东深汕特别合作区管理服务规定》,以立法形式解决了管委会的主体资格问题,授权合作区调整管理机构的管辖范围及权限,赋予自主设立工作机构的权力。同时,省政府授权合作区管委会提出行政管理职权目录,并将依法调整后的职权移交给合作区管理机构。规定还明确合作区建设和管理的重大问题由两市联席会议决策机制协调解决。相较于常用的上级监管或省直管模式,"放松管制"的力度明显更大。

4.3.4 扩大地方自主权

合作区被省政府赋予地市级的经济管理权限。其发展总体规划、城市总体规划、土地利用总体规划由两市政府负责审查,区别于"省级审查"机制,扩大了合作区的地方自主权。《深汕特别合作区发展总体规划(2015—2030年)》融合了各专项规划的强制性内容,编制与批复工作均在一年内完成,快速解决了规划建设的法定依据问题。

合作区在治理能力上充分获得资金使用、人事招聘与任免及日常事务管理上的高度自治权。通过以尺度下移为目标的区域政策,合作区在短短五年内基本完成包括土地征收、公务员招聘及基础设施建设等主要发展事务。人事任命上,一部分属于保留的汕尾市公务员,另一部分则来自深圳公务员招聘,享受深圳公务员待遇。同时,由于在日常事务中具有独立管理权限,合作区在招商引资方面具有一定优势。借助深圳的雄厚经济实力及快速基础设施开发,开创"研发+生产"模式,吸引一批诸如腾讯(大数据中心)、万泽航空、华润集团等企业入驻。在最新提出的"三年行动计划"中,设定 2021 年合作区目标 GDP 达到 150 万元,城市人口达 25 万人。最终,合作区在省政府权力尺度下移与地方积极建设中,快速成长为区域合作的示范标杆[29]。

5 穗莞深城际铁路中的尺度重构:权力上收

5.1 经济发展困境:区域基础设施连通性不足

从空间发展路径上,珠三角构建"广佛肇""珠中江""深莞惠"三个次级都市圈以推进区域化。然而,次级都市圈限制了资本要素的区域流动,尤其是劳动力在城市间合理配置。2000 年后,广州、东莞与深圳机场的交通联系需求日益紧迫。一方面,深莞惠都市圈过度依赖道路系统,缺乏构建一小时经济圈的快速轨道交通[30]。数据显示,2000 年广东省公路通车里程为 10.26 万 km,铁路营业里程仅 1942.4 km;铁路客运量仅占客运总量 5.25%[31]。另一方面,广深铁路站点密度与可达性较低,降低了区域一体化的成效。由于旨在破解区域层面的经济发展困境,以广东省自上而下推动穗莞深城际铁路建设作为区域治理的重要基础设施项目。《珠三角经济区城际快速轨道交通线网规划》将穗莞深城际铁路作为连接广州东部与东莞、深圳西部地区的区域快速轨道交通系统[32],以解决区域基础设施连通性不足和区域要素交流不畅的问题。穗莞深城际铁路于 2008 年正式启动,2019 年 12 月正式运营。连接广州、东莞和深圳,由莞深主线、广深共线、新白广线、琶洲支线组成。主线全长 86.62 km,总投资 19.69 亿元。穗莞深城际铁路先后经历投资来源变更、成本回收模式选择等难题,沿线三座城市的站点选址、数量及走线方案多轮更改。2020 年 1 月 10 日至 16 日期间,穗莞深城际铁路日运送旅客达 1.4 万人次,提高了珠三角东岸区域交通可达性。

5.2 行政治理困境:省级政府财权不足

项目获批启动后,穗莞深城际铁路未能快速推进。工程受阻的关键障碍是省政府的财权不足。其一,事权联盟模式转变与站点选择边缘化,加重省政府财政负担。珠三角城际铁路网事权模式由"部省市联盟"转变为"省市联盟",重要标志是铁道部主体的退出[1]。按照 2004 年铁道部、省政府及地方政府制定的联盟事权分配规则,省政府与铁道部各负担 50%的城际轨道工程成本。"省市联盟"虽然增强了省政府对铁路发展的掌控权,却也导致雄厚国家资金的离场。从此,铁路投资、运营、管理、亏损的负担皆落在广东省铁路建设投资集团(简称"省铁投")。地方政府仅负责轨道站点土地开发与房屋拆迁的相关费用,加重了省政府的财政负担。具体来说,一方面是站点选址边缘化大幅增加了额外建设成本。在省市就铁道站点选址谈判中,地方政府发挥多部门协作优势、动用多方权力反馈渠道、利用信息不对称,增强了对省政府的"讨价还价"能力,最终导致站点选址边缘化。由此,"站点边缘化方案"无法利用已建成的站点及线路设施,拉高了工程建设成本。另一方面,该方案增加了运营和亏损的财政负担。站点边缘化反对"新老共站"和"局部并线",增加了铁路运营维护成本。铁路亏损由省政府独立承担,亏损金额被预测将在开通后的十年间累计近36亿元。加上佛山——肇庆和东莞——深圳铁路十年间近44亿元经营亏损和巨量银行贷款,广东省需为上述三条城际铁路支付巨额费用。仅穗莞深、东莞——深圳线和佛山——肇庆三条城际铁路,广东省政府每年须支付40亿元。

其二,省政府财政汲取能力和资金补亏能力有限,加剧压力诱致困境。广东省的财权空心化,必然导致补亏能力的大幅下降。相比中央雄厚的财政资金,省级政府的筹资能力本就有限。国家资本离场,和站点博弈带来的工程延期和成本上涨,进一步扩大省政府在城际铁路上的补亏缺口;相比城市政府的土地融资,省政府的筹集资金渠道狭窄。既无权直接经营土地一级开发获取预算外收入,也无法将站点建设结合土地开发以产生利润。财政筹资能力薄弱,加之土地融资权缺失,导致省政府的财务权力空心化。

5.3 权力尺度上移的省市关系重构

为破解财权不足的行政治理困境,省铁投代表省政府,与穗莞深城际铁路沿线的地方政府展开谈判,试图介入站点周边的土地开发。然而,地方政府依据成本高昂、部门间已有协议等理由,阻止省铁投分享红利。为扭转局面,省政府对省市权力关系进行了尺度上移,体现为三方面。

5.3.1 水平权力重组以构建综合博弈体

省铁投在与地方政府协商的过程中,暴露出基础资料局限、跨行业知识匮乏等弱点。因此,省政府对省级部门权力实施水平重组,将省铁投转化为强谈判水平的省级综合博弈体。一方面,组建了"广东省城际铁路综合土地开发工作组"。由副省长任组长,吸纳了干预土地开发的绝大多数省直部门,如发改委、财政厅、住建厅等。它们在省级信息平台、省级政策制定、省内规划审批等方面业务扎实,增强了谈判的权力牵制筹码。另一方面,为解决信息不对称,工作组开展了两轮土地开发信息调查。首轮调查聚焦土地信息梳理与潜在价值评估。第二轮调查的重点是土地所有权。通过摸透穗莞深城际铁路沿线的土地信息,并将信息与省铁投共享,强化了广东省的谈判主动权。

5.3.2 强制性地方事权上收

地方政府在认识到省级政府的战略意图后,一方面就土地开发模式与省政府斡旋,另一方面加快从农民手中购置土地、加紧储备站点周边土地、加速编制和报批相关规划。为此,省政府协同跨部门综合博弈体,对站点周边的发展权实施了强制上收。包括：①暂停土地开发，要求省住建厅和国土资源厅监督地方中止用地出让和项目报建；②统一站点规划，省住建厅组织编制的"珠三角城际火车站TOD综合发展规划"，制定了每个站点周边的土地开发指南，从区位、交通规划至详细建筑设计；③省级控规审查，指定住建厅为唯一机构，制定城际站点周边控制性详细规划；④补亏责任与成本比例挂钩，省政府出台《关于优化珠三角城际火车站周边土地综合开发机制的意见》，将穗莞深城际铁路建设及运营的补亏责任，下沉至土地开发过程中。要求按照省政府建设成本和地方政府征地拆迁成本的投入比例，分担全周期补亏金额。据此，省政府强制性回收地方事权，削弱了地方在城际站点土地开发上的控制能力。

5.3.3 实施以收权导向的行政奖励

站点周边土地开发依赖建用地指标，地方政府年度指标不足以支撑其规划愿景。省政府拥有对国家下发的年度新增用地指标的分配权。由此，广东省政府提出"省政府自带指标进驻合作区域，指标由国土资源厅单列解决"。在国家下发总指标极为有限的情况下，凡是不支持省市共享方案的地方政府，将得不到指标奖励，被迫面临成本上涨和回收周期延长的困境，从而，诱致地方政府上交部分土地开发权。由此，省政府在穗莞深城际铁路项目中实现了国家权力的尺度上移，最终促成省市协作的土地开发，化解了其面临的财权不足的行政治理困境。

由于实施了一系列尺度上移的区域政策，穗莞深城际铁路建设中出现了两类治理模式。一类以广州及深圳为代表，考虑到对自身城市土地开发自主权的迫切需求，两市政府从城市财政中，以现金拨付的形式弥补省政府的财政亏损，省政府则退出地方土地开发，形成包干治理结构；另一类以东莞等财政能力较弱的城市为代表，与广东省政府合作开发高铁站点周边土地，按一定比例分摊土地收益，形成协同治理结构。虽然两种治理模式差别较大，但无论是现金补偿或合作开发，省政府都实现了财权上收的目标[1]，以保证穗莞深城际铁路的快速建设与顺利运营。

6 结论与讨论

本文通过研究珠三角城市区域治理的尺度重构过程，发现区域治理在不同空间项目类别上呈现明显的结构分异特征。针对当前西方"新国家空间"理论中机械化的尺度框架，本文以深汕特别合作区与穗莞深城际铁路项目对权力上移和权力下移两种权力的尺度重构进行分析（表1），得出四点结论。

表1 深汕特别合作区与穗莞深城际铁路中的尺度重构

区域发展项目	深汕特别合作区	穗莞深城际铁路
经济发展困境	城市尺度：发展资源配置错位 区域尺度：区域发展不协同	区域尺度：区域基础设施连通性不足
城市区域战略	混合（省市两级政府协同）治理模式	自上而下省政府主导治理模式

续表

区域发展项目	深汕特别合作区	穗莞深城际铁路
行政治理困境	城市间合作的制度化缺失 • 用地指标供给机制 • 自主开发依法合规机制 • 人事任命体制 • 合作区行政管理体制	省级政府财权不足 • 站点边缘化加大财政负担 • 缺乏具有特色的财政汲取能力
省市关系调整	权力尺度下移 • 资源注入 • 事权下放 • 去管制 • 扩大地方自主权	权力尺度上移 • 水平权力重组以构建综合博弈体 • 强制性地方事权上收 • 以收权导向的行政奖励

首先,珠三角在城市区域尺度创造新的经济发展模式上,具有较强异质性。虽然,化解区域经济发展困境是其共性特征,但在产业发展项目上,经济发展困境源于行政区划体制导致的地方"画地为牢"(如深圳的土地资源不足与汕尾产业发展滞后)、对传统积累体制的路径依赖及区域经济发展不协同,主要矛盾在城市与区域尺度。因此,城市区域战略表现为省市政府协同的混合治理模式。基础设施项目上,经济发展困境体现为生产要素的区域流通不畅,如交通基础设施连通性不足引发劳动力迁移受阻,以区域尺度经济发展困境为主。因此,表现为自上而下省政府主导的治理模式。经济发展困境的多尺度特征,导致在不同尺度上构建城市区域的事权主体的差异性。因城市尺度的经济发展矛盾,需要将事权下放到城市(间)尺度,构建跨管辖权的合作体制解决。因生产要素的区域循环不畅,则需在超越城市尺度(城市区域)去构建治理主体。在中国区域治理尺度重构中,较少出现区域尺度主体直接介入地方网络,化解地方经济发展困境。

其次,区域发展项目所面临的行政治理困境,是以省市关系为核心的尺度重构机制所需处理的主要任务。产业项目中,需要在城市(间)尺度化解行政治理困境。由于城市间合作缺乏制度性,对省政府而言,确立制度合法性与框架,让地方获得更多权力自主化解经济发展困境,是理性选择逻辑;此外,深汕特别合作区是区域性帮扶性项目,旨在发挥地方核心城市的经济辐射作用以惠及区域塌陷城市。因此,发挥地方自主性是该产业合作项目的主要手段。基础设施项目中,由于区域层面的治理架构是由省政府负责,即为化解区域经济发展困境,事权主体是省政府,而财权不足也是省政府自身的结构性困境。因而,向上收权(财权)成为省政府的行动逻辑。由此可见,尺度重构的权力指向,既取决于经济发展困境需要在何种尺度上化解,也取决于区域发展项目的行政治理困境特征,是自身结构性困境还是外部困境。

再者,两个区域发展项目所揭示的省市关系重构都朝向稳定的事权与财权相匹配的治理结构。深汕特别合作区中，资源注入体现了以资金拨付的方式将形式上的财权转移到地方。同时，通过去管制、扩大地方自主权及行政审批权下放等，追加相应事权。穗莞深城际铁路中，虽然权力上移的措施以事权回收为主，但最终目标在于省政府加入地方土地开发中以获得土地出让收益。归根结底是寻求对地方土地财政的收权，以构建财权与事权相匹配的区域治理主体。因此，中国区域治理的尺度重构遵循事权与财权的相匹配的制度逻辑。

最后，从城市区域战略面临的经济发展困境与区域发展项目的行政治理困境上，城市区域治理的出现存在尺度逻辑的差异性。一方面，通过构建区域治理的逻辑，降低地方主义发展带来的负效应；另一方面，区域治理的尺度逻辑并不仅限于危机修复导向的权力上收。在产业发展项目中，将发展权（事权与财权）下放到地方尺度，通过强化地方自主性实现区域合作与经济合作增长。既有研究中，将区域治理理解为尺度上移以构建协同导向的特定的国家空间选择。本文进而发现区域治理的尺度逻辑也存在并行的尺度下移的逻辑，并且尺度逻辑适配于当前行政治理困境。因此，中国区域治理的尺度重构不是线性的、前后相继的关系，而是危机引导型、并存与选择的关系，体现了政府管制的灵活性，反映了政府行政架构与权力关系的路径依赖。自上而下的行政隶属关系，使得省政府灵活地放权与收权，是区域治理"尺度生产"的支配者。地方相对弱势，但也在多层级博弈中寻找自身话语权。博弈结果最终决定了区域治理的深度、范围及形式。需要指出的是，珠三角行政治理架构的碎化与经济系统的强异质性[33]，也是"多样化尺度重构机制"共存的预设条件之一。

参考文献

[1] 张衔春，栾晓帆，李志刚."城市区域"主义下的中国区域治理模式重构：珠三角城际铁路的实证[J].地理研究，2020，39(3)：483-494.

[2] 张衔春，许顺才，陈浩，等.中国城市群制度一体化评估框架构建：基于多层级治理理论[J].城市规划，2017，41(8)：75-82.

[3] 刘毅，王云，杨宇，等.粤港澳大湾区区域一体化及其互动关系[J].地理学报，2019，74(12)：2455-2466.

[4] 陈雯，王珏，孙伟.基于成本—收益的长三角地方政府的区域合作行为机制案例分析[J].地理学报，2019，74(2)：312-322.

[5] 李郇，周金苗，黄耀福，等.从巨型城市区域视角审视粤港澳大湾区空间结构[J].地理科学进展，2018，37(12)：1609-1622.

[6] 刘超群，李志刚，徐江，等.新时期珠三角"城市区域"重构的空间分析：以跨行政边界的基础设施建设为例[J].国际城市规划，2010，25(2)：31-38.

[7] Shen J. Scale, state and the city: urban transformation in post reform China[J]. Habitat International, 2007, 31(3-4): 303-316.

[8] 殷洁,罗小龙.尺度重组与地域重构:城市与区域重构的政治经济学分析[J].人文地理,2013,28(2):67-73.

[9] 马学广,李鲁奇.新国家空间理论的内涵与评价[J].人文地理,2017,32(3):1-9.

[10] Brenner N. Urban governance and the production of new state spaces in Western Europe, 1960-2000 [J]. Review of International Political Economy,2004,11(3):447-488.

[11] Wu F. China's emergent city-region governance: a new form of state spatial selectivity through state-orchestrated rescaling[J]. International Journal of Urban and Regional Research,2016,40(6):1134-1151.

[12] Rodríguez-Pose A. The rise of the "city-region" concept and its development policy implications[J]. European Planning Studies,2008,16(8):1025-1046.

[13] Scott,A. Globalization and the rise of city-regions[J]. European Planning Studies,2001,9(7):813-826.

[14] Castells M. Grassrooting the space of flows[J]. Urban Geography,1999,20(4):294-302.

[15] Li Y,Wu F. The emergence of centrally initiated regional plan in China: a case study of Yangtze River Delta Regional Plan [J]. Habitat International,2013,39:137-147.

[16] Sun Y, Chan R. Planning discourses, local state commitment, and the making of a new state space (NSS) for China: evidence from regional strategic development plans in the Pearl River Delta[J]. Urban Studies, 2017,54:3281-3298.

[17] Jessop B. State theory:putting capitalist states in their place[J]. Journal of Critical Realism,1990,16(3):165-169.

[18] Brenner N. Urban governance and the production of new state spaces in western Europe,1960-2000[J]. Review of International Political Economy, 2004,11(3):447-488.

[19] 马学广,唐承辉.新国家空间理论视角下城市群的国家空间选择性研究[J].人文地理,2019,34(2):105-115.

[20] Li Y,Wu F. Understanding city-regionalism in China: regional cooperation in the Yangtze River Delta[J]. Regional Studies,2018,52(3):313-324.

[21] Xu J,Yeh A G O. Decoding urban land governance:state reconstruction in contemporary Chinese cities[J]. Urban Studies,2009,46(3):559-581.

[22] Lim, K. State rescaling, policy experimentation and path dependency in

post-Mao China: a dynamic analytical frame work[J]. Regional Studies, 2017,51(10):1580-1593.

[23] 李郇,谢石营,张丞国.佛山管治尺度重整对产业空间分散化的影响[J].热带地理,2017,37(3):334-346.

[24] 刘永敬,罗小龙,田冬,等.中国跨界新区的形成机制、空间组织和管治模式初探[J].经济地理,2014,34(12):41-47.

[25] Zhang X, Cheung D, Sun Y, et al. Political decentralization and the path-dependent characteristics of the state authoritarianism: an integrated conceptual framework to understand China's territorial fragmentation[J]. Eurasian Geography and Economics,2019,60(5):548-581.

[26] Xu J. Governing city-regions in China: theoretical issues and perspectives for regional strategic planning[J]. Town Planning Review,2008,79:157-186.

[27] 李齐云,刘小勇.我国事权与财力相匹配的财政体制选择[J].山东社会科学,2009,23(3):74-77.

[28] 黄吉乔,丘书俊.深圳市近五年土地年度供应的剖析与反思[J].城市观察,2013,5(2):114-125.

[29] 张衔春,栾晓帆,马学广,等.深汕特别合作区协同共治型区域治理模式研究[J].地理科学,2018,38(9):1466-1474.

[30] 林雄斌,杨家文,李贵才,等.跨市轨道交通溢价回收策略与多层级管治:以珠三角为例[J].地理科学,2016,36(2):222-230.

[31] 广东省统计局.广东省统计年鉴2001[M].北京:中国统计出版社,2001.

[32] 林雄斌,杨家文.粤港澳大湾区都市圈高速铁路供给机制与效率评估:以深惠汕捷运为例[J].经济地理,2020,40(2):61-69.

[33] 张衔春,陈梓烽,许顺才,等.跨界公共合作视角下珠三角一体化战略实施评估及启示[J].城市发展研究,2017,24(8):100-107.

该文发表于《地理研究》2020年第9期,作者为张衔春,杨宇,单卓然,林雄斌,牛方曲。

"城市区域"主义下的中国区域治理模式重构——珠三角城际铁路的实证

摘要 中国的区域治理模式长期以来呈现出阶段性演化的特征。特别是近些年,传统省—市分层设权的权力组织关系被动态的、反复连续性的博弈所取代。本研究借助政治经济学与人文地理学关于"国家空间再中心化"及组织社会学者的"行政发包制"理论,立足区域基础设施项目,即"珠三角城际铁路网"展开实证,系统分析其规划、建设及运营过程。并聚焦其中的事权与财权动态演变过程,解析省政府的角色定位和省市关系的演变等两大关键问题,揭示中国城市区域治理重构的内在逻辑。研究发现:一方面,省政府的角色定位由"分包商"和"协调者"逐渐转变为协调与发展并重;同时,省市关系由结构化的"行政发包"转化为多轮协商的动态博弈连续体。

关键词 城市区域主义;区域治理;珠三角;国家空间;城际铁路

1 引言

近些年,全球化、信息化和网络化激发资本"去地方化"[1],城市区域通过重组城市间经济、制度及社会联系,实现地方参与全球经济的控制和支配[2]。城市区域战略也被用作化解企业型政府导致的地区恶性竞争的重要空间策略,即危机管理策略(crisis-management strategy)[3]。城市区域主义因此被定义为以城市区域作为资本积累的基本单元的多元重构过程,其中城市区域是一系列经济、文化、制度及社会项目依照不同逻辑集合而成的空间产物[4]。跨境基础设施作为重要的国家空间工程(state spatial project)[1,3,5],不仅是城市区域一体化在空间层面的投影,其规划、建设和运营等建构过程也嵌构在区域治理的演化中。

中国改革开放后,中央政府通过行政分权调动地方积极性并借助地方间竞争来改善经济环境,进而嵌入全球化以带动本地发展[6,7]。然而,过度的地方竞争导致环境、产业和基础设施等领域的资源浪费和低效投资。因此,20世纪末,不仅学术界开始将西方城市区域主义相关理论引入中国[8,9],政策层面也开展了一系列区域规划实践(如《珠江三角洲城镇群协调发展规划》)但计划经济遗留的条块体制及分权化产生的"城市增长联盟(urban growth coalition)"和"地方性积累体制(city-based accumulation regime)"[10],阻碍了区域治理框架的优化提升,使得空间规划停留在愿景层面,难以落实[11]。

伴随城市活动在区域尺度的拓展,无论是产业、环境还是交通等问题都对既有的治理框架提出新挑战。有学者通过对土地管理[12]、交通建设[13]、环境整治[14]等方面的研究,对区域治理的最新趋势进行了描述和归纳。如Xu Jiang等通过分析土地治理,认为国家管制体制存在一种与当前行政分权逆向的"再中心化"趋势[12]。然而,已有研究主要是对区域治理的重构过程的分析,从动机和行为层面对不同治理主体及其行为逻辑的研究相对不足。本文从组织社会学视角,以珠三角城际铁路网建设为例,观察其规划、建设和运营中的事权及财权在省市两级政府间的演变,试图回答城市区域主义下省政府的角色定位与省市关系重构等问题,进而揭示城市区域治理重构的制度动力及省市两级政府责权演变逻辑。

2 中国城市区域治理模式:省市政府权力关系与逻辑

中国行政管理体制为自上而下的任命、授权与代理关系[15]。由于不存在独立行政管辖权的城市区域一级治理主体[16],大部分区域治理的关系就是省—市关系。当前,大量城市研究与地理学者对区域治理的地方化理论与实践展开探索。理论方面,对区域治理机制的解释有多重视角,如区域空间生产[17]、新国家空间[18,19]、协同治理[20]、制度一体化[21]等;实证方面,区域空间规划[22,23]、产业合作园区[24,25]、重大基础设施[26]及行政区划调整[27,28]等区域事件被广泛检验。然而,对于治理架构,即层级政府关系,既有的城市研究与地理学研究仍需借鉴组织社会学者的相关成果。

从跨层级间的权力配置及激励机制上,早期学者通过"中国特色的联邦主义"理论,将地方政府的经济建设热情解释为行政分权与财政包干制的共同结果[29]。周黎安从内部官员行政体系角度指出,自上而下建立的地方官员"晋升锦标赛"是刺激地方经济增长及在人均资源禀赋、技术创新不足的条件下,实现稳定高速的经济发展的内生动力。一方面,治理结构中的竖向层级关系是上级政府集中对下级政府的人事任免权;另一方面,横向府际关系是围绕GDP增长的"非升即走"的锦标赛[30]。同时,政府内部的层级关系,则是不同于传统科层制与外包制的"行政发包制"。行政发包制在行政权分配上具有两大特征:①委托人(即发包商)具有正式权威和剩余控制权,并不是纯粹的外包关系;②承包商获得执行权与决策权,并且获得部分以自由裁量权为形式的实际控制权;经济激励上,承包商拥有剩余控制权,并面临强激励;内部控制上,行政发包制是结果导向的、人格化的责任分担,地区发展由该地区行政首脑负责。在行政发包制的框架下,中央政府是发包商,省政府是分包商,地方政府作为实际执行者是承包商[31,32]。纵向行政发包制与横向晋升锦标赛共同勾勒出中国区域治理的制度逻辑与体制成因。

该理论框架下,部分学者对内部权力关系进行了广泛研究。周雪光针对基层政府间的组织共谋展开研究,认为基层政府间的合作共谋是基于政策一统性与执行灵活性的悖论、激励强度与目标替代的悖论、科层制非人格化与行政关系人缘化的悖论[33]。周雪光等以控制权为视角,划分目标设定权、检查验收权与激励分配权,以不同权力组合方式得出高度关联型、行政发包制、松散关联型和联邦制四种治理模式[34]。以上组织社会学与经济学的研究工作提供了基于权力关系的分析视角,去理解当前中国区域治理的重构及省市关系。在行政分权与国家空间的再中心化的动态交织中,有两个问题至关重要:①长期发展型政府的视角下,省政府的角色被解释为"分包",即统筹安排与协调,而在城市区域主义盛行,尤其在中国缺乏城市区域一级政府的情况下,省政府角色有哪些变化?②1994年分税制改革使得财权上移,集中到中央政府,而财权与人事任免权的集中,是中国集权式治理模式的核心。事权下移,下层政府,包括省政府在内的政府组织,有事可为,那么晋升锦标赛模式才得以顺利运转。但是,省政府在政府行政管理体系内,既要维持与平级政府的晋升锦标赛,即促进全省经济增长,又无足够财权支持相关职能,那么省政府在区域发展中的权力运作逻辑是什么?这也是国家空间再中心化的内在逻辑之一。由此,本文以事权和财权为理论视角,以珠三角城际铁路这一跨界基础设施项目为例,通过勾勒项目建设过程中的治理模式的变迁与省市权力博弈,回答以上问题。

3 研究方法与研究区概况

3.1 研究方法

作者分析了珠三角城际轨道交通从规划建设到后续土地开发全过程。选择该案例是由于城际轨道作为区域基础设施,不仅联系了沿线各城市,同时其建设开发也牵涉到铁路管理、投资、土地管理和规划等多部门,较好地体现多层级多部门的互动。调研始于2011年并持续至2017年底,研究方法上采用文本分析和深度访谈。文本包括城际轨道线网规划、沿线城市总体规划、站点地区土地利用总体规划和控制性详细规划及相关政策文件等;访谈对象涵盖了广东省铁路投资集团、住建厅、地方城市的规划、国土和交通等部门的地方官员15人,以及参与规划的专业规划师8人。

本文使用"尺度政治"和"行政发包制"理论,关注轨道建设与土地开发相关的财权与事权方面在国家—省—市的多尺度安排与博弈,尤其对省级政府的角色进行分析。第四部分分析省政府如何在事权安排(轨道交通建设、管理、运营及补亏)中,构建跨层级的事权联盟;第五部分分析在条块信息不对称的条件下,如何产生轨道站点"边缘化"现象,并且激化了省政府的财权危机;第六部分解释省政府在面临城际轨道财政风险时,如何在省直部门间进行权力的组织协调,以及与地方对应部门进行博弈,以实现省政府分享土地收益,为城际轨道拓展财源;第七部分归纳结论并回应研究问题。

3.2 研究区概况

珠三角城际铁路可行性研究始于2000年,由广东省铁路建设投资集团有限公司(简称"省铁投")与铁道部第四勘察设计院及广东省城乡住建厅共同完成。2001年,广东省政府组织完成《珠江三角洲经济区城际轨道交通线网规划》编制,并于2003年,向铁道部计划司汇报与论证。随后,省铁投结合铁道部正在编制的《中长期铁路网规划》,修改完善后报国家发改委,并于2004年4月完成最终审查。2005年3月,国务院审议通过《珠江三角洲地区城际轨道交通网规划(2005—2020)》,并确定珠三角城际轨道线路网的基本骨架为"两条主轴+三条发展轴"。两条主轴包括:"广州—东莞(市中心)—虎门—深圳"(穗莞深线)与"广州—顺德—小榄—中山—珠海"(广珠线)。三条发展轴包括:"广州—东莞—惠州"、"广州—南海—佛山—三水—肇庆"及"广州—小榄—江门—新会"加上"小榄——虎门快速城际线"与"广州——佛山普速城际线",共达590 km。珠三角城际铁路网由广东省政府直接发起,体现广东省在区域协调发展中的利益诉求,地方政府被排除在决策之外。

4 城际铁路建设运营的事权联盟:部省市联盟到省市联盟

珠三角城际铁路的事权安排经历了从部省市联盟到省市联盟的转变。联盟主体的变化是伴随区域项目的不同阶段及相关"权力约束"而产生了主体网络的重构。主体关系的变化主要表现在事权类型、成本分配及亏损分担三方面。

4.1 部省市联盟

2008年前,广东省城际铁路建设与运营采取部省市联盟,由广东省和铁道部共同负责建设运营过程,地方政府负责沿线土地征收及房屋拆迁等。该联盟先决条件是:①铁道部作为主体参与,有助于区域项目实现尺度上推,获得国家尺度的发展资源,如政策支持及空间规划的审批、检查及技术支持;②作为国家附属部委,铁道部掌握大量建设资金及关键技术,合作有助于推动项目进程。可见,广东省政府以尺度上推,扩大治理联盟,共同承担区域发展事权,获取行政资源、建设资金及关键技术。

部省市联盟事权分配在2004年予以确定,其中省政府与铁道部各按50%比例承担铁路工程建设和设备投资,并共同负担未来城际轨道的运营、管理与还贷,而铁路沿线土地征用与拆迁费用由地方政府负担(表1)。其中,广珠城际即在部省市联盟下建设完工。部省市联盟是省政府尺度上推的产物。由于铁道部旨在强化对地方铁路开发项目的控制,因此,在联盟中,居于主导地位。而省政府由于缺乏技术和资源,并且旨在将珠三角铁路网区域性工程纳入国家战略(中长期铁路网规划),因此,在联盟中,附属于铁道部。最终,形成铁道部主导、省市附属的权力模式。

表1 联盟角色、代表尺度、事权划分、成本分配与亏损负担

合作模式	联盟角色	代表尺度	参与主体	事权类型	成分分配	亏损分担
部省市联盟	主导	国家	铁道部	建设、运营、亏损负担、技术咨询	50%城际轨道工程成本	50%
	附属	区域	广东省政府（省铁投）	建设、运营、亏损负担	50%城际轨道工程成本	50%
	附属	地方	市政府	征地、拆迁	100%轨道建设用地拆迁成本	—
省市联盟	—	国家	铁道部	技术咨询	—	—
	主导	区域	广东省政府（省铁投）	建设、运营、亏损负担	100%城际轨道工程成本	100%
	附属	地方	市政府	征地、拆迁	100%轨道建设用地拆迁成本	—

4.2 省市联盟

2008年后,部省市联盟转为省市联盟,由省铁投代表广东省独立承担城际铁路工程建设,负担运营、管理成本,市政府继续负责铁路沿线的征地、拆迁成本,铁道部仅提供相关技术指导(表1)。铁道部退出的原因是:①联盟运作中,资源配置不均,即广珠铁路开工后,其他城际铁路资金难以到位,拖延了城际轨道网络工程进度;②权力联盟中,核心话语权的争夺。铁道部代表国家尺度强势主导,使得广东省在区域项目中的话语权受损。因此,广东省凭借相对强势的财政能力,重新获得铁路建设掌控权。

广东省于2008年开展珠三角城际轨道网规划的修编工作,重新确立"三环八射"的线网规划,省铁投代表省政府,全权负担运营的亏损。广东省提出的区域城际网络项目,起初因项目审批、检查与资源需求采用的部省市联盟的治理模式,伴随项目进程与省政府对区域项目话语权的诉求,转变为由广东省主导的省市联盟模式。本质是晋升锦标赛影响下的政府行政管理系统动态博弈的结果,广东省通过事权重构,强化多层级治理中省政府的主导地位。

5 站点空间偏移引发的省政府财权"空心化"

5.1 责权错位引发的站点空间偏移:条块博弈中的信息不对称

城际铁路规划过程中,多层级主体的利益诉求差异,最终导致轨道站点选址边缘化,并引发省级政府的治理危机,即财政亏空(图1和图2)。

部省市联盟下,铁道部需承担50%的运营成本。因此,站点选址中主要利益

诉求是城际铁路走线穿过城市人口经济密集区,最大限度吸引客流;同时线路走线短,工程造价成本低。虽然,广东省各部门对站点选址也有利益诉求,如住建厅关注珠三角的空间发展,省发改委关注投资规模等。但由于联盟中铁道部主导,省政府对站点选址采取默认态度。之后,在初步线网规划中省部达成共识(图1)。

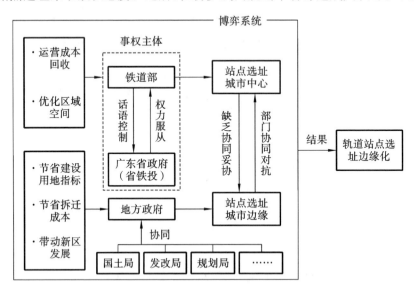

图1 部省市联盟下轨道站点选址博弈

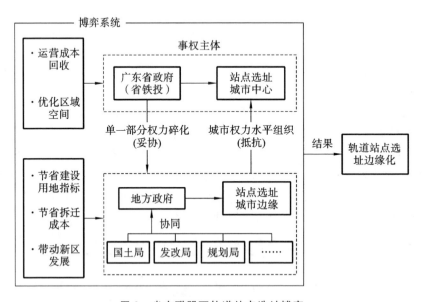

图2 省市联盟下轨道站点选址博弈

初步方案确定后,第二轮协商主要在中央与地方间,即铁道部与市政府间。市政府关注城市资本积累,并非区域协同。但该轮协商中,站点位置并未明确,且城际轨道项目作为不需要自身负担的巨大区域投资项目,市政府态度积极,选址留到下一轮协商。

具体站点选址阶段,省政府话语权处于弱势,博弈主要在铁道部与市政府间。市政府主张轨道站点走线经过城市新区、郊区及未开发地区,可以带动新区发展;另一方面,沿线土地主要是未开发土地,征收与拆迁成本低,且土地增值归市政府所有。因此,市政府与铁道部的利益诉求存在矛盾。由于市政府是多部门协作的国家权力单元,整合各部门资源,成为经验丰富的强势博弈者。而铁道部虽然具备国家权力与大量资源,但作为单一行政部门缺乏统筹与信息整合能力,博弈中谈判能力较弱。因此,市政府以经过城市人口经济密集区拆迁成本高、产权划分难、容易产生社会问题等与铁道部进行尺度对抗,而铁道部考虑到今后站点选址边缘化的亏损由国家财政弥补,且无力解决地方拆迁带来的社会抗争,因而博弈中妥协让步,轨道站点外移。

除广珠线外,其他城际铁路站点选址,均是在省市联盟下,由省铁投与市政府博弈产生。该模式与部省市联盟有诸多相似。首先,对于市政府而言,事权从铁道部完全下放到广东省,并未影响城市利益,运营亏损仍由省政府承担,站点边缘化诉求并未改变;其次,线路规划流程与部省市联盟基本一致,确立主要线路的基础上,征求地方政府意见,决策机制相同;最重要的是,省铁投与铁道部都是专门的行政部门,缺乏国家权力的水平组织能力,与城市政府多部门合作的权力组织相比,面临信息滞后、谈判能力弱、应对能力不足的问题。但在省市联盟下,也有不同。首先,市政府直接与省政府对话,较于铁道部,反馈渠道变多,增强了市政府的谈判能力;另外,某些特殊城市,如深圳,地方领导在权力体系中,甚至高于省铁投领导,强化了市政府在权力博弈中的谈判能力。因此,省市联盟下,由于条块间的信息不对称,铁路站点同样边缘化(图2)。

5.2 省级政府的财权"空心化"危机

伴随铁路时建设运营,省政府面临越来越大的财政压力,包括建设资金的银行贷款与运营带来的巨大亏损,其中运营亏损是主要财政压力。以广珠线为例,决算建设成本达到230亿元,比项目批复时多出近50亿元。2011年到2012年,广珠线票面亏损已达8.2亿元和10.7亿元。而其他线路,预估穗莞深城际建成十年后,亏损总计达35.7亿元,莞深城际达15亿元,佛肇城际达28.3亿元,总计79亿元。如此巨大的资金缺口,使得省政府难以独立负担运营。

补亏方式上(表2),高铁项目由铁道部背后的中央财政予以补贴;城市内部轨道交通,如地铁线路,以地方政府土地财政收入补贴。而广东省政府不具备强大的财政支付能力以补贴城际铁路亏损,只能依托土地开发解决运营亏损。表2显示,省政府财政能力低,也不具备通过土地开发获取预算外收入的能力。因此,财权"空心化"使得城际铁路运营补亏问题矛盾激化。

表 2　高铁与城市轨道项目运营的资金补亏方式

项目类型	主体	投资占比	运营补亏责任	财政能力	土地开发能力	补亏资金来源
高铁项目	铁道部	高	高	高	低	财政资金
	省政府	极低	极低	低	低	财政资金
	城市政府	低	无	低	高	无
城市地铁项目	铁道部	无	无	高	低	无
	省政府	无	无	低	低	无
	城市政府	全部	全部	低	高	土地开发

6　区域治理的转型重构：省—市博弈下的财权"再中心化"

6.1　地方协商：以土地财政为核心的城市水平权力组织

广东省政府面临铁路运营带来的巨大财政压力。同时，由于省政府不具备城市土地一级开发的能力，无法垄断土地一级开发，因此，难以复制城市政府以土地开发补贴轨道交通的模式。因此，省铁投在 2009 年向部分沿线城市提出，联合进行轨道站点周边的土地开发。这一提议很快遭到地方政府明确拒绝，谈判宣告失败。本质上，以土地财政为核心，地方政府是跨越多部门的水平化组织，对省政府的权力渗透产生有效尺度抗争。土地财政作为地方政府财政资金的主要来源，涉及国土、规划、住建等多部门核心利益，整合了多部门。此外，上轮权力博弈中，市政府坚持轨道站点的边缘化也是基于土地一级开发的巨大红利，因此，对省政府加入土地开发，甚至主导土地开发也同样反对。博弈中，市政府的理由是：①市政府已经承担了轨道沿线的征地拆迁成本，没有理由承担亏损成本；②站点周边如果进行土地开发，需付出巨大成本，不仅有城市道路、给排水和电力通信等基础设施成本，还有每年申请的新增建设用地指标等成本；③市政府需要土地出让收益。因此，省铁投不得不向省政府寻求政策支持。

6.2　治理重构：省直部门整合与土地开发权上收

为强化治理能力，省政府对国家权力进行了水平整合与垂直重构，实现权力"再中心化"。

6.2.1　省政府权力的水平整合

水平整合包括：①建立非正式跨部门合作组织，即"省城际轨道土地综合开发专责小组"（简称"专责小组"）；②开展跨省直部门合作普查，了解地方现状。

专责小组成立于 2010 年 7 月，旨在解决省铁投作为省属国有企业的多部门动员与协调不足问题。其由省政府牵头，成员包括发改、规划和国土等部门及省铁投主要领导。专责小组的成立，说明省政府组成新的多部门协同治理"块"，不再以单一部门的"条"参与省市权力博弈,提高了组织与谈判能力。专责小组具体职责包括:根据省铁投补亏目标和现有省市之间的权力安排展开研究,为各省直部门制定相关政策提供依据。

跨省直部门合作普查集中在沿线站点周边800 m范围内的土地综合开发潜力,由省住建厅和国土厅合作完成,核心是对确定站点所在地区的城市功能和开发潜力进行"专项普查"。包括两阶段:第一阶段由省住建厅主持,省铁投和住建厅委托组成规划咨询小组,并制定《珠三角城际轨道交通沿线土地利用现状专项普查汇总报告》。该报告认为绝大部分站点都有较大开发潜力。但地方政府同样抵制该报告结论,以地方国土部门牵头指出相关土地要么是已出让的国有土地,要么是未完成农转非的土地。由于普查尚未建立与国土信息的对接,难有说服力。因此,第二阶段普查由住建厅和国土厅合作展开,将土地规划与土地权属相结合,制定了新的土地开发潜力标准。该普查使得广东省彻底明确站点周边有多少可开发土地,为省政府在博弈中提供充足信息。

6.2.2 省政府权力的垂直重构

省政府同时进行了"省—市"权力垂直重构,构建参与地方土地开发的制度环境。垂直重构包括:①冻结站点周边土地开发;②重新分配补亏责任;③定向投放额外的城市建设用地指标;④上收站点周边用地规划权与审查权。

(1) 冻结站点周边土地开发是由于市政府一方面抵制省政府的开发建议,一方面加快站点周边土地储备。因此,省政府要求地方执行"三暂停"政策,即暂停规划编制和审批、暂停土地使用权出让、暂停新项目报建审批,并责成省住建厅与国土厅对地方城市规划与国土部门进行督导。该政策暂缓地方开发行为,为专项普查创造有利环境,迫使地方政府由抵抗转为协商。

(2) 重新分配补亏责任,直接制定新规则,重新安排补亏义务。2012年,广东省出台文件,规定以往省政府需要负担的补亏部分,将按照省政府付出的建设成本和地方政府征地拆迁成本的比例来承担。因此,地方政府成为轨道运营绩效的利益相关者。同时,规定"沿线市境内红线外开发备选用地由该市负责开发的,则该市路段剩余亏损额由该市全部承担"。即一旦地方政府不同意省政府参与土地开发,将由地方政府承担更多运营亏损。

(3) 定向投放额外的城市建设用地指标。站点周边有约6 km²已在土地利用总体规划中被确立为城市建设用地,地方政府对省政府开发这部分用地较抵触,因为地方政府已为这部分土地付出城市建设用地指标。因此,省政府立足约24 km²的具有较大潜力变成新增建设用地的土地,但这部分土地缺乏建设用地指标。每年自然资源部给予各省新增建设用地指标,由省政府逐级分配到地方,而国土厅会保留部分指标用作重大基础设施建设。因此,省政府提出站点周边土地开发的农用地转建设用地由省国土厅解决,无须占用地方土地指标,而不参与省市合作土地开发的地方获得的指标总量减少。由此,强化了土地指标对省财政的支持作用。

（4）住建厅上收轨道站点周边用地规划与审查权,包括制定珠三角城际轨道站场综合开发规划及站点周边控制性详细规划备案审查制度。前者,一方面,按照"区域-城市-片区"对站点进行分等定级,对不同等级提出土地利用、交通组织和城市设计指引；另一方面,对站点周边 800 m 范围内进行 TOD 综合开发。站点周边控制性详细规划备案审查制度是指轨道交通站点周边土地综合开发规划由省住建厅统筹编制,报经省政府审定后发布执行。各市要在半年内依法调整相关用地的控制性详细规划等,调整后的规划应报省住建厅备案审查。省住建厅由此上收了部分城市规划管理部门对控规的审批权。

6.3 博弈结果:协作型与包干型治理结构

通过水平与垂直的权力重构,区域治理最终呈现协作与包干两种结构。2011年,广东省选择了首批 6 个站点开展综合开发规划,即清远市银盏站、珠海市珠海北站、佛山市三水站、东莞市虎门商贸城站广州新塘站及肇庆市鼎湖站。2012 年,第二批站点综合开发规划正式展开,七个站点全部设在佛山境内。而广州和深圳未参与轨道站点联合开发,以现金补贴城际轨道亏损。

6.3.1 协作型区域治理:清远银盏站土地合作开发

清远市银盏站是广东省市综合开发最早、进展最快的轨道站点。清远市属于广东省经济塌陷区与珠三角外围区,财政收入有限,因而选择与省政府进行联合站点开发。此外,清远市银盏站周边 800 m 范围内虽然现状建设较少,多为农用地,但是也需借助省政府资本注入与建设用地指标投入。因此,由省政府主导规划编制,投入建设用地指标,并由省市合作组建"清远城际轨道实业有限公司"进行土地联合开发。最终,实现省市协作型治理。

6.3.2 包干型区域治理:广州、深圳全额财政资金承担城际轨道补亏

广州与深圳表示不与省方开展土地联合开发。一方面,两市有强大的财政收入可弥补铁道运营亏损。同时,由于两市站点位于边远地区,根据补亏原则,拆迁成本低,补亏责任较小。另外,两市轨道站点规划较完整,省方介入将打破原先的轨道交通部署。因此,两市决定采取抵抗策略,即以现金形式,通过城市财政出资,补贴省铁投。包干型区域治理表现为三方面:①省住建厅与国土厅将退出土地开发,因为,省政府使用的政策工具即轨道站点周边控制性详细规划审批权上收与城市建设用地指标补给对两市不再具有实际意义；②城际轨道对土地的增值部分仍归城市政府所有,遵循城市土地财政逻辑；③省市协商与站点周边的空间和土地脱离,仅通过发改委间接确定具体金额。

最终,省市关系表现为协作与包干的治理形式,但省政府都实现了财权的再中心化。前者是通过联合开发获取部分地方土地财政收益补亏,后者是从地方获取现金补亏。差异本质上受不同城市社会经济发展水平的影响,体现为尺度政治中的对抗与妥协,达到财权事权相匹配,并强化了省政府在区域化中的主导地位。

7 结论与讨论:区域治理中省政府角色与省市关系重构

区域治理重构的重要表现为省政府角色的变化。改革开放后的行政分权,城市成为促进经济发展的主要尺度。同时,城市政府也需承担更多责任以打造城市竞争力。但1994年分税制后,中央财政的汲取能力不断提高,因此城市政府不得不创造新的财政来源(如土地出让金收入)。省政府在事权上"分包商"或"协调者"的角色,通过支持和规范地方政府的发展来提高省域单元的竞争力。而在财权上则没有中央和地方各有特色的汲取能力。这种事权与财权在不同尺度的安排是中国政府治理的特征之一。然而社会经济活动日益区域化,导致上述分层设权的模式难以持续。一方面,地方政府需要由相对独立的竞争主体变成相互协作的区域成员;另一方面,在现行体制下单纯由多个地方政府自下而上组建区域治理架构并不现实。因此,省政府不得不从传统的"分包商""协调者"开始承担更多的发展责任,以填补"区域政府"的结构性缺失。这种角色转变迫使省政府在事权和财权上重新调整与中央和地方的关系。在上述案例中,即表现为区域发展事权的争夺与主导铁路项目的发展诉求。

省政府角色重新定义,虽然对"行政区经济"导致的治理碎化具有较强的整合力,但是,由协调、管制转变为承包、建设也需要相应的权力配置。而后者成为省政府角色重构中的发展障碍。在获取财权的过程,广东省政府最初表现为邀请铁道部加入共建,以期获得制度通道及财政帮扶。但由于事权亏损与话语权部分丧失,省政府进而转向与地方政府就土地开发权展开博弈,实现财权"再中心化"。而省政府为实现再中心化,其制度工具既有"胡萝卜"也有"大棒"。激励性制度工具包括资源注入,即省政府赋予的定向投放的新增城市建设用地指标。强制性制度工具包括强制收权及制度再安排,即冻结土地开发、规划审批权上收及重新分配亏补责任。

此外,省市关系体现为多轮协商的动态连续体,而非结构化的行政发包。行政发包的重要特征为承包商具有较大剩余索取权与自由裁量权,体现为强激励[14,15]。这种以属地为基础的权力配置模式在城市区域主义下,发生了国家、省与地方间权力争夺现象。区域事务中,层级政府的博弈取决于自身可支配的资源与权力。案例中,在第一轮的站点选址博弈上,最初由于铁道部占有绝对资金和行政资源,博弈中,占据主导地位。当规划中需要进行站点选址时,地方政府借助博弈中信息不对称及以土地财政为核心的地方权力联盟,获得博弈中的主导权,进而推动站点边缘化。第二轮博弈集中在省市之间,起初以省铁投为主体的"条"在与地方博弈中,同样面临多部门联盟的"块"的行政抵抗。省政府虽然在信息获取上处于劣势地位,但由于行政管理体系中,省政府具有对地方政府的绝对领导权。因而,通过省政府收权,可以实现财权再中心化。

最后,反思中国区域项目的建设过程,其事权安排是多路径的。包括中央政府垄断事权,直接投资建设,如高铁线路网;地方自主跨界合作,如产业合作园区,部分跨市地铁;省级政府主导,如城际铁路及省级工业园;以及部分共享事权项目。因此,城市区域主义是多主体共同推动的,即自上而下模式与自下而上两种模式[35]。但是,这些模式并非单向的、线性的,而是相互交织、相互渗透的,有时协同共进的,并以事权与财权相匹配为核心。中国治理架构中,长期对省政府协同、安排、调控作用的定位使得其财权弱化,而省政府是现阶段最适合充当"区域政府"的核心组织。因此,在协调与发展需要兼容时,省政府财权不足成为区域治理中的重要问题。特别是由省政府派出的以区域协同为目标的专职机构,也因缺乏财权和行政管理权,往往形同虚设[36]。因此,如何构建区域事权与财权匹配的治理架构,是区域性基础设施和公共政策得以顺利实施和持续运营的关键。

参考文献

[1] Brenner N. Globalisation as reterritorialisation: the re-scaling of urban governance in the European Union[J]. Urban Studies,1999,36(3):431-451.

[2] Scott A J. Globalization and the rise of city-regions[J]. European Planning Studies,2001,9(7):813-826.

[3] Brenner N. Urban Entrepreneurialism and the new politics of uneven development in Western Europe[M]//Peck J, Yeung H. Remaking the Global Economy: Economic-Geographical Perspectives. London, Thousand Oaks,New Delhi:Sage,2003:197-215.

[4] Jonas A E, Ward K. Introduction to a debate on City-Regions: new geographies of governance, democracy and social reproduction [J]. International Journal of Urban and Regional Research, 2007, 31 (1): 169-178.

[5] Brenner N. Urban governance and the production of new state spaces in Western Europe,1960-2000[J]. Review of International Political Economy, 2004,11(3):447-488.

[6] 赵燕菁. 从城市管理走向城市经营[J]. 城市规划,2002,26(11):7-15.

[7] Xu J, Yeh A G O. City repositioning and competitiveness building in regional development: New development strategies in Guangzhou, China[J]. International Journal of Urban and Regional Research, 2005, 29 (2): 283-308.

[8] 陈振光,姚士谋. 全球经济一体化与城市体系发展趋势[J]. 城市规划汇刊, 2001,8(1):14-17,79.

[9] 顾朝林,于涛方,陈金永. 大都市伸展区:全球化时代中国大都市地区发展新特征[J]. 规划师,2002,9(2):16-20.

[10] Zhu J. Local growth coalition：the context and implications of China's gradualist urban land reforms[J]. International Journal of Urban and Regional Research，1999，23(3)：534-548.

[11] Luo X，Shen J. Why city-region planning does not work well in China：the case of Suzhou-Wuxi-Changzhou[J]. Cities，2008，25(4)：207-217.

[12] Xu J，Yeh A G O. Decoding urban land governance：state reconstruction in contemporary Chinese cities[J]. Urban Studies，2009，46(3)：559-581.

[13] Xu J，Yeh A G O. Interjurisdictional cooperation through bargaining：the case of the Guangzhou–Zhuhai railway in the Pearl River Delta，China[J]. The China Quarterly，2013，213：130-151.

[14] Xu J，Yeh A G O. Coordinating the fragmented mega-city regions in China：state reconstruction and regional strategic planning[M]//Xu J，Yeh A G O. Governance and planning of mega-city regions：an international comparative perspective. London：Routledge，2010：213-235.

[15] 孟卫东. 论责任政府与我国行政管理体制改革[J]. 管理世界，2008，24(7)：172-173.

[16] 丁四保. 从区域规划看中国的区域制度[J]. 地理科学，2013，33(2)：129-134.

[17] 张京祥，耿磊，殷洁，等. 基于区域空间生产视角的区域合作治理——以江阴经济开发区靖江园区为例[J]. 人文地理，2011，26(1)：5-9.

[18] 陈浩，张京祥，李响宇. 国家空间分异与国家空间视角的中国城市研究思路初探[J]. 人文地理，2017，32(5)：9-16.

[19] 马学广，李鲁奇. 新国家空间理论的内涵与评价[J]. 人文地理，2017，32(3)：1-9.

[20] 张衔春，栾晓帆，马学广，等. 深汕特别合作区协同共治型区域治理模式研究[J]. 地理科学，2018，38(9)：1466-1474.

[21] 张衔春，许顺才，陈浩，等. 中国城市群制度一体化评估框架构建——基于多层级治理理论[J]. 城市规划，2017，41(8)：75-82.

[22] 张京祥. 国家—区域治理的尺度重构：基于"国家战略区域规划"视角的剖析[J]. 城市发展研究，2013，20(5)：45-50.

[23] 张衔春，陈梓烽，许顺才，等. 跨界公共合作视角下珠三角一体化战略实施评估及启示[J]. 城市发展研究，2017，24(8)：100-107.

[24] 罗小龙，沈建法. 跨界的城市增长——以江阴经济开发区靖江园区为例[J]. 地理学报，2006，61(4)：435-445.

[25] 马学广，李鲁奇. 尺度政治中的空间重叠及其制度形态塑造研究——以深汕特别合作区为例[J]. 人文地理，2017，32(5)：56-62.

[26] 刘超群,李志刚,徐江,等.新时期珠三角"城市区域"重构的空间分析——以跨行政边界的基础设施建设为例[J].国际城市规划,2010,25(2):31-38.

[27] 罗小龙,殷洁,田冬.不完全的再领域化与大都市区行政区划重组——以南京市江宁撤县设区为例[J].地理研究,2010,29(10):1746-1756.

[28] 甄峰,简博秀,沈青,等.城市管治、区划调整与空间整合——以常州市区为例[J].地理研究,2007,26(1):157-167,216.

[29] Qian Y, Xu C. Why China's economic reforms differ: the m-form hierarchy and entry/expansion of the non-state sector[J]. Economics of Transition, 1993,1(2):135-170.

[30] 周黎安.中国地方官员的晋升锦标赛模式研究[J].经济研究,2007,42(7):36-50.

[31] 周黎安.行政发包制[J].社会,2014,34(6):1-38.

[32] 周黎安.再论行政发包制:对评论人的回应[J].社会,2014,34(6):98-113.

[33] 周雪光.基层政府间的"共谋现象"——一个政府行为的制度逻辑[J].社会学研究,2008,23(6):1-21,243.

[34] 周雪光,练宏.中国政府的治理模式:一个"控制权"理论[J].社会学研究,2012,27(5):69-93,243.

[35] Li Y, Wu F. Understanding city-regionalism in China: regional cooperation in the Yangtze River Delta[J]. Regional Studies, 2018,52(3):313-324.

[36] 张衔春,吕斌,许顺才,等.长株潭城市群多中心网络治理机制研究[J].城市发展研究,2015,22(1):28-37.

该文发表于《地理研究》2020年第3期,作者为张衔春,栾晓帆,李志刚。

深汕特别合作区协同共治型区域治理模式研究

摘要 伴随金融风暴引发了全球资本重组,资本的空间修复客观要求以新的跨界区域治理模式组织资本与劳动力关系,而中国传统跨界产业园区建设路径依赖于区域发展中"省—地方"分层设权治理模式。以珠三角地区的深汕特别合作区为例,通过深度访谈与文本分析法,发现深汕特别合作区形成的多主体共同参与、分工合作的协同共治型区域治理模式是在传统路径依赖基础上的一次制度创新。通过分析模式产生的产业经济背景、政策制度背景与现实发展概况,并解构深汕特别合作区行政组织架构、空间发展政策及利益分配机制,发现省政府的放松管制与资源注入,地方政府的优势互补、分工协同是协同共治型区域治理模式的本质特征,而这一区域治理模式的产生将会为中国区域产业政策与空间政策及政府职能转型提供新的经验与启示。

关键词 跨界产业园区;路径依赖;协同共治型区域治理;深汕特别合作区

全球化背景下,产业碎化为工序在全球范围内寻找更为经济的地方集聚。全球城市政府也为了争取投资和就业纷纷提供具有空间性的经济政策进行响应,这两方面动力显著重塑了世界经济地理格局。其中,"产业园区"是许多亚洲国家,尤其是中国,资本再地化常用的空间方式。而2008年金融风暴引发资本新一轮空间重组,促使中国产业园区发展模式产生对治理结构调整的新诉求。跨界产业园区通过整合碎化的地域管辖权,以产业梯度转移及区域协同来创造新的增长极[1],成为区域一体化的重要空间策略[2]。因此,这一话题受到地理学、政治学、城乡规划学等多学科关注。

研究发现,跨界产业园区受到"省—地方"分层设权的显著影响。中国区域发展遵循中央政府制定宏观政策、省级政府及区域组织协调规制地方利益、地方政府将宏观政策落实为具体项目行动这一模式。该模式在地域竞争的激励下促进经济发展[3,4],形成了省政府为地方政府提供沟通交流平台,并进行政策、财政干预和发展引导,但不直接参与具体建设,地方政府以行政区经济为导向进行区域多元竞合的"省—地方"分层设权治理模式。但该治理模式中省政府并不直接参与具体经济发展事务,而是将权力下放到地方政府,使得其难以应对地方恶性竞争[5]。因此,跨境产业园建设中不可避免地暴露出行政分割和地方利益冲突等问题,其领域涉及财税、土地和基建等。由于跨界产业园区一般不具备独立的财权和监督权,因此,不可避免地出现以管委会为平台的各市分头管理的局面。同时,跨境产业园区往往涉及跨区域项目实施,不同行政区域的重视程度、管理权限等差异较大,跨界合作矛盾重重。此类问题在广佛同城化[6]、长株潭城市群[7]、昆曲玉楚城市群[8]的跨界合作区中都有不同程度的体现。

然而,既有治理结构带来的路径依赖正被地方性制度创新所打破,以创造出新的发展路径。这种路径创造以企业发展需求为基础,地方政府间在规划指导、土地供给和财政资金等方面进行合作,实行委托代管的治理模式。而省政府在一定程度上利用优惠政策降低跨界产业园区制度成本,消除或减少矛盾,促成区域协作[9,10]。但这种路径创造并不稳定,存在回归路径依赖的风险,地方政府间在利益分配形式方面存在多种潜在矛盾[11]。如何探寻一种新的区域治理模式,成为当前中国区域治理与产业规划中的重要理论问题。有学者系统归纳跨界新区的4种治理模式:多层级治理、分区域差别化治理、地方主导的块状治理及委托代管治理,并探讨了不同模式之间的优劣[12]。也有学者以治理网络开放性对江苏省的跨界产业园区进行实证分析,归纳出封闭型共建式、松散型共建式及企业化共建式的治理模式[13]。事实上,以权力配置(power configuration)为核心的治理模式的归纳固然重要,但难以还原区域发展的复杂博弈及多层级政府行为模式。尤其是随着区域治理主体的多元化、多主体关系的网络化、社会分工的垂直与扁平化,已有的省—地方分层设权治理的结构正在发生深刻改变,进而促进了新型跨界产业园区或新区的出现。本文以广东省深汕特别合作区(简称"合作区")为典型案例,探讨"协同共治型跨界产业区"这一新型治理模式并系统归纳其特征,以期为未来跨界产业园区的空间策略与产业规划等提供政策借鉴。

1 研究区域与研究方法

1.1 研究区域

"合作区"的前身为深圳(汕尾)产业转移园。早在2009年9月,根据国家发展和改革委员会公布的《珠江三角洲地区改革发展规划纲要》和广东省委、省政府《关于推进产业转移和劳动力转移的决定》(粤发〔2008〕4号)精神,广东省经贸委批准在汕尾市海丰县鹅埠镇建设深圳(汕尾)产业转移园。

起初,该产业转移园的规划建设用地面积仅10.36 km²,主要发展无污染或轻污染的电子、机械加工产业。随后,深圳向外拓展产业空间及汕尾获取外部投资动力的意愿逐渐强烈。为响应两市上述意愿并为进一步促进珠三角核心区与粤东西北地区的协调发展探索新路,2011年2月经广东省委、省政府批准,由深圳和汕尾两市在深圳(汕尾)产业转移园的基础上共同建设"合作区"并将范围扩大至海丰县下属的鹅埠、小漠、鲘门及赤石四镇,总面积达463 km²。"合作区"交通区位良好,处于深汕高速、324国道、厦深铁路及广汕铁路(在建)交汇点,距深圳仅60 km;产业定位上,"合作区"选择先进制造业、生态农业、现代服务业、现代旅游业和传统制造业升级为主要发展方向。"合作区"自成立以来经济增长迅速,地区生产总值从2010年的16.8亿元增长到2017年的47.3亿元❶。

1.2 研究方法

研究方法上,本文在相关统计年鉴[14,15]、规划文本和政策文件的基础上,以深度访谈的方式开展研究。2016年3—4月及11—12月,作者分别对"合作区"的5名行政管理人员及4名参与"合作区"产业、空间和土地规划的专业人员进行深度访谈。其中5名行政管理人员任职于"深汕特别合作区党工委/管委会",而4名规划工作人员主要参与"合作区"相关的土地利用与空间规划编制。总体上,访谈人员对"合作区"的治理架构与规划建设过程有较深入了解。通过对访谈对象多轮访谈,本研究获取"合作区"行政体系架构、规划设计、土地指标供给、产业水平提升及利益分配机制等方面内容。

首先,本文对"合作区"产生的背景进行梳理,以此剖析"合作区"得以顺利建设的经济及制度条件;其次,针对"合作区"行政组织架构,重点分析广东省政府、深圳及汕尾市政府间行政权力分配及相互关系;再次,本研究从土地指标获取、产业水平提升及空间规划体系构建三方面阐释"合作区"空间发展上广东省政府、深圳与汕尾市政府如何分工合作;最后,以利益分配机制为切入点,从潜在收益与建设收益两方面分析广东省政府、深圳市与汕尾市政府的利益平衡机制。

2 深汕合作的经济与制度发展背景

珠三角内产业与空间发展模式不尽相同,既存在深圳特区以国有企业主导的"内引外联"模式,也存在东莞以中小港资、台资与地方基层治理结合的以镇域、村域经济为动力的发展模式[16,17]。较长时间内,珠三角产业以中低端劳动密集型为主,城镇空间发展粗放扩张,治理上表现分权化下多中心碎化的特征[17-20]。此外,伴随经济全球化,广东省区域经济发展不平衡逐步加剧(图1),形成多层次的经济发展落差。

为解决分权模式下产业同质低效、区域经济不平衡加剧等问题,广东省尝试从区域层面展开协调应对。进而,省政府出台了一系列区域产业合作与跨界产业转移园区的空间规划与政策,如产业和劳动力转移、产业园区建设、珠三角产业一体化规划等,将跨行政边界的产业合作区作为未来广东省产业发展的新空间,以寻求产业发展的新动力。省政府、地方政府积极开展跨界产业园区建设,构建了一系列政策指引方针与框架。这些政策框架以省政府主导的空间调控为主要特征,在全省范围内为中心城市剩余资本提供了新的空间修复路径,为边缘城市提供产业梯

---

❶ 北京大学(深圳)规划设计研究中心.深汕特别合作区总体规划(2017—2035)(未审批).2017.

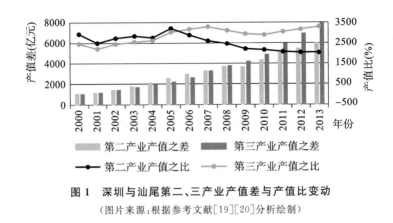

图 1 深圳与汕尾第二、三产业产值差与产值比变动
（图片来源：根据参考文献[19][20]分析绘制）

度转移的空间载体，以应对全球化与产业结构升级的压力。但总体而言，空间政策只把产业合作限定在空间发展目标层，抑或是即使提出实施措施，但由于职权限于规划部门，未能动员多部门参与其中。因此，区域规划编制完成后的相当长时间内，都未能有效地以空间为手段在区域（省）层级实现对地方（市）直接有力的规制与协调。

然而，区域层面"有策略，没抓手"的情况在2008年出现重大转变。国家发改委于年底发布《珠三角改革发展规划纲要》，不同于以往的空间规划，这是一项综合性区域规划。此后，广东省采取区别于之前间接推动地方协调的策略，开始加强发展动员，推动多主体合作共建。2008年后，广东省为有效地应对产业转型压力，实施了双转移及粤东西北振兴发展战略。一方面，引导区域欠发达地区劳动力向本地第二、三产业及发达珠三角地区转移；另一方面，通过产业合作、共建跨界产业园区等促进发达地区优势产业向落后地区转移。进而省政府与地方政府以更积极的姿态参与到跨界产业区建设中。而对口帮扶的"结对子"的空间整合模式，也为"合作区"的跨界整合提供了重要的制度基础与政策空间。

就"合作区"而言，最初，深圳立足"深莞惠"都市圈范围解决土地及产业发展空间不足的问题。东莞与惠州基于自身经济发展阶段与用地需求，对经济发展主导权较强，因此对深圳的梯度产业转移战略响应不积极。在广东省政府"粤东西北振兴发展"战略下，汕尾基于其边缘"塌陷经济"崛起的考虑，以"结对子"方式，与深圳建立产业合作意向。这一时期，广东省整体区域经济发展战略由省政府主推的产业转移园区发展模式开始向粤东西北振兴发展转变，并形成区域内建设示范典型的意向。

3 协同共治型跨界治理模式：深汕特别合作区

3.1 行政组织架构中的多方协同

"合作区"是广东省、深圳市与汕尾市协同发展共同构建的区域产业新空间，这种协同共治的治理模式在"合作区"内创造出区别于既有跨境产业园区的"拼贴式"的治理架构,整合出具有融合共建特征的行政组织架构。具体来说,是作为区域发展龙头的深圳在城市行政区范围外为过剩低端产业资本寻找空间,位于"经济塌陷地区"的汕尾急切寻找发展动力,以及广东省长期以来不断尝试平衡珠三角与粤东西北地区发展差异等耦合而成。

"合作区"采取深圳、汕尾政府高层领导小组决策,"合作区"管委会管理,建设开发公司运营的三层管理结构。党工委与管委会主要领导按副厅级配备,党工委书记由汕尾推荐,管委会主任由深圳推荐;该领导班子在得到广东省批准后,"合作区"党工委和管委会分别作为省委省政府派出机构设立。2011年,深圳、汕尾共同推荐的"中共深汕特别合作区工作委员会""深汕特别合作区管理委员会"得到广东省批准,合作区正式运作。委员会与党工委合署办公,具有地级市的相关管理权限。

"合作区"党工委、管委会为省委、省政府派出机构,委托深圳、汕尾两市管理,深圳主导经济建设和管理,汕尾负责征地拆迁和社会事务。"合作区"党工委、管委会下设综合办公室、党群工作局、发展规划和国土资源局、经济贸易和科技局、财政局、城市建设和管理局、农林水务和环境保护局、社会事务局、市场监督管理局等9部门,且单独设立国税部门、地税部门、公安机构(图2)。

"合作区"行政组织架构具有高度融合、共建的特征,是协同共治型区域治理模式在跨界新区上的制度创新,其主要特征体现在省—地方及地方—地方关系上。

在广东省与深圳、汕尾的关系上,广东省表现出放松管制与行政分权的特征。虽然"合作区"党工委及管委会属于省政府派出机构,但仅为"名义派出"。日常行政组织架构中,省政府直接领导、参与及监督较少,特别是人员派出上,基本未直接派出领导进驻"合作区",属于完全放权委托深圳及汕尾进行建设管理。而省政府角色更多体现在行政分权上,如授予管委会及党工委地级市级别管理权限,降低其在人事管理上的难度。该模式区别于陕西省西安市与咸阳市共建的西咸新区,即由省政府设立的上级管理委员会监督管理园区的多层级分权治理;也区别于贵州省贵阳市和安顺市共建的贵安新区,即直接划出"省直接管理片区"的分区域差别化治理。

在深圳、汕尾城市间关系上,建构了一套高度融合的行政管理体制。虽然"合作区"责权上深圳分管招商引资及土地开发,汕尾分管社会管理及土地征收,但分工是在独立的行政组织实体内部进行的,体现高度融合与互补安排。该模式不同于以郑汴新区为代表的地方主管的块状治理模式和以江阴靖江产业园区为代表的委托代管治理模式。合作区党工会与管委会在设置上高度统一,共建一套管理机构,避免"空间拼贴"带来各市画地为牢,保证了"合作区"整体性。虽然在权力划分

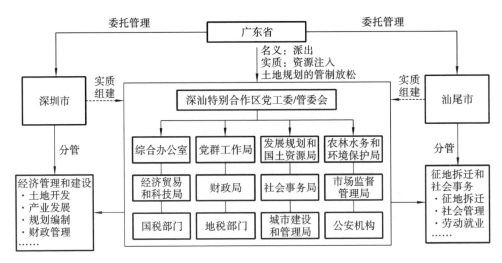

图 2 深汕特别合作区行政组织架构

上两市各有分工,但通过人事安排达到"合作区"权力的高度融合。如管委会主任由深圳相关领导兼任,党工委主任则由汕尾相关领导兼任。管委会三个副主任,两个由深圳领导兼任,负责招商与规划建设,另一个由汕尾领导兼任,负责社会事务。下设各部门,虽然社会管理类部门正职人员由汕尾负责推荐,经济建设类部门正职人员由深圳负责推荐,但副职人员交叉任职,由两市商量确定。该模式区别于委托代管治理的"权力拼贴"特征,即便在专属部门,也由深汕两市协商完成,有较强的融合共建特征。

3.2 "合作区"空间发展中的分工合作

3.2.1 用地指标获取:广东省的"资源注入"与"政策扶植"

"合作区"成立于 2011 年,而四镇土地利用总体规划及海丰县土地利用总体规划均在同年批准通过,因而其土地利用总体规划未能反映"合作区"所需的空间资源。四镇土规预测未来 2020 年"合作区"所需建设用地将达 2760 hm²,相较于现状 1824 hm²,仅增加 936 hm² 建设用地❶。《深汕特别合作区土地利用总体规划(2010—2020)》(简称"土规")通过预测,提出 2020 年建设用地规模为 7934 hm²,新增 5174 hm² 建设用地(表1)。同时,调出 2303 hm² 基本农田,1000 hm² 以区域合作方式平衡[1]。

---

❶ 北京大学(深圳)规划设计研究中心.深汕特别合作区土地利用总体规划(2010—2020)(未审批). 2012.

表1 "合作区"2009年现状用地、2020年四镇土规预测用地及合作区"土规"预测用地[1]

	现状用地	四镇土规	合作区"土规"预测用地		需求缺口	
	2009年	2020年	2015年	2020年	2015年	2020年
建设用地/hm²	1824	2760	3896	7934	1136	5174
城乡建设用地/hm²	1407	1916	3271	6664	1355	4748

针对5174 hm²用地缺口,"土规"中提出向国家和省政府争取政策支持,获土地指标2000 hm²;通过土地优化布局和统筹安排,从汕尾获土地指标2900 hm²;通过"合作区"土地集约利用及增减挂钩、围海造陆等获土地指标300 hm²,以3种渠道共同解决"合作区"用地指标。

现实中,汕尾各区县获取建设用地指标存在较大难度,各区县均有较强烈的用地需求。同时,用地指标落实到各区县相关规划,协调难度较大。其中,海丰县愿意提供100 hm²建设用地指标,而另一部分用地指标来源于汕尾城区,共提供约2~3 km²。建设用地指标缺口的弥补主要源于省政府的土地指标计划单列。根据笔者访谈显示近些年广东省全力保证"合作区"的土地指标供应。2014年供应土地约70 hm²,2015年提供约370 hm²,省政府对"合作区"的建设用地指标给予强力帮扶,推动"合作区"建设。

此外,省政府为"合作区"规划建设与产业发展也提供大量政策支持。如2013—2017年,广东省政府集中投入资金135亿元,对全省产业园进行分类扶植。并安排10亿元设立企业创新专项资金,并施行《广东省产业园企业创新专项资金管理办法》等。

3.2.2 空间品质与产业水平提升:深圳市的技术与企业导入

深圳作为产业外溢地,以跨区域大型基础设施与公共交通系统建设,促进深圳的资本在"合作区"范围内的再地域化;通过构建跨区域大型基础设施及公共交通系统,引导资金流与人流向"合作区"汇集。典型例子是深圳城市交通协会和深圳巴士集团与"合作区"构建伙伴关系,合资成立深汕巴士集团,并开通两条直达深圳的城际定制包车专线,实现"合作区"区位提升和要素流动。在产业合作上,深圳与"合作区"提出"深圳总部+深汕基地"的产业空间配置模式。一方面,推动所辖县区与"合作区"的产业合作水平,提升"合作区"产业结构与空间品质,如推动光明新区与"合作区"的产业深度合作及龙华新区与"合作区"的产业共建。另一方面,出台深圳—汕尾对口帮扶工作实施方案,如将入驻"合作区"企业纳入深圳市户籍管理系统和社会保障系统中,完成"合作区"社会发展事务。在土地征收、公共服务设施、基础设施建设、养老福利建设等方面,化解土地征收和公共服务空间不均等化等问题,保证"合作区"建设顺利开展。

3.2.3 空间规划体系构建与完善:汕尾市的制度响应

从空间规划的制度响应上讲,"合作区"虽具有地级市级别行政管理权,但只是独立行政单位而不是真正法定单位。为解决"合作区"的申报与审批等问题,汕尾主要通过"四规融合"的制度响应来构建与完善规划体系。具体来说,分别由不同单位编制专项规划,包括城市规划、土地利用规划、十二五规划与产业发展规划,融合编制成"深汕特别合作区发展总体规划(2015—2020)",由汕尾市申报,于 2014年由广东省政府常务会议审批通过,解决了空间规划和空间建设的政策效力问题(表2)。

表2 "合作区"不同类别规划基本信息❶❷❸❹❺

规划名称	编制年份	编制单位	审批与否	审批部门
深汕特别合作区城市总体规划(2010—2030)①	2012	深圳市新城市规划建筑设计有限公司	未审批	—
深汕特别合作区土地利用总体规划(2010—2020)②	2012	北京大学(深圳)规划设计研究中心	未审批	—
深汕特别合作区国民经济和社会发展第十二个五年规划纲要③	2012	深汕特别合作区管委会	未审批	—
深汕特别合作区产业发展规划(2012—2015)④	2012	综合开发研究院(中国·深圳)	未审批	—
深汕特别合作区发展总体规划(2015—2030)⑤	2014	深圳市新城市规划建筑设计有限公司	已审批	广东省政府常务会议

3.3 "合作区"利益分配中的平衡稳定

平衡稳定的利益分配机制是协同共治型治理实现的内在基础(表3)。根据"合作区"分配方案,省政府对"合作区"财政实行"省直管",并获取一定比例的"合作区"地方级税收。而深圳与汕尾可分别获得25%的税收分成比例。

但考虑到"合作区"发展需要,2015年前税收全部返还合作区,2020年以前返还50%。此外,汕尾还可获得小部分(约15%)"合作区"土地出让金。

---

❶ 深圳市新城市规划建筑设计有限公司.深汕特别合作区城市总体规划(2010—2030)(未审批).2012.

❷ 北京大学(深圳)规划设计研究中心.深汕特别合作区土地利用总体规划(2010—2020)(未审批).2012.

❸ 深汕特别合作区管委会.深汕特别合作区国民经济和社会发展第十二个五年规划纲要(未审批).2012.

❹ 综合开发研究院(中国·深圳).深汕特别合作区产业发展规划(2012—2015)(未审批).2012.

❺ 深圳市新城市规划建筑设计有限公司.深汕特别合作区发展总体规划(2015—2030)(已审批).2014.

表 3 "合作区"各主体方潜在收益及建设收益❶

主体方	潜在收益	建设收益
广东省	(1) 获得区域平衡发展政策抓手； (2) 获得战略推广带来的潜在的政治与经济收益	获得按照体制规定的一定比例的地方级税收
深圳市	获得城市空间腾笼换鸟带来的产业与经济收益	(1) 2015 年后，12.5% 的"合作区"地方级税收； (2) 2020 年后，25% 的"合作区"地方级税收
汕尾市	获得"合作区"带来的巨大经济辐射力及客观的投资及就业，综合提高汕尾市，尤其是海丰县经济水平	(1) 2015 年后，12.5% 的"合作区"地方级税收； (2) 2020 年后，25% 的"合作区"地方级税收； (3) 小部分"合作区"土地出让金

城市间的利益分配机制主要表现为，深圳通过"合作区"既为其实现产业转型腾挪了空间，同时又保持对原有企业的影响力，获得投资、税收方面的利益，并得到"合作区"未来部分税收收益。而纾解出的产业对汕尾也具有足够的吸引力，汕尾可借此获得发展动力。"合作区"发展对汕尾经济，尤其是海丰经济产生强大经济辐射力与"溢出效应"。此外，汕尾还可获得税收和土地出让金等收益。

典型案例是深圳腾讯落户于"合作区"的云计算数据中心。云计算属于技术密集型产业，但从价值链条分解上讲，数据分析和市场开发属于云计算的高端环节，而数据存储和技术维护等属于价值链末端，数据分析和市场开发是深圳需大力支持和重点发展的方向。此外，处于知识溢出效应明显的行业，腾讯等高科技企业也必须依托深圳的科技、制度和文化等条件才能承接和发展这类高端价值链。而数据存储和技术维护部门的搬迁符合减少城市空间压力的空间发展需求，通过产业合作安置在"合作区"既是对深圳产业发展空间的拓展，也是对汕尾产业发展的有力支撑，为汕尾带来可观投资和部分就业。对腾讯而言，分解产业不同环节并将低端环节外迁也能享受低成本土地和税收补贴，同样有吸引力。这种互利共赢的利益分配机制，是地方政府和企业等多主体参与、相互合作的制度基础。

4 结论

改革开放以来分权化和地域竞争的确促进了地方经济发展，但由此导致的治理碎片化也成为可持续发展的瓶颈。跨行政区治理已成为热点领域，而跨界产业园区是其中的重要课题。总体上，"合作区"的协同共治型区域治理模式在形成动因、主体参与时序、省—地方关系及地方间关系表现为以下特征。

产业经济与市场发展不平衡是协同共治型跨界治理的根本动因。"合作区"是

---

❶ 广东省人民政府. 深汕(尾)特别合作区基本框架方案. 2011.

长期区域产业经济发展不平衡及深圳产业外溢与汕尾扭转"塌陷经济"两方面诉求合力所引发的区域治理创新,而省政府的政策支持则降低了合作成本。广东省政府的包括"对口帮扶"等一系列政策引导、深圳为过剩资本寻求城市空间与汕尾市实现"塌陷经济"崛起的发展诉求,三者不谋而合。省政府主动引导在先,进而城市政府积极响应,市场力相对滞后于政府系统。省与地方关系上,一方面,省政府对地方实施放松管制与权力下放。"合作区"治理架构上,省政府不直接参与"合作区"建设发展事宜,全权委托两市进行管理以调动地方发展能动性。另一方面,省政府提供项目性支持和制度性支持以实现资源注入。"合作区"发展事务上,表现为赋予"合作区"土地指标、产业发展与基础设施建设资金等项目性支持,赋予地级市管理权限、人事管理与财政税收权限、设立单独的公检法机关等制度性支持。这些支持推动了"合作区"规划、建设与运行,同时避免地方政府间因利益让渡和利益博弈等导致的治理网络关系崩坏。地方间关系上,形成富有特色的(融合共建式)行政组织架构。"合作区"建设事务上,虽然深圳负责招商引资与土地开发,汕尾负责社会管理与土地征收,但构建了一套融合统一的行政组织体系,互相监督并协商共治。利益分配机制上,"合作区"具有平衡稳定的分配机制,各方不仅获得自身需求的潜在收益,且均能从园区发展运行中获得明确、可观税收收益,治理结构稳定。因此,协同共治型区域治理模式是在产业、市场发展不平衡与平衡发展型区域政策高度匹配的条件下,省政府先导,运用去管制、权力下放及资源注入,地方政府跟进,通过构建协同融合、分工合作的行政管理架构与稳定共赢的利益分配机制的综合治理模式。

然而,"合作区"的建设仍以政府内部协作为主,市场主体并未参与其中。所以,本文所提出的"协同共治"其实是多层级政府与政府多部门之间的高效协同,市场力并不在讨论范围内。由于建设时间尚短,"合作区"内的投资项目有限,难以对产业发展效果进行评估,也需要进一步考察"政府—市场"关系。因此,需要持续观察"合作区"内的企业投资及与"合作区"管委会的互动,以丰富政府与市场这一治理维度。

参考文献

[1] 罗小龙,沈建法.长江三角洲城市合作模式及其理论框架分析[J].地理学报,2007,62(2):115-126.

[2] 王军.西咸新区创新城市发展方式的思考[J].城市规划,2014,38(6):73-76.

[3] 陈明,商静.区域规划的历程演变及未来发展趋势[J].城市发展研究,2015,22(12):70-76.

[4] 王爱民,徐江,陈树荣.多维视角下的跨界冲突—协调研究——以珠江三角洲地区为例[J].城市与区域规划研究,2010(2):132-145.

[5] 张衔春,许顺才,陈浩,等.中国城市群制度一体化评估框架构建——基于多

层级治理理论[J].城市规划,2017,41(8):75-82.

[6] 袁奇峰.分权化与都市区整合:"广佛同城化"的机遇与挑战[J].北京规划建设,2015,22(2):171-174.

[7] 张衔春,吕斌,许顺才,等.长株潭城市群多中心网络治理机制研究[J].城市发展研究,2015,22(1):28-39.

[8] 黄春萍.基于管治理念的滇中城市群区域协调发展机制探究[J].云南地理环境研究,2009,21(2):47-52.

[9] 罗小龙,沈建法.跨界的城市增长——以江阴经济开发区靖江园区为例[J].地理学报,2006,61(4):435-445.

[10] 罗小龙,沈建法.制度创新:苏南城镇化的"第三次突围"[J].城市规划,2006,20(3):48-52.

[11] 张京祥,耿磊,殷洁,等.基于区域空间生产视角的区域合作治理——以江阴经济开发区靖江园区为例[J].人文地理,2011,26(1):5-9.

[12] 刘永敬,罗小龙,田冬,等.中国跨界新区的形成机制、空间组织和管治模式初探[J].经济地理,2014,34(12):41-47.

[13] 蒋费雯,罗小龙.产业园区合作共建模式分析——以江苏省为例[J].城市问题,2016,35(7):38-43.

[14] 深圳市统计局,国家统计局深圳调查队.深圳统计年鉴[M].北京:中国统计出版社,2001—2014.

[15] 汕尾市统计局.汕尾统计年鉴[M].北京:中国统计出版社,2001—2014.

[16] 林雄斌,杨家文,李贵才.村镇区域城乡一体化发展困境与策略探析——以珠海市斗门镇为例[J].现代城市研究,2016,23(3):75-82.

[17] Lin G C. Metropolitan development in a transitional socialist economy: spatial restructuring in the Pearl River Delta, China [J]. Urban Studies, 2001,38(3):383-406.

[18] Yang C. Restructuring the export-oriented industrialization in the Pearl River Delta, China: institutional evolution and emerging tension [J]. Applied Geography,2012,32(1):143-157.

[19] 杨忍,陈燕纯,徐茜.基于政府力和社会力交互作用视角的半城市化地区工业用地演化特征及其机制研究——以佛山市顺德区为例[J].地理科学,2018,38(4):511-521.

[20] Xu Jiang, Yeh A G O. Inter-jurisdictional cooperation through bargaining: the case of the Guangzhou-Zhuhai railway in the Pearl River Delta, China [J]. The China Quarterly,2013,213:130-151.

该文发表于《地理科学》2018年第9期,作者为张衔春,栾晓帆,马学广,林雄斌。

跨界公共合作视角下珠三角一体化战略实施评估及启示

摘要 珠三角作为我国沿海地区典型的巨型城市区域,其空间结构的演变深受区域规划与区域政策影响。一体化发展是珠三角历版区域规划与区域政策贯穿始终的主导思想。研究首先梳理珠三角多年来一体化战略及政策,提炼其在区域空间发展、区域治理结构及区域合作议题三方面的主要特征。其次,通过收集广佛肇、深莞惠、珠中江跨界合作的有效网络新闻词条,系统分析三大都市圈跨界合作的主要特征,包括总体时空分布特征、治理结构演化特征、合作议题分布特征。最后,通过数据对比与归纳,对珠三角一体化发展战略的实施进行系统评估,为未来区域发展战略与政策优化提供建议。

关键词 一体化战略;跨界合作;珠三角;区域治理

作为典型巨型城市区域(megacity-region)及沿海开放经济连绵区,珠江三角洲(简称"珠三角")已初步形成"大市场—小政府"的区域治理结构。伴随国家行政体制改革[1]、公共事务权限下放[1]、区域结构多中心化[2]等趋势,从第一轮《珠江三角洲城镇体系规划(1991—2010)》到第五轮《珠江三角洲全域规划》,珠三角一体化发展战略已逐渐从规划构想走向涵盖交通网络、跨境产业园区、多目标社会服务体系、跨界环境合作等多维度的区域行动框架。国家层面第一部区域规划《珠江三角洲地区改革发展规划纲要(2008—2020年)》(简称《规划纲要》)的颁布,正式标志珠三角内部一体化战略的纵深化推动。《珠江三角洲城镇群协调发展规划(2004—2020)》首次提出建设的广佛肇、深莞惠、珠中江三大都市圈成为珠三角一体化发展战略的主体形态,并逐步在多个区域行动计划中落实。2014年,广东省政府提出对口帮扶政策,三大都市圈相继扩容,一体化发展战略开始向粤东西北推进。然而,珠三角一体化发展战略是否得到有效实施?目前区域一体化发展战略应如何优化,这是引领我国未来巨型城市区域发展的重大课题,而目前仍缺乏系统研究。

1 文献回顾

珠三角空间格局演化经历"增长点""增长极"到"增长轴"的空间演变[3],逐步呈现多中心乃至网络化趋势[4],并向全球城市区域(global city-region)方向发展[5]。在面向一体化战略的纵向区域治理中,珠三角形成"省部合作"与"省市合作"两种模式[6],通过政府化与去政府化的方式重塑新国家空间[7],推动与香港的跨界合作及多层级治理[8]；但实施效果上，有学者认为珠三角"深莞惠""广佛肇""珠中江"的一体化战略格局与实际发展并未完全匹配[9]。自《规划纲要》颁布以来，三大都市圈内城市间合作明显增多，多层级治理格局初步成形。基于珠三角区域一体化战略的主要特征来分析三大都市圈内部城市跨界合作的现实成效，能够弥补现阶段一张网络图谱的不足，是评估一体化发展战略实施的重要依据。

信息和通信技术发展的"时空压缩"现象[10]，促进多中心区域呈现网络化组织形式。"流空间"成为后福特制下的基本空间元素，引导传统自上而下的等级化向横向网络化组织转变[11-13]，并提升高级服务业经济的流动性、城市间联系程度[14]及信息交换规模和频率[15]。基于此，应用社会网络分析[16]、行动者网络[17]、复杂网络[18]等理论和方法，深化区域城市网络分析。多种类、多尺度的网络分析在城市群、都市区、全球城市区域等不同空间尺度中被地理学、城市规划及公共管理等学科广泛运用，并取得大量成果。如：基于跨界区域贸易网络数据，发现中国—东盟自贸区城市群空间关联形成"核心—中间—边缘"三层级联系[19]；基于跨界人口流动网络，长三角人口迁移表现为"大扩散，小聚集"空间特征[20]。近年来，网络化也逐渐应用于跨界合作研究，成为大型地理尺度单元的空间、经济与制度分析的重要工具。伴随数据源优化，其在区域合作研究中的解释力不断提升，如借助网络数据分析长三角城市区域的城际公共合作网络特征[21]。

因此，本研究以区域合作网络视角，首先通过系统分析珠三角一体化战略，归纳其在区域空间发展、区域治理结构及区域合作事务上的主要特征；进而以网络新闻数据分析一体化发展战略下深莞惠、广佛肇及珠中江三大都市圈跨界合作的特征，即总体时空分布特征、治理结构演化特征、合作领域空间分布特征；最终评估珠三角一体化战略实施成效，以期从跨界合作角度给珠三角一体化战略优化提供政策启示。

2 珠三角城市区域一体化战略特征

自1989年珠三角率先在全国范围内编制城镇体系规划（即《珠江三角洲城镇体系规划》）以来，一体化发展一直是珠三角区域战略与政策的核心议题。总体上，珠三角一体化战略体现出三个基本特征。

2.1 区域空间时序：核心城市带动外围城市，以都市圈为单元推动珠三角全面一体化

1994年《珠江三角洲经济区城市群规划》颁布以来，历版区域空间规划均延续着一个空间发展战略思想：通过划定区域核心城市及发展次区域，实现由核心城市带动外围城市、以都市圈为单元推动珠三角全面一体化的目标。

历版规划确定珠三角一体化发展整体路线。首先，早期规划（如1994年《珠江三角洲经济区城市群规划》）逐步确立了区域发展的核心城市，包括主中心城市（广

州与深圳)、副中心城市(珠海)两类;其次,依托地理毗邻及早期经济社会产业联系,发挥核心城市带动作用,推动区域内部广佛肇、深莞惠及珠中江等次区域的形成;最后,以2014年《珠江三角洲全域规划》为基础,通过三大次区域都市圈内部的一体化发展带动珠三角全域一体化发展。此外,通过珠三角"双转移"战略及"粤东西北振兴发展战略"提出的"结对子"思路,推动三大都市圈空间扩容,形成深圳、东莞、惠州、汕尾、河源为主的深莞惠都市圈,广州、佛山、肇庆、云浮、清远为主的广佛肇都市圈及珠海、中山、江门、阳江为主的珠中江都市圈。

2.2 区域治理体系:多层级政府合作,政府、市场及社会多元治理

对于珠三角区域一体化的治理机制,历版规划及相关政策均着力实现多层级政府协同治理,并促进各级政府及相关机构建立正式与非正式合作框架。以《规划纲要》为例,其规划实施中分为三个基本层次:第一层次是以省领导小组为核心,负责区域事务协调与跨部门、跨地区的合作协同;第二层次是以领导小组办公室为核心,负责对规划实施进行定期考核,聚焦重大项目落实;第三层次是以地级市为主体的联席会议及框架协议,负责地区性合作事务及定期磋商区域合作[9]。

一方面,多层次政府合作的区域治理模式,在一体化的合作事务上也被不断复制,典型如珠三角跨市轨道交通的溢价回收中形成的"省市及省部合作"治理架构[6]。另一方面,多层级政府合作的行政主导模式,旨在区域范围内推动政府、市场及社会多元参与的多元治理模式。例如,《规划纲要》指出,珠三角一体化需要在省政府的统一领导下,建立起城市间、部门间、企业间及社会广泛参与的多层次治理模式;《广佛同城化发展规划(2009—2020)》《深莞惠区域协调发展总体规划(2012—2020)》等相关一体化发展战略规划及政策也明确了以多层级政府合作为前提的多元共治的区域治理模式。

2.3 区域合作内容:建立社会经济制度及生态多元的区域合作框架

从区域一体化议题看,相关发展战略及规划旨在建立社会经济制度及生态多元的区域合作框架,包括综合性发展战略与专项合作战略两个层次,其中综合性发展战略(如《珠江三角洲全域规划》)建构了经济产业、基础设施、城乡规划、消防卫生、资源环境等多方面合作框架,而专项合作战略(如"双转移"战略)则针对其中一个或若干个方面建立区域合作框架及行动计划。

珠三角一体化发展战略通过重塑空间发展格局、多中心治理结构和综合区域合作议题来推动全面的一体化发展。2014年的空间扩容使"广佛肇""深莞惠""珠中江"三大都市圈成为检验一体化发展战略成效的重要空间单元。本研究将从区域合作的时空特征、区域治理结构及区域合作事务特征三方面评估现阶段跨界合作是否符合一体化战略特征。

3 研究范围与数据来源

3.1 研究范围

研究区域涉及深莞惠、广佛肇及珠中江三大都市圈,包括广州、深圳、珠海、中山、江门、佛山、肇庆、东莞、惠州、云浮、清远、阳江、汕尾及河源 14 个城市。

3.2 数据来源

跨界合作关系数据通过互联网采集:①以两两城市名为关键词,通过百度网站进行新闻搜索,提取区域合作、跨界合作等相关议题的专业网页;②通过城市政府电子门户网站查询系统,输入合作城市名称,通过网页汇总政府文件、新闻报章等基础资料❶。

鉴于《珠江三角洲城镇群协调发展规划》作为珠三角一体化重要时间节点,考量合作新闻数据的可追溯性,本文数据统计时间段为 2004—2015 年。研究将 12 年间的区域合作网络数据划分为 2004—2005 年、2006—2007 年、2008—2009 年、2010—2011 年、2012—2013 年、2014—2015 年六个时间段,统计汇总有效合作信息 2333 条。其中,广佛肇都市圈 691 条、深莞惠都市圈 1015 条、珠中江都市圈 627 条。

4 三大都市圈跨界合作时空分布特征

4.1 广佛肇都市圈跨界合作时空分布

空间结构上,广佛肇都市圈形成"广州—佛山—清远"区域合作金三角结构(图1)。

近年来"广州—佛山—清远"区域合作主导态势增强,12 年间三城间合作信息均达 100 条以上(广州—清远 146 条,佛山—清远 106 条,广州—佛山 101 条),广佛同城化成为国内跨市合作一体化典范;2014 年对口帮扶政策实施后,广州—清远区域也进一步跨越式增强合作力度(合作次数由 26 次升至 107 次),成为广佛肇都市圈新的区域合作热点地带,既得益于清远与广州地理区位的邻近,也受历史上行政隶属关系、水运枢纽连通和经济文化互通等因素影响。

广肇区域合作力度先升后降。2008—2011 年广肇合作次数明显增加,之后一体化进程逐渐减慢。

部分区域合作力度始终维持在较低水平,如:云浮与都市圈其他城市合作力度较低,位于合作网络边缘,佛山—肇庆也有类似情况。这表明珠三角一体化发展战略可能局部存在"拉郎配"问题。

---

❶ 各城市政府门户网站。

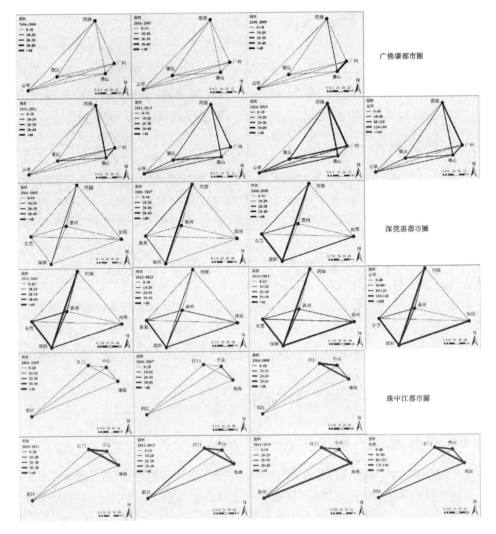

图 1　三大都市圈跨界合作时空网络分布图(2004—2015)

4.2　深莞惠都市圈跨界合作时空分布

空间结构上,深莞惠都市圈形成以深圳为核心的点状发散状格局。

深圳的核心城市地位得到不断强化,近 12 年来与深圳区域合作信息数量超过 200 条的都市圈城市就达 3 个(占比 60%,深圳—河源 259 条,深圳—汕尾 220 条,深圳—东莞 202 条)。特别是 2014 年对口帮扶政策实施后,深圳—汕尾及深圳—河源间区域合作次数得到大幅提升,说明深圳作为核心城市在一体化中起到核心带动作用。

除深圳外的其他都市圈城市间区域合作的网络化格局尚未建立,如惠州与东莞 12 年间区域合作次数仅 69 次,汕尾与河源更少见区域合作信息,客观表明深莞惠都市圈一体化政策红利尚未扩展至非核心城市。

4.3 珠中江都市圈跨界合作时空分布

空间结构上,珠中江都市圈形成"珠海—中山—江门"的区域合作金三角格局,一体化格局与《规划纲要》相一致。

珠中江区域跨界合作不断增强,2004—2015年的12年间三者合作信息数量位列都市圈各城市间合作前列(珠海—江门185条,江门—中山157条,珠海—中山90条),特别是珠海—江门、江门—中山的合作次数有跨越式增长。

珠海—阳江跨界合作逐渐成熟,12年累计合作信息达118条,特别是2014年对口帮扶政策实施后,两城市间合作次数快速上升。可见,珠中江都市圈跨界合作的有效性既来自各城市的建设规模和功能要素的日益完善,也源自城市间经济落差较小、发展相对均衡。

5 三大都市圈跨界合作治理结构特征

研究为了识别各主体参与区域合作的程度,通过分析合作新闻,将区域合作新闻分为"政府—政府""政府—市场""政府—社会""市场—市场""社会—社会"五种类别(图3)。

5.1 广佛肇都市圈跨界合作治理结构

广佛肇都市圈跨界合作的治理结构呈现"政府单边合作为主,比重逐年上升"的特征。

2008年后,广佛肇一体化突出表现为行政干预主导的政府先行模式。

(1) 政府间合作比重大幅提升:2008年前政府间合作比例较低(约50%),2008年后比重大幅上升至87%。

(2) 政府与市场及社会合作比重大幅下降:政府与市场合作比重自2008—2009年的20%大幅下降至2014—2015年的3%,政府与社会间合作比重也从2006—2007年的15%下降至2014—2015年的2%。

(3) 市场间合作不被鼓励:比重由2006—2007年15%下降到2014—2015年6%。

(4) 社会间合作先升后降,比重最低:2004—2005年合作尚不存在,到2006—2007年间比重增长至10%。其后自2008年开始迅速下降,至2014—2015年降至2%。

5.2 深莞惠都市圈跨界合作治理结构

深莞惠都市圈跨界合作的治理结构呈现"政府治理为主,与市场主体合作密切,社会间合作水平较高"特征。

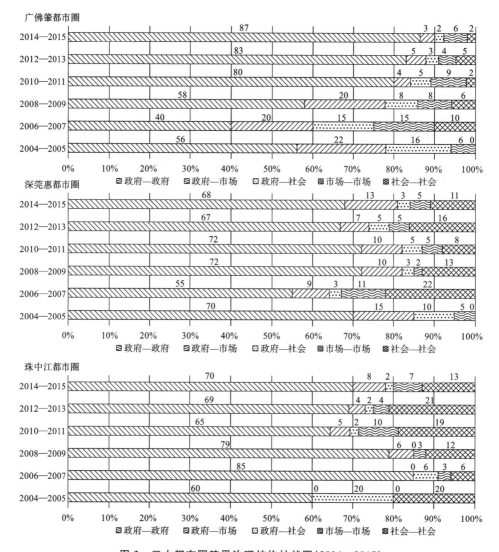

图3 三大都市圈跨界治理结构柱状图(2004—2015)

(1) 12年间政府间合作比例保持稳定水平(维持在55%～72%),在治理结构中始终占据主导地位。

(2) 政府与市场合作关系基本保持稳定(比重维持在10%左右),但与社会合作水平迅速下降(2004—2005年为10%,而2014—2015年仅约3%)。

(3) 市场间合作较弱且呈下降趋势(2006—2007年比重为11%,至2008—2009年比重仅约2%)。

(4) 社会间合作水平较高(2004—2005年合作关系尚不存在,到2006—2007年比重迅速上升至22%,而后比例发生阶段性波动,但总体维持在较高水平)。

深莞惠都市圈一体化战略实施中,行政主导下的政企合作与近些年蓬勃发展的深圳经济不无关系,且深圳在区域一体化的核心主导作用也开始依靠市场与社会组织的力量。

5.3 珠中江都市圈跨界合作治理结构

珠中江都市圈跨界合作的治理结构呈现"政府单边合作主导,社会组织间自下而上开展区域合作"特征。

(1) 政府间合作比重有所下降。

(2) 政府与市场合作比重小幅上升,与社会合作比重持续下降。其中,政府与市场合作比重从2008年前的近乎零比例,小幅提升至2014—2015年的8%;政府与社会合作则从2004—2005年接近20%,降至2014—2015年仅约2%。

(3) 市场间合作比重呈波动状,总体比例较低。

(4) 社会间合作比重较高,2008年后,比重不断上升,从2006—2007年6%上升至2012—2013年21%。2014年后虽有回落,但比重仍然维持在13%左右。

珠中江都市圈区域治理结构体现为政府合作的消极性和社会组织间的良好整合机制。社会自发合作下,一体化战略政府推进力度不强。

6 三大都市圈跨界合作区域事务特征

相关文献及合作协议通常将合作事务细分为综合、经济发展、基础设施、城市规划、制度建设、城市管理、科学教育、文化娱乐、公共卫生、灾害应急、资源环境、对口帮扶与其他,共13类。除去"综合"与"其他"外,研究将"经济发展"与"基础设施"归为一类合作事务(简称"领域一"),侧重都市圈经济发展及直接配套;将"城市规划""制度建设""城市管理"归为一类合作事务(简称"领域二"),侧重都市圈制度与管理;将"科学教育""文化娱乐""公共卫生""灾害应急""资源环境"归为一类合作事务(简称"领域三"),侧重都市圈辅助功能和软性功能;将"对口帮扶"归为一类(简称"领域四"),针对2014年对口帮扶政策。

由于三大都市圈城市组对数量较多,考虑到重点所在,研究重点观察核心城市与周边的城市合作及合作金三角内的城市组对(表1)。

表1 三大都市圈跨界合作区域事务分布比例表(2004—2015)

		领域一	领域二	领域三	领域四	综合	其他
广佛肇城市圈	广州—清远	18%	22%	19%	27%	18%	0%
	佛山—清远	2%	34%	12%	29%	1%	0%
	广州—佛山	22%	34%	28%	0%	18%	6%
	广州—肇庆	23%	19%	40%	0%	6%	12%
	广州—云浮	20%	50%	5%	5%	20%	0%

续表

		领域一	领域二	领域三	领域四	综合	其他
深莞惠城市圈	深圳—东莞	19%	52%	20%	0%	6%	3%
	深圳—惠州	36%	40%	14%	0%	4%	6%
	深圳—汕尾	31%	9%	11%	42%	4%	3%
	深圳—河源	18%	10%	12%	51%	2%	7%
	东莞—惠州	41%	33%	17%	0%	0%	9%
珠中江城市圈	珠海—中山	29%	45%	25%	0%	1%	0%
	珠海—江门	20%	42%	35%	0%	3%	0%
	珠海—阳江	11%	19%	16%	51%	3%	0%
	中山—江门	20%	50%	25%	0%	5%	0%

6.1 广佛肇都市圈跨界合作区域事务

广佛肇都市圈区域合作事务呈现"合作领域总体较均衡,制度及管理合作显著,局部向对口帮扶事务侧重"。

合作领域总体较为均衡,数据显示:各领域不同城市间比重差异较大,相同城市间不同领域比重同样存在分异,因此不存在所占比重具有绝对优势的领域。

领域一、领域二和领域三比重总体略高于领域四。其中,领域二比重普遍高于领域一和领域三,表明广佛肇都市圈现阶段跨界合作的若干领域中,制度及管理合作事务最为显著。

领域四中,广州—清远比重较高,表明在广佛肇都市圈内的广州作为核心城市,主要肩负对口帮扶任务。

6.2 深莞惠都市圈跨界合作区域事务

深莞惠都市圈区域合作事务呈现"制度及管理合作、对口帮扶与经济合作多元并举"。

深圳为核心的四组城市组队中,深圳与东莞及惠州合作集中在领域二,即都市圈制度与管理;同时,领域一的经济建设与相关配套方面合作占较大比例。深圳与汕尾和河源合作中,以深圳对口帮扶为主,且经济合作与配套占较高比例。

东莞与惠州合作集中在领域一,即经济建设与配套。

以深圳为核心的区域合作体系中,深圳与周边的东莞及惠州由于产业选择的潜在矛盾,以制度整合为主。同时,深圳市是对口帮扶的主导者。

6.3 珠中江都市圈跨界合作区域事务

珠中江都市圈区域合作事务呈现"制度和管理合作主导,局部向对口帮扶事务倾斜"。

区域合作金三角中,比例最高的是领域二,即都市圈的制度和管理问题,领域二内部比例最高的是城市管理类合作。除制度和管理合作主导外,经济建设及配套与辅助功能和软功能合作比例大体相当。

非区域合作金三角外,局部对口帮扶事务有所倾斜。典型如珠海—阳江的跨界合作关系。

珠海作为区域核心城市,与中山、江门的合作模式以制度合作为主,经济合作较弱,体现了珠海对周边城市经济辐射力有限。同时,珠海承担主要的对口帮扶责任。虽然空间格局上珠中江都市圈更加贴近一体化发展战略目标,但以制度为主导的合作关系也揭示出经济合作和整合力度不足困境。

7 战略评估与启示

7.1 一体化战略实施评估

通过分析珠三角一体化战略三大基本特征,分别从时空格局、治理结构和区域事务揭示三大都市圈跨界合作状况,以此评估珠三角一体化发展战略的部分实施成效。

空间发展格局基本符合一体化战略目标,但局部存在"拉郎配",都市圈空间范围有待进一步调整优化。自《规划纲要》颁布以来,三大都市圈整合力度均较大,其中广—佛—清及珠—中—江区域合作金三角格局显著,深圳的区域带动作用不断增强,但肇庆融入广佛肇都市圈的程度尚低,未形成一体化战略希望的区域合作格局。

区域治理结构尚未达到多门类、多主体参与的理想目标,总体上行政干预主导性较强,但局部市场及社会已奠定合作基础。三大都市圈整合均以政府行政干预为主,一体化程度波动较大、实施效果不佳。其中,广佛肇都市圈受政府行政力影响尤为显著。相较之下,深莞惠都市圈内部城市政府与市场合作的意向更为明确,珠中江都市圈社会组织间合作态势较好。

区域合作事务以制度和管理行动为主,对口帮扶对一体化发展起到正向积极作用。一方面,受行政因素影响,三大都市圈一体化仍主要集中在制度借鉴上,说明一体化发展战略有待进一步在经济领域推进,提高市场主体的参与水平。对口帮扶政策虽然起到一定积极作用,但过度依赖区域核心城市推动,其他城市间的相互帮扶机制有待进一步优化。

7.2 一体化战略实施启示

本研究为一体化战略提出以下启示。

强化制度建设,培育跨市合作的稳定制度框架。基于非正式制度设计制度化的思路,对地方自发合作予以制度保障,提供必要经费与法律支持。

构建社会组织积极参与的区域治理模式。鼓励地方性社会组织的发展,扩大其参与区域事务的范围。包括提供政策资金支持、提供渠道参与区域公共政策制定、提供日常运作与建立合作伙伴关系的信息咨询及专业性的培养与技术指导。同时,避免过多行政干预,赋予社会组织独立自主的区域事务决策权。

进一步发挥都市圈核心城市带动作用。利用经济发展落差强化配对帮扶政策。鼓励不同城市依据自身优势,与外围城市进行多维度功能整合,不仅包括经济合作,也包括城市软功能的整合及制度上的学习借鉴。同时,上位政府加强政策支持,协调帮扶城市与被帮扶城市的利益分配。

充分调动市场主体参与区域治理的积极性。鼓励如专业行会等主体参与区域合作,尤其是区域产业合作与重大基础设施建设,多渠道拓展项目融资、建设方式。尊重市场选择,以市场机制为基础,规范相关法律,明确市场主体参与区域治理的渠道与范围,并提供激励机制与保障体制。

都市圈空间范围的弹性调整与治理边界的柔性化。依据城市实际功能联系,以稳定的制度框架推动空间边界动态调整,避免拉郎配等以行政区利益等主导的都市圈发展模式。制度空间要与功能空间相一致,区域治理边界柔性化,鼓励相关跨界合作组织发展,全球化趋势下,加快区域自上而下放权与市场化进程,构建扁平化治理模式。

参考文献

[1] 张衔春,边防.行政管理体制背景下规划审批制度优化对策[J].规划师,2014(4):28-32.

[2] 张衔春,赵勇健,单卓然,等.比较视野下的大都市区治理:概念辨析、理论演进与研究进展[J].经济地理,2015(7):6-13.

[3] 李晓莉.大珠三角城市群空间结构的演变[J].城市规划学刊,2008(2):49-52.

[4] 林雄斌,马学广,晁恒,等.珠江三角洲巨型区域空间组织与空间结构演变研究[J].人文地理,2014,29(4):59-65.

[5] 李红卫,王建军,彭涛,等.珠江三角洲城镇空间历史演变与趋势[J].城市规划学刊,2005(4):22-27.

[6] 林雄斌,杨家文,李贵才,等.跨市轨道交通溢价回收策略与多层级管治:以珠三角为例[J].地理科学,2016,36(2):222-230.

[7] Li Z, Xu J, Yeh A G O. State rescaling and the making of city-regions in the Pearl River Delta, China[J]. Environment and Planning C: Government and Policy, 2014, 32(1): 129-143.

[8] Yang C. Multilevel governance in the cross-boundary region of Hong Kong-

Pearl River Delta,China[J]. Environment and Planning A,2005,37(12):2147-2168.

[9] 赖寿华,闫永涛,刘冠男,等. 珠三角区域规划回顾、评价及反思[J]. 城市规划学刊,2015(4):12-19.

[10] Harvey D. Time-space compression and the postmodern condition[J]. Modernity:Critical Concepts,1999(4):98-118.

[11] 冷炳荣. 从网络研究到城市网络[D]. 兰州:兰州大学,2011.

[12] 张衔春,吕斌,许顺才,等. 长株潭城市群多中心网络治理机制研究[J]. 城市发展研究,2015(1):28-37.

[13] 张衔春,单卓然,许顺才,等. 内涵·模式·价值:中西方城市治理研究回顾、对比与展望[J]. 城市发展研究,2016(2):84-90,104.

[14] Sassen S. The global city:New York,London,Tokyo[M]. Princeton:Princeton University Press,1991.

[15] Hall P G,Pain K. The polycentric metropolis:learning from mega-city regions in Europe[M]. Routledge,2006.

[16] Freeman L. The development of social network analysis:a study in the sociology of science[M]. Vancouver:Empirical Press,2004.

[17] Latour B. On actor-network theory:a few clarifications[J]. Soziale Welt,1996:369-381.

[18] Watts D J,Strogatz S H. Collective dynamics of "small-world" networks[J]. Nature,1998,393(6684):440-442.

[19] 梁经伟,文淑惠,方俊智. 中国—东盟自贸区城市群空间经济关联研究——基于社会网络分析法的视角[J]. 地理科学,2015(5):521-528.

[20] 王钰,陈雯,袁丰. 基于社会网络分析的长三角地区人口迁移与演化[J]. 地理研究,2014(2):385-400.

[21] 李响,严广乐. 区域公共治理合作网络实证分析——以长三角城市群为例[J]. 城市问题,2013(5):77-83.

该文发表于《城市发展研究》2017年第8期,作者为张衔春,陈梓烽,许顺才,陈鹏,单卓然。

城市区域经济一体化水平测度：基于深莞惠次区域的实证研究

摘要 以深莞惠次区域为案例，从市场一体化、产业一体化与基础设施一体化三方面综合评估城市区域经济一体化水平。研究发现：深莞惠市场一体化水平自2009年后有小幅提升，且处于持续整合的状态；产业一体化上，同构现象持续增强，亟需进行产业结构调整；基础设施均等性和连通性不断提升，为经济一体化的实现提供重要支撑。城市组对上，深圳与东莞及惠州市场一体化与基础设施一体化水平较高，而产业同构现象较严重，需要错位发展，寻求比较优势；东莞与惠州之间，市场与产业一体化水平较差、基础设施一体化水平处于中等；深圳与汕尾的市场一体化及产业一体化水平较高，基础设施一体化处于低水平，深圳与河源市场一体化与基础设施一体化处于中等水平，产业一体化水平较高。

关键词 深莞惠；市场；产业；基础设施；经济一体化

珠江三角洲（简称珠三角）是我国重要的沿海巨型城市区域[1,2]，其经济社会与治理结构深受全球化与地方化的综合作用，其一体化战略最早可追溯到1994年《珠江三角洲经济区城市群规划》的颁布。空间发展路径历经三个阶段，首先以区域核心城市（广州、深圳、珠海）为重点；进而划分三大次区域即广佛肇（广州、佛山、肇庆）、深莞惠（深圳、东莞、惠州）及珠中江（珠海、中山、江门）；2014年，粤东西北地区振兴发展战略对三大次区域进行空间扩容，河源与汕尾被包括进深莞惠次区域中。而空间战略对经济一体化的实际绩效如何？答案依托于对珠三角，尤其是三大次区域经济一体化的综合测度。当前，深圳市城市空间严重不足，产业溢出不断强化，其在深莞惠范围内疏解空间不足的诉求紧迫。而东莞、惠州迫切需要借助深莞惠一体化，与深圳产业对接并实现结构升级。汕尾与河源经济水平落后，扩容后，力图依靠深圳产业外溢实现崛起。由此可见，深莞惠不仅受到全球经济重构深远的影响，同时兼具复杂的地方政治经济背景。将深莞惠作为研究对象，测度其经济一体化水平，既有助于深化对珠三角一体化认知，也为有效的制度设计提供借鉴。

城市区域是城市核心区、边缘区与广大农村腹地间社会、经济及制度多维联系的紧密地域单元[3,4]，而经济一体化指同一政权下的经济整合[5]。一体化包括两个维度：一是区域治理模式与结构，即制度空间；二是社会经济联系，即功能空间。目前已有大量成果，前者集中在区域治理研究，如国外治理模式引介[6-8]、多层级治理模式分析[9-11]、同城化治理结构分析[12,13]、跨界基础设施多元博弈[14,15]等。后者侧重经济一体化[16]城市群经济联系[17,18]、城市网络分析[19,20]等。经济一体化测度上,主要包括指标评分法[21,22]、相对价格模型与价格指数[23,24]及生产法[25]。而既有研究将市场一体化等同经济一体化,忽视产业与基础设施的支撑作用;经济一体化概念近似于城市整合,应体现在区域生产要素、产业结构和市场体系的综合整合,在整合过程中需要规划管理的协调和公共设施的区域化来带动内部经济社会效益提升[26]。同时,将制度要素纳入评估框架中,使得测度准确性大幅下降。笔者认为,应将制度要素剥离,经济一体化需将市场、产业与基础设施分别进行测度,综合解释经济一体化的特征。

1 经济一体化测度的理论进展

经济一体化指地理邻近的两个(或两个以上)国家(或地区)通过政策上的协调和约定,在区域内消除贸易和非贸易性壁垒,形成商品和生产要素自由流通的统一的经济区域的过程。经济一体化既是一个复杂的动态过程,也是当今世界经济发展的重要特征。其理论脉络可追溯到古典国际贸易理论,认为以比较利益为原则的自由贸易可扩大各国的经济利益,进而演化出关税同盟理论、国际分工理论、共同市场理论和大市场理论,奠定了国际经济一体化的理论基础[27,28]。伴随全球化和区域主义复兴浪潮,区域一体化研究逐渐深入,20世纪90年代又引入新区域主义、新经济地理理论和新制度经济学等研究视角[28,29]。本文中区域经济一体化是指国家内部地区经济的整合程度,既是商品和要素的市场化,也包括产业部门的融合。地区一体化大致包括五方面内容和目标:基础设施一体化,市场一体化,产业结构一体化,政府职能一体化和投资、环保一体化[6,30]。不同区域在不同阶段具有不同内容,如珠三角地区,不同于京津冀和长三角涉及跨省级政府间协调和投资,珠三角一体化主要包括市场、产业和基础设施建设三方面。同时,根据区域一体化理论脉络,提供了测度区域一体化水平的指标。鉴于本文剥离制度要素,基于贸易理论和新经济地理理论视角,经济一体化主要包括市场一体化、产业一体化和基础设施一体化。国际贸易理论强调资源分配和商品供求,新经济地理学从经济地理活动的集中现象考察区域一体化进程,强调产业地方化和专业化进程及空间要素(运输成本)。

市场一体化是经济一体化的终极形态,其水平表征了区域资源要素优化配置和重组的能力。市场一体化与市场分割相对应,既是产业专门化的前提条件,也由交通等基础设施水平决定,与产业一体化和基础设施一体化相辅相成[30,31]。理论研究多从贸易流量[32]、生产法[33]、价格指数[34-36]等角度衡量其水平。价格是影响市场供需与要素流动的重要因素,也是衡量区域市场一体化的有效工具。市场包括商品市场和要素市场两大类。当要素和商品(或其一)能够自由流动时,则商品价格会趋同[36]。但是考虑到要素流动比商品流动更为困难,本文采用商品价格来反映商品市场的整合。市场整合程度较高(如低关税、低运输成本和套利成本),意味着同一商品的价格离差较低[35]。以价格法衡量市场一体化不仅可判定区域间贸易是否发生,还可避免其他方法中要素禀赋、规模经济和商品替代弹性等因素影响[33]。考虑到交易成本,Samuelson的冰川模型修正了传统的一价定律,认为只要两地间相对价格取在无套利区间内,则两地市场是整合的。如果地区间相对价格方差随时间变化而收敛,表明价格波动缩小,冰川成本降低,无套利区间缩窄,两地间的贸易壁垒被削弱、阻碍市场整合的因素减少,即市场化一体化程度提升[36]。因此,区域商品市场价格越收敛,市场一体化程度越高。

随着市场一体化加深及生产要素和商品跨区域流动,产业的地理集中和专业化分工更易实现。产业一体化通过合理的生产布局和专业化生产可降低经济活动成本,在区域内实现产业协调发展、低成本扩张,增强区域经济组织与创新。区域间产业结构趋同表现为地区间产业结构差异缩小、工业产品趋同、地理分布均衡等,影响区域经济的资源配置效率,降低比较优势和规模效应,进而制约区域一体化[37,38]。区域一体化演化和产业结构呈现相关关系,也存在一定滞后性。区域一体化的实现需要区域产业间合作、互补和外部性支撑,其中产业功能互补和产业纵向一体化是实现经济一体化的关键[20]。产业一体化的理论基础是分工与贸易理论,在市场机制基础上,区域分工深化,产业集聚现象发生,地区间产业结构差异增大。随着一体化进程的加快,地区间会出现产业梯度转移和进一步分工协作,最终地区专业化分工是由各自的要素禀赋差异(即要素价格差异)所决定[31]。产业同构系数能够直观反映产业结构趋同和分工联系,区域一体化深化则意味着产业分工程度提升,产业同构系数降低。产业结构趋同不是表现在区域三次产业结构和轻重工业的趋同化,而是指产业内部尤其是工业内各行业结构趋同的现象[39]。随着产业和产品细分,产业结构同构程度也会降低[31,40]。此外,产业结构趋同虽然带来了恶性竞争,效率损失,但合理的同构也可能会带来规模集聚效应和增强产业内联系。因此,产业结构趋同存在一个合理区间,即合意性和非合意性[38]。合意性趋同可能是由于市场需求、资源禀赋相似性和资本的自由流动所致。对于区域产业结构相似性在什么水平是合意的,研究结论不尽相同。一般来说,如果区域同构系数在0.5以上则认为产业同质化程度较高,需要进行调整[41]。单独使用产业同构系数来判断产业一体化可能会失之偏颇,还需要从产业链和产品角度加以佐证,但对数据的要求也较高。考虑数据可得性,本文通过对区域内各城市的两位数细分产业测算产业结构相似系数,判断区域产业一体化中产业同构水平。方法选择上,使用改进的产业结构相似度测度方法,避免直接使用联合国工业发展组织提出的产业结构相似系数和改进克鲁格曼指数的方法陷阱,使产业结构相似指数更能反映区域产业结构相似程度和分工水平[42]。产业结构相似指数降低,区域内专业化分工水平提升,产业一体化程度深化。

基础设施建设对增加区域间贸易往来、扩大市场规模效应、促进专业分工有积极作用。研究表明基础设施的改善能够促进区域经济一体化[43]。现有研究多从基础设施密度、基础设施投资，或反映交通运输、生态环境、能源通信、科教文卫等方面的基础设施综合指数等指标开展经济一体化程度的研究[44]，而对基础设施一体化本身研究较少。基础设施一体化与基础设施总量、密度和技术进步有关，但更与其区域基础设施的"分布均等性"[44]、"连接网络性"[20]、"机制协调性"[45]等相关。作为经济一体化的衡量维度，基础设施的均等性与连通性一定程度上反映了城市间差距缩小和区域均衡发展的潜力，也是最基本的指标。城市区域内城市均等性与连通性水平越高，越容易避免不均等造成的负外部效应，从而促进区域商品、人口的流通，提升经济一体化水平。

研究将深莞惠城市区域经济一体化分解为市场一体化、产业一体化及基础设施一体化三方面，选取相关模型进行测度，以2004年《珠江三角洲城镇群协调发展规划》为主要时间节点，构建多维度经济一体化测度模型，分析其在2004—2015年经济一体化的主要变化趋势，以期为深莞惠，乃至珠三角宏观政策与治理模式提供参考。

2 理论框架与测度模型

2.1 理论框架

本研究拟通过量化测度来分析深莞惠经济一体化演进过程与空间特征。为此，以国内外区域经济一体化研究所取得的重要进展为基础，着眼于过往研究中仍存在的方法局限与问题，结合笔者对经济一体化议题本质的解构，其中，市场一体化作为经济一体化的现状表征，而产业一体化与基础设施一体化作为经济一体化实现的支撑要素，构建了一套完整的大城市区域经济一体化发展水平测度的理论框架（图1）。

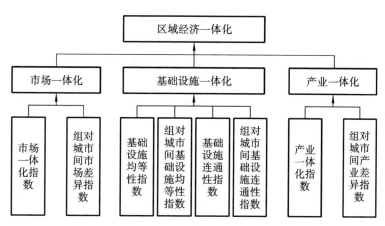

图1 深莞惠城市区域经济一体化测度理论框架图

2.2 测度模型

深莞惠经济一体化水平的测度,分别基于市场、产业和基础设施三个核心要素构建测度模型。令 I_s 表示区域市场一体化水平,I_c 代表区域产业一体化水平,I_j 为区域基础设施均等化水平,I_t 为区域基础设施连通度水平四个维度的一体化水平的具体测度模型如下。

2.2.1 市场一体化测度模型

借鉴陈红霞等(2009)的研究方法,将区域市场一体化整合水平高低转为区域间商品相对价格 P_i/P_j 的浮动趋势分析,即如该相对价格趋于收敛,则表示两地市场趋于一致。对于一个由 m 个城市组成的区域,令 Q_{ijt} 为两个城市 i 和 j 第 t 年的市场一体化水平,则区域市场一体化整合程度 Is 的计算公式为:

$$I_s = \sum Q_{ijt} / C_m^2 \tag{1}$$

$$Q_{ijt} = \sum_{k=1}^{n} Q_{ijt}^k \sum_{k=1}^{n} (\mid \Delta Q_{ijt}^k \mid - \mid \overline{\Delta Q_{ijt}^k} \mid) \tag{2}$$

$$\Delta Q_{ijt}^k = \ln(P_{it}^k \div P_{i(t-1)}^k) - \ln(P_{jt}^k \div P_{j(t-1)}^k) \tag{3}$$

式中,i 和 j 分别表示区域中的两个不同城市,$i \neq j$;t 代表年份;P 为商品价格;k 为选取的商品类别,取值为 $[1,n]$;$\overline{\mid \Delta Q_{ijt}^k \mid}$ 为区域所有 $\mid \Delta Q_{ijt}^k \mid$ 的算术平均值。

2.2.2 产业一体化测度模型

本研究采用产业结构相似指数对区域产业结构相似度加以刻画,该指数是对出口结构相似度指数的一个借鉴,其最初被运用于国家间出口结构重合程度研究[42]。对于任意一个城市区域 A,设其由 m 个地区组成,其产业体系共有 n 个类别,令 R_{lk} 为区域中城市 l 第 k 个行业产值占其总产值的比重,则区域产业结构相似指数 I_c 的计算公式为:

$$I_c = 1 - \frac{1}{2(m-1)} \sum_{l=1}^{m} \sum_{k=1}^{n} \mid R_{lk} - \overline{R_k} \mid \tag{4}$$

式中,l 为研究区域的城市,记为 $l=1,2,\cdots,n$;k 为选取的产业类别,记为 $k=1,2,\cdots,n$。

两两城市间的产业结构相似度采用改进克鲁格曼指数进行测度,该指数实质上是产业结构相似指数在 m 为 2 时的一个特例[42]。令 B_{ijt} 为两个城市 i 和 j 第 t 年的产业结构相似度,则 B_{ijt} 的计算公式为:

$$B_{ijt} = 1 - \frac{1}{2} \sum_{k=1}^{n} \mid R_{ik} - R_{jk} \mid \tag{5}$$

式中,R_{ik} 为城市 i 第 k 个行业产值占其总产值的比重;R_{jk} 则为城市 j 第 k 个行业产值占其总产值的比重。并且以 0.5 为临界值,在 0.5 以上,则认为产业同构产生了负效应,需要进行调整。

2.2.3 基础设施一体化测度模型

(1) 基础设施均等性:本研究采用变异系数对区域内各城市间基础设施均等化水平进行测度,以分析基础设施的区域分布的差异程度。变异系数的数学含义是样本标准差与样本平均值的比,用以反映样本数据的分散变异性质,该统计量数值越大,表示样本均等化程度越好,反之则代表越差。令 V_k 为区域内第 k 类基础设施的变异系数,则区域基础设施均等化水平 I_j 的计算公式为:

$$I_j = \sum_{k=1}^{n} V_k / n \qquad (6)$$

$$V_k = SD_k / M_k \qquad (7)$$

式中,k 为区域基础设施类别,取值为 $k=1,2,\cdots,n$;SD_k 为区域第 k 类基础设施的标准差;M_k 为区域第 k 类基础设施的平均水平。

测度两两城市间的基础设施发展水平差异,本研究借鉴前文城市间产业结构相似度系数的计算方法,即令 S_{ik} 为城市 i 第 k 类基础设施发展水平得分,S_{jk} 为城市 j 第 k 类基础设施发展水平得分,则两个城市 i 和 j 第 t 年基础设施发展水平的相似系数 B_{ijt} 的计算公式为:

$$B_{ijt} = 1 - \frac{1}{n} \sum_{k=1}^{n} | S_{ik} - S_{jk} | \qquad (8)$$

(2)基础设施连通性:该指数主要测度区域内核心城市间的交通连通情况。在本研究中,限于历史交通数据的可获得性,仅将区域内核心交通基础设施(包括城际铁路、高速公路和国道)纳入分析,以其加权总和来近似表征区域基础设施的联通性高低,以直接连通两城市的核心交通基础设施的加权和来近似刻画城市间的道路联通性。令 R_t、E_t、H_t 分别为区域内第 t 年城际铁路、高速公路和国道的开通条数,则区域基础设施一体化水平 I_j 的计算公式为:

$$I_t = \alpha R_t + \beta E_t + \lambda H_t \qquad (9)$$

式中,α、β、λ 分别为城际铁路、高速公路和国道的预设权重。

城市组对间基础设施联通性计算的主要依据是直接连接两城市的核心交通基础设施的加权和高低。令 R_{zt}、E_{zt}、H_{zt} 分别为第 t 年直接连通任意两城市 i 和 j 的城际铁路、高速公路和国道的开通条数,则该城市 i 和城市 j 间的基础设施联通性水平 B_{ijt} 的计算公式为:

$$B_{ijt} = \alpha R_{zt} + \beta E_{zt} + \lambda H_{zt} \qquad (10)$$

式中,α、β、λ 分别为城际铁路、高速公路和国道的预设权重,与式(9)中一致。

2.3 指标选择与数据来源

2.3.1 指标选择

以三个维度的一体化定量测度模型为导向,构建起既能满足模型计算需求,又能较好反映区域经济一体化程度的指标体系。由于本研究兼具纵向时间序列分析和横向区域对比分析,因此为保证研究时段连续性及不同维度下城市组对对比完整性,考虑到部分城市历史序列数据的可获得性和统计指标变更等因素,本文采用重点指标近似刻画经济一体化的发展实际,而非舍本逐末地追求指标体系的完备性和一体化计算的精确性。

2.3.2 数据来源

本文选择 2004—2015 年共计 12 年作为分析时间段,2015 年为最接近现状发展的年份,反映实证分析时效性;而 2004 年作为《珠江三角洲城镇群协调发展规划》的发布实施年,是宏观政策引导下的珠三角一体化发展的初始年份,对于该区域经济一体化的发展具有重要影响。

研究数据来源于 2005—2016 年的《广东统计年鉴》《中国城市统计年鉴》《中国城市建设统计年鉴》及各城市国民经济与社会发展统计公报。城际轨道、高速公路和国道数据主要依据百度地图进行批量识别抓取。部分城市缺失数据采用该城市前后相邻年份的平均值进行近似代替,相邻年份均缺失的数据则通过该市多年平均增长率进行插值补充。

3 测度结果分析

3.1 市场一体化

通过数据处理与压缩,得到深莞惠区域、5 组城市组对间 6 个时间节点共 36 个价格方差值(表 1),并获得深莞惠区域及主要城市组对相对价格方差走势图(图 2)。

表 1 深莞惠区域及主要城市组对市场、产业及基础设施一体化相关指数一览表

年份	市场一体化(相对价格方差)					
	深圳—东莞	深圳—惠州	深圳—汕尾	深圳—河源	东莞—惠州	深莞惠区域
2005	0.01906	0.01683	0.01215	0.01753	0.01431	0.01535
2007	0.00996	0.00810	0.00402	0.00636	0.01032	0.00932
2009	0.01092	0.01066	0.00938	0.00650	0.01104	0.00939
2011	0.00949	0.01305	0.00780	0.01179	0.01274	0.01146
2013	0.00598	0.01080	0.00791	0.00689	0.00657	0.00849
2015	0.00570	0.00675	0.01075	0.00513	0.01033	0.00922
均值	0.00958	0.00985	0.00868	0.01031	0.01099	—
排名	2	3	1	5	7	—

续表

产业一体化（产业结构相似指数）						
2005	0.66484	0.85087	0.35104	0.22369	0.65746	0.55889
2007	0.65235	0.75632	0.44350	0.39778	0.64076	0.62372
2009	0.64202	0.72019	0.36829	0.45135	0.61054	0.60965
2011	0.66681	0.66136	0.39911	0.51108	0.64053	0.61902
2013	0.74545	0.69418	0.41262	0.55041	0.68530	0.64472
2015	0.76129	0.72076	0.34656	0.60300	0.78500	0.66471
均值	0.68710	0.72896	0.37716	0.43468	0.67019	—
排名	9	10	1	2	8	—
基础设施一体化（均等性——基础设施发展水平相似度系数）						
2005	0.50735	0.59169	0.40077	0.57484	0.49414	0.77261
2007	0.56449	0.58694	0.63619	0.57269	0.53244	0.76454
2009	0.64750	0.59668	0.31959	0.54826	0.57816	0.82176
2011	0.48325	0.56766	0.38719	0.53367	0.36061	0.84122
2013	0.47097	0.58323	0.42049	0.55672	0.53826	0.90067
2015	0.54083	0.75287	0.35308	0.41221	0.54673	0.92892
均值	0.55983	0.61300	0.37668	0.54747	0.50700	—
排名	3	2	9	5	6	—
基础设施一体化（连通性——基础设施连通指数）						
2005	5	2	0	1	0	12
2007	8	2	0	1	0	15

基础设施一体化（连通性——基础设施连通指数）						
年份	深圳—东莞	深圳—惠州	深圳—汕尾	深圳—河源	东莞—惠州	深莞惠区域
2009	8	2	0	1	0	15
2011	9	4	0	1	0	18
2013	15	7	1	1	2	27
2015	15	9	1	3	2	29
均值	9.33	3.92	0.25	1.17	0.5	—
排名	1	3	8	5	7	—

3.1.1 深莞惠区域

图2显示，2009年以前，深莞惠区域市场一体化水平波动较大，2005年达到峰值0.01535，而2006年降至0.00845；2009年以后，市场一体化波动趋缓，相对价格方差稳定在[0008,0012]间，曲线波动平缓。总体上处于持续整合中，且水平小幅度提升。

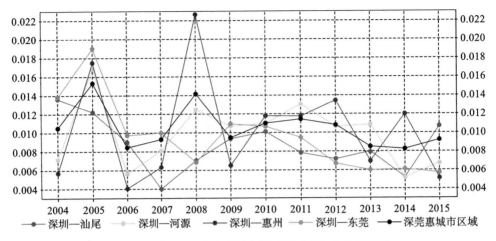

图2 深莞惠区域及主要城市组对相对价格方差走势图

3.1.2 城市组对

根据平均价格方差对10个城市组对排序,发现一体化整合程度较好的为深圳—汕尾、深圳—东莞、深圳—惠州,而深圳—河源属于中等水平。这说明深圳与周边城市市场整合较好。而东莞—惠州排位第七,说明两者虽然与深圳市场整合程度较好,但是两者之间市场整合水平中等。

图2显示,深圳—惠州、深圳—汕尾与深圳—河源相对价格方差在12年间,波动较大,尤其是深圳—惠州与深圳—河源。相对而言,深圳—东莞的市场一体化整体较稳定,尤其是2009年后,相对价格方差稳定下降。均值上,深圳—东莞略高于深圳—汕尾,但曲线波动远远稳定于深圳—汕尾,说明市场一体化远比深圳—汕尾稳定。而深圳—东莞市场一体化水平自2009年后持续下降,说明已进入持续整合阶段。综合判断,深圳—东莞间市场一体化水平最好、最稳定。

3.2 产业一体化

通过数据处理,得到深莞惠区域、5组城市组对间6个时间节点共36个产业结构相似指数(表1),并获得深莞惠区域及主要城市组对产业结构相似指数走势图(图3)。

3.2.1 深莞惠区域

图3显示,深莞惠区域12年产业结构相似指数呈稳步上升趋势,从2004年的0.53704到2015年的0.66471,均高出临界值(0.5)。这说明深莞惠区域产业发展相似度不断提升,区域产业同构现象加剧,亟需进行产业结构调整。变化特征上,2004—2007年,产业同构趋势最强。2007—2012年,产业同构化速度缓慢。2012年至今,产业同构又渐趋加速。

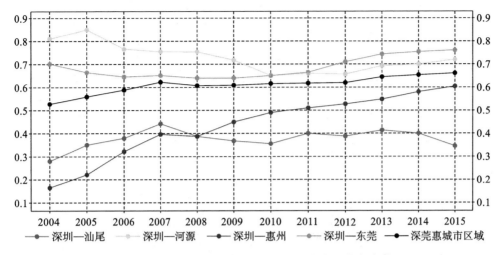

图 3 深莞惠区域及主要城市组对产业结构相似指数走势图

3.2.2 城市组对

根据排序,发现一体化整合程度最好的两组是深圳—汕尾与深圳—河源,整合程度最差的两组是深圳—惠州与深圳—东莞,产业同构现象较严重,而且产业结构相似指数全部高于0.5,需要进行产业结构调整。同时,东莞—惠州产业一体化程度为倒数第三,证明深圳、东莞、惠州三市间产业一体化产业同构严重。

图3显示,深圳—汕尾与深圳—河源产业一体化上,2008年前,两者变化趋势相吻合,且深圳—河源产业结构相似指数低于深圳—汕尾。但2008年后,深圳—河源产业结构相似指数开始超过深圳—汕尾,并且在2010年后超过临界值(0.5),深圳—汕尾产业结构相似指数处于稳定的低水平波动,而深圳—河源产业结构相似指数不断上升,2010年后需要做出产业结构调整。从深圳—东莞与深圳—惠州看,2010年前,深圳—惠州产业结构相似指数远高于深圳—东莞,而2010年后,深圳—东莞超过深圳—惠州,且上升势头较快,同构趋势加快。

3.3 基础设施一体化

3.3.1 深莞惠区域

基础设施均等性上,通过数据处理与压缩,得到深莞惠区域、5组城市组间6个时间节点共36个基础设施发展水平相似度系数(表1),并获得深莞惠区域及主要城市组对基础设施发展水平相似度系数走势图(图4)。

图4显示,深莞惠区域12年间基础设施一体化水平总体呈现上升趋势,从2004年的0.67025到2015年0.92892,一体化水平不断提高,趋向良好。

从变化特征上看,除了在2006—2007及2013—2014年,水平略有下降,其他年份一体化水平都在不断提升,尤其是2007—2013年,水平持续上升,趋势良好。

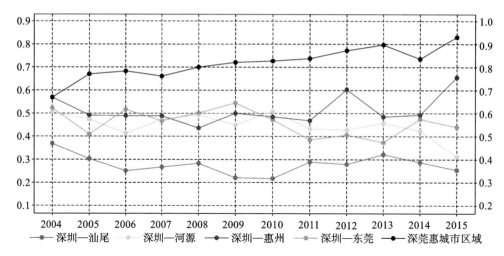

图 4　深莞惠城市区域及主要城市组对基础设施发展水平相似度系数走势图

基础设施连通性上,通过数据处理与压缩,得到深莞惠区域、5 组城市组对间 6 个时间节点共 36 个基础设施连通指数(表 1),并获得深莞惠区域及主要城市组对基础设施连通指数走势图(图 5)。

图 5 显示,深莞惠区域 12 年间基础设施连通性不断提升,2004—2009 年,连通度整体提升较慢,但 2009 年后,快速发展,尤其在 2011—2013 年,从 18 显著提升至 27。

3.3.2　城市组对

基础设施均等性上,根据对城市组对排序,发现深圳—惠州与深圳—东莞位序分别为第二与第三,说明深圳与惠州、东莞一体化水平较高。深圳—河源位序第五,处于中等水平,深圳—汕尾排在第九位,水平较低。而东莞—惠州排在第六位,说明东莞与惠州间一体化处中间水平。

图 4 显示,12 年间,深圳—惠州、深圳—东莞及深圳—河源的相似度系数均处于不断波动中,但总体幅度不大。而从 2013—2015 年来看,只有深圳—惠州不断上升,说明近些年,只有深圳—惠州的一体化在不断加强。而深圳—汕尾一直处于低水平波动,2013—2015 年,一体化更是不断下降。

基础设施连通性上,根据对城市组对排序,发现深圳—东莞与深圳—惠州位序为第一与第三,说明深圳与东莞及惠州的连通度水平较高。深圳与河源排在第五位,说明连通度处于中等,深圳与汕尾排在第八位,连通度较差。东莞与惠州排第七位,中等水平。

图 5 显示,深圳—东莞的连通性整体水平最好;深圳—惠州虽然连通性较好,尤其是 2009 年后提升较快,但整体与深圳—东莞存在较大差距。深圳—河源连通度多年维持不变,仅 2014—2015 年由 1 上升到 3。深圳—汕尾在 2004—2012 年,持续为 0,2012 年后提升至 1,说明水平较差。

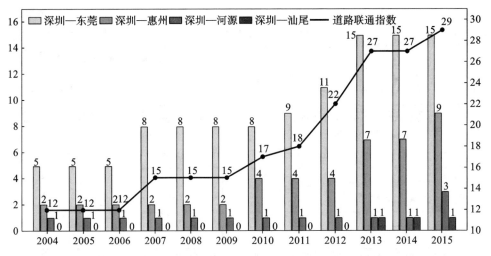

图 5 深莞惠区域及主要城市组对基础设施连通指数走势图

4 结论与讨论

4.1 研究结论

4.1.1 深莞惠城市区域

总体上,深莞惠区域经济一体化水平不断提高,但也存在来自产业结构调整的潜在障碍。

(1) 统一市场作为经济一体化表征上,深莞惠区域 2009 年以前,处于大幅波动状态,2009 年后,波动幅度变小且水平略有提升。总体上,经济一体化处于持续整合状态(图 6)。

(2) 产业对经济一体化支撑作用上,深莞惠区域产业结构相似指数持续上升并且高出临界值(0.5),已亟需对产业结构进行调整。这说明产业同构水平已经超出合理范围,产业竞争大于产业合作,成为经济一体化的潜在威胁(图 6)。

(3) 基础设施对经济一体化支撑作用上,分布均等性上,深莞惠区域基础设施均等性不断提高,一体化发展趋势不断增强;基础设施连通性上,深莞惠基础设施连通性不断提升,尤其是 2009 年后,连通性加速提升(图 6)。

4.1.2 城市组对维度

1. 深圳与周边城市

市场一体化:深圳与东莞、惠州、汕尾市场一体化整体水平较高,深圳与河源属于中等水平。其中,深圳与东莞整体水平高且波动小,处于持续整合状态,市场一体化整合最好。而深圳与其他三市的市场整合虽然水平较高,但波动较大、不稳定(表 2)。

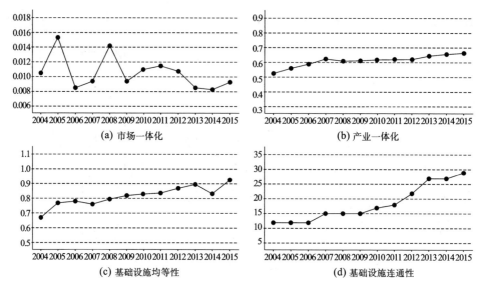

图6 深莞惠城市区域经济一体化发展走势图

表2 深莞惠区域主要城市组对经济一体化水平一览表

城市组对	市场一体化	产业一体化	基础设施一体化	
			均等性	连通性
深圳—东莞	高	低	高	高
深圳—惠州	高	低	高	高
东莞—惠州	中	低	中	中
深圳—河源	中	高	中	中
深圳—汕尾	高	高	低	低

产业一体化：深圳与汕尾及河源产业同构水平较低，一体化水平较高。但2008年后，深圳与河源产业结构相似指数不断增加，并超过深圳与汕尾，2010年后，超过临界值，亟须进行产业结构调整。因此，深圳与汕尾的产业整合水平最高；深圳与东莞及惠州的产业结构相似指数最高，并且超出临界值（0.5），产业同构制约了产业一体化发展。2010年后，深圳与东莞超过深圳与惠州，产业同构现象最严重（表2）。

基础设施一体化：均等性上，深圳与惠州及东莞基础设施一体化水平较高，深圳与河源基础设施一体化处中等水平，深圳与汕尾基础设施一体化则一直处于低水平波动状态。而近些年，从2013—2015变化趋势上看，只有深圳与惠州一体化水平持续增强。连通性上，深圳与东莞及惠州连通性较高，尤其是与东莞，一直在较高水准。深圳与河源处于中等水平，而深圳与汕尾连通性较差（表2）。

2. 深圳—东莞—惠州

市场一体化：深圳与东莞及惠州的一体化水平较高，尤其是深圳与东莞。但东莞与惠州的水平中等（表2）。

产业一体化：深圳、东莞及惠州之间都有较高的产业结构相似系数，说明三市间产业同构趋势明显，亟须进行产业结构调整（表2）。

基础设施一体化：均等性上，深圳与惠州、东莞一体化水平较高，尤其是深圳与惠州，而东莞与惠州之间一体化处于中等水平。连通性上，深圳与惠州、东莞连通性较高，而东莞与惠州连通性中等（表2）。

4.2 讨论与思考

一方面，整体上深莞惠区域经济一体化程度不断加深，尤其以消费品价格为核心的市场一体化和基础设施的一体化的提升较为显著。近十年来，互联网线上平台与线下零售网络都发展迅速，同时交通基础设施的均等性和连通性也提高，尤其是跨境职住与通勤日益普遍，这都导致深莞惠商品和消费行为的流动性大大增强，城际差异总体缩小。另一方面，在产业一体化上，以本文选择的指标体系来看，其同构程度呈现出逐步提高的趋势，其内在机制较市场和基础设施一体化更为复杂。改革开放以来，珠江三角洲地区各城市虽毗邻，但在产业内涵和空间响应方式上呈现出很多不同[46]。其中，深圳特区的最初发展动力是以中央部委和内地省市所设立的各类企业平台以"内引外联"推动制造业和外贸产业；其城市空间的规划、建设和管理也一直较为规范，为深圳随后快速发展的高新技术产业打下了良好的基础。但以东莞为代表的环深地区，其最初的发展模式是兼具海外市场和珠三角地缘关系的中小规模港台资本与村镇治理主体合作的模式发展来的。因此，在产业门类上以发达国家零售消费品为主，且大多为位于价值链低端的劳动密集型产业，空间上则呈现蔓延式的村镇工业化。因此深莞惠地区在早期呈现出产业同构程度较低的特征。但2008年环球金融危机以及《规划纲要》的颁布，促使东莞等地的劳动密集型产业不得不进行转型。这种转型既包括向惠州、河源等外围地区转移，也包括通过与深圳等高科技产业优势地区合作，实现产业升级。因此，深莞惠地区的产业结构相似指数的趋高可能是上述两个过程的协同作用的结果。

本研究提出四点政策建议，以进一步促进深莞惠经济一体化。第一，进一步强化基础设施对区域生产要素流动的促进作用。在《珠江三角洲地区城际轨道交通网规划（2005—2020）》的基础上，强化建设城际铁路网与公路网，特别是加强深圳与外围汕尾及河源市的空间联系，促进生产要素的跨界流动。第二，加强以产业转移园及产业合作园等空间形态促进区域帮扶与产业合作。目前，广东省产业发展政策由"腾笼换鸟"向"扩笼壮鸟"转变，产业转移园的区域带动作用明显，典型就是深汕特别合作区及顺德清远（英德）经济合作区。因此，省政府应进一步提升对跨界产业园区合作的政策动员与扶持，包括财政转移支付、行政权力下放、土地指标补给等多途径。第三,鼓励城市间产业政策合作与招商引资等工作对接,消除贸易壁垒,形成区域产业政策及合作平台。鼓励城市间产业错位发展,在发挥比较优势的前提下,立足建立产业上下游合作关系;在招商引资方面,加强沟通,区域核心城市要在区域城市定位中,恰当招商引资,并非眉毛胡子一把抓,以防"虹吸效应"产生。第四,立足建立多层级、多中心的区域治理模式。鼓励城市间跨界的制度合作,包括城市联席会议、城市间交流访问、城市合作演习、城市联合举办会议等;同时,省政府明确其规制者与服务者的治理定位,地方政府致力于经济发展与社会服务。鼓励相关商业行会、非政府组织、社区组织等多主体参与到区域经济合作与基础设施建设中,实现权力、责任及资源的多主体、多层级的合理配置。

参考文献

[1] Ye L. Urban transformation and institutional policies:case study of mega-region development in China's Pearl River Delta [J]. Journal of Urban Planning and Development,2013,139(4):292-300.

[2] Yeh A G O, Yang F F, Wang J. Producer service linkages and city connectivity in the mega-city region of China:a case study of the Pearl River Delta[J]. Urban Studies,2015,52(13):2458-2482.

[3] Davoudi S. European briefing:polycentricity in European spatial planning:from an analytical tool to a normative agenda [J]. European Planning Studies,2003,11(8):979-999.

[4] Rodríguez-Pose A. The rise of the"city-region"concept and its development policy implications[J]. European Planning Studies,2008,16(8),1025-1046.

[5] 邹卫星,周立群.区域经济一体化进程剖析:长三角、珠三角与环渤海[J].改革,2010(10):86-93.

[6] 张衔春,胡映洁,单卓然,等.焦点地域·创新机制·历时动因——法国复合区域治理模式转型及启示[J].经济地理,2015,35(4):9-18.

[7] 唐燕.德国大都市区的区域管治案例比较[J].国际城市规划,2010,25(6):58-63.

[8] 喻锋,孙卓炘.区域治理如何成为可能:以欧盟聚合政策(2007—2013年)评价为例[J].经济社会体制比较,2014(3):110-120.

[9] 张衔春,吕斌,许顺才,等.长株潭城市群多中心网络治理机制研究[J].城市发展研究,2015,22(1):28-37.

[10] 杨春.多中心跨境城市—区域的多层级管治——以大珠江三角洲为例[J].国际城市规划,2008,23(1):79-84.

[11] 张京祥,罗小龙,殷洁.长江三角洲多中心城市区域与多层次管治[J].国际城市规划,2008,23(1):65-69.

[12] Luo X, Shen J. The making of new regionalism in the cross-boundary metropolis of Hong Kong-Shenzhen, China [J]. Habitat International, 2012, 36(1):126-135.

[13] Shen J. Not quite a twin city:cross-boundary integration in Hong Kong and Shenzhen[J]. Habitat International, 2014, 42:138-146.

[14] Xu J, Yeh A G O. Interjurisdictional cooperation through bargaining: the case of the Guangzhou-Zhuhai Railway in the Pearl River Delta, China[J]. The China Quarterly, 2013, 213:130-151.

[15] Li Z, Xu J, Yeh A G O. State rescaling and the making of city-regions in the Pearl River Delta, China [J]. Environment and Planning C:Government and Policy, 2014, 32(1):129-143.

[16] 林耿,许学强.大珠三角区域经济一体化研究[J].经济地理,2005,25(5):677-681,701.

[17] 邓玉春.珠三角与环珠三角城市群空间经济联系优化研究[J].城市问题,2009(7):19-27.

[18] 李俊峰,焦华富.江淮城市群空间联系及整合模式[J].地理研究,2010,29(3):535-544.

[19] Capello R. The city network paradigm:measuring urban network externalities[J]. Urban Studies, 2000, 37(11), 1925-1945.

[20] Meijers E. Polycentric Urban regions and the quest for synergy:is a network of cities more than the sum of the parts? [J]. Urban Studies, 2005, 42(4):765-781.

[21] 陈辉煌.长三角区域经济一体化水平的测度研究[J].中国浦东干部学院学报,2011(4):129-131.

[22] 杨凤华,王国华.长江三角洲区域市场一体化水平测度与进程分析[J].管理评论,2012,24(1):32-38.

[23] 陈红霞,李国平.1985—2007年京津冀区域市场一体化水平测度与过程分析[J].地理研究,2009,28(6):1476-1483.

[24] 李雪松,孙博文.区域经济一体化视角下的长江中游地区市场整合测度——基于湘鄂赣皖四省面板数据的分析[J].江西社会科学,2014(3):34-40.

[25] 踪家峰,刘姗姗.基于协整与Granger因果分析的地区一体化进程研究——以京津冀和长三角为例[J].地域研究与开发,2008,27(2):30-33.

[26] 贺灿飞,黄志基,等.中国城市发展透视与评价:基于经济地理视角[M].北京:科学出版社,2014:1-297.

[27] 梁双陆,程小军.国际区域经济一体化理论综述[J].经济问题探索,2007(1):40-47.

[28] 陈军亚.西方区域经济一体化理论的起源及发展[J].华中师范大学学报:人文社会科学版,2008,47(6):57-63.

[29] 王珏,陈雯.全球化视角的区域主义与区域一体化理论阐释[J].地理科学进展,2013,32(7):1082-1091.

[30] 吕典玮,张琦.京津地区区域一体化程度分析[J].中国人口·资源与环境,2010,20(3):162-167.

[31] 范剑勇.市场一体化、地区专业化与产业集聚趋势——兼谈对地区差距的影响[J].中国社会科学,2004(6):39-51.

[32] Naughton B. How much can regional integration do to unify China's markets?[M]// How far across the river? Chinese Policy Reform at the Millennium. Stanford University Press,2003:204-232.

[33] Xu X. Have the Chinese provinces become integrated under reform?[J]. China Economic Review,2002,13(2):116-133.

[34] Parsley D C, Wei S J. Limiting currency volatility to stimulate goods market integration: a price based approach[J]. National Bureau of Economic Research,2001:1-34.

[35] Poncet S. Domestic market fragmentation and economic growth in China[C]//43rd Congress of the European Regional Science Association: "Peripheries,Centers,and Spatial Development in the New Europe". 27th-30th August 2003,Jyväskylä,Finland,2003:1-33.

[36] 桂琦寒,陈敏,陆铭,等.中国国内商品市场趋于分割还是整合:基于相对价格法的分析[J].世界经济,2006,29(2):20-30.

[37] 夏兴园,李洪斌.对转轨时期我国产业结构趋同的理论思考[J].经济评论,1998(6):55-58.

[38] 陈耀.产业结构趋同的度量及合意与非合意性[J].中国工业经济,1998(4):37-43.

[39] 翁计传.珠江三角洲工业结构趋同性研究[J].世界地理研究,2006,15(1):21-26.

[40] 贺灿飞,刘作丽,王亮.经济转型与中国省区产业结构趋同研究[J].地理学报,2008,63(8):807-819.

[41] 南方都市报.中大谏议录:产业同构系数是个重要指标.中山大学新闻网(转载)[EB/OL].(2009-04-21). http://news2.sysu.edu.cn/news03/121033.htm.

[42] 樊福卓.一种改进的产业结构相似度测度方法[J].数量经济技术经济研究,2013(7):98-115.

[43] Behrens K. International integration and regional inequalities: how

important is national infrastructure？[J]. The Manchester School, 2011, 79(5): 952-971.

[44] 卢扬帆, 郑方辉. 区域一体化视域下城市综合基础设施发展水平评价——基于珠三角9市的实证分析[J]. 城市问题, 2014(10): 2-9.

[45] Devlin R, French-Davis R. Towards an evaluation of regional integration in Latin America in the 1990s[J]. The World Economy, 1999, 22(2): 261-290.

[46] 袁奇峰, 等. 改革开放的空间响应——广东城市发展30年[M]. 广州: 广东人民出版社, 2008.

该文发表于《城市发展研究》2019年第7期, 作者为张衔春, 刘泉, 陈守强, 王伟凯, 栾晓帆。

长株潭城市群多中心网络治理机制研究

摘要 长株潭城市群作为我国典型的多中心城市群,传统区域管理机制存在诸多弊端,严重阻碍城市群整体协同发展。通过深入分析长株潭城市群传统区域管理机制、"绿心"保护与开发管理机制及两型示范区传统管理机制,探讨当前长株潭城市群传统管理机制的现实矛盾。并基于此,指出长株潭城市群构建多中心网络治理模式的必要性和构建方法,结合多中心网络治理的启示与内容,提出旨在实现长株潭城市群区域多中心网络治理的改进策略,为我国城市群发展提供制度与管理上的可借鉴经验。

关键词 区域治理;区域协同;多中心网络治理;长株潭城市群

1 引言

区域治理研究最早源于20世纪80年代,针对市场经济下政府失灵与市场失灵的现实矛盾,政治家及管理学者以"治理"为"第三只手"实现对区域发展的弥补而非替代性的管理。当前,全球经济发展由传统依托强大经济军事实力的经济体(美国、日本、欧盟)支撑起美元、日元等资本,并向发展中国家单方向输出资本的模式转变为新经济全球化模式,即大量新的资本输出国涌现及传统资本强国对外来商品的依赖度增强,改变单边贸易与资本入侵,并着力塑造与之相匹配的全球生产网络[1]。新经济全球化在我国加速促进跨区域的城市合作,形成不同等级的区域合作模式,如香港—广州—珠江三角洲区域合作、北京—天津—渤海湾区域合作等。跨城市间的区域合作是区域治理的重要组成部分,在我国实现区域合作有其制度上的瓶颈,而制度滞后性与地方发展的部门利益、行政区经济、绩效考核体系等密不可分。同时,在跨区域协同发展与区域资源整合的整体战略中,城市群具有举足轻重的重要作用。2014年3月颁布的《国家新型城镇化规划(2014—2020年)》,提出我国未来将"按照统筹规划、合理布局、分工协作、以大带小的原则,发展集聚效率高、辐射作用大、城镇体系优、功能互补强的城市群"。形成何种城市群区域治理机制成为我国区域协同发展及新型城镇化建设的核心环节之一。美国、英国、法国、荷兰等发达国家在经历跨越若干世纪的区域政策及管理体制的演变后,积极培育机制成熟、灵活多功能的非政府组织,甚至有些区域以非政府组织为核心治理力量,通过在全社会范围内广泛建立合作伙伴关系,形成多主体共同参与的多中心网络治理模式,极大地促进区域发展中的多元利益整合与区域决策的公平性及完整性。我国长期形成"一个地方,一级政府"行政管理模式及"财权上移,事权下移"的纵向府际关系导致管理过程中体制僵化、部门利益矛盾加剧、环境破坏、区域产业同构等问题。本研究系统分析研究长株潭城市群传统的区域管理机制特征及如何改变现有管理模式弊端,力图形成良性运转的多中心网络治理机制。

2 长株潭城市群区域管理机制分析

长株潭城市群的区域管理模式中,遵循典型的"中央与地方"政府交互式管理模式[2]。省政府作为中央政府与地方政府的过渡政府,一方面对地方权力进行分配与监督;另一方面执行中央政府政策,细化中央政府的区域管理职责。从区域管理主体看,长株潭城市群区域管理主体初步形成"中央政府制定宏观政策与提供资金支持;区域机构提供技术支持、规划咨询,协调管理及筹集资金;地方政府具体执行政策、处理地方事务"的基本管理体系。长株潭城市群形成具有地方特色的管理模式的同时,也映射出我国行政管理体制的发展特征。

2.1 区域管理中央机构职能及特征分析

国务院及其下属的各部委构成了长株潭城市群区域管理的中央机构。国务院作为区域管理的中央机构,不仅对城市群,而且对国家的宏观政策拥有决定权。而其下属的 25 个部委中,发改委、财政部、自然资源部等负责城市群项目审批、资金和土地划拨等重大事项。

国务院的宏观决策职能体现在对长株潭城市群区域规划具有审批权,制定针对城市群的国家级行政法规的权力,对城市群的区域机构及地方政府的不当决定有给予撤销的权力,有建设国家大型项目、制定国家重大战略给予城市群政策与资金支持的权力及其他重大影响城市群发展的宏观权力等。

国务院下属各部委是国务院区域管理权的部门细化,具有较高的决策权与分配权。例如财政部通过制定国家预算,决定国家财政资金对长株潭城市群的分配,负责办理和监督中央财政的经济发展支出、中央政策性投资项目的财政拨款;自然资源部则通过组织编制全国土地利用总体规划、对全国耕地保护实施监管等调控城市群土地利用等。

长株潭城市群区域管理具有"强中央"的典型特征。国务院拥有城市群发展规划的审批权、财政权、土地管理权等最高区域管理权,现阶段的"强中央"特征使得区域管理中地方自主权相对较少。

2.2 区域管理区域机构职能及特征分析

湖南省长株潭两型社会建设改革试验区领导协调委员会办公室(简称"两型办",正厅级)是长株潭城市群区域管理的区域性机构。城市群八市分别设置各自的"两型办"为"两型社会"建设综合配套改革领导小组的常设办事机构❶。

---

❶ http://www.cslxsh.gov.cn/h/1677/20120918/1174258.html,长沙市两型社会建设综合配套改革办公室.主要职责内设机构和人员编制规定.

"两型办"在两型发展、绿心保护、湘江治理等重要区域管理议题上具有规划咨询、指导协调、管理考评及监督检查等四种基本作用,具备十一项区域管理职责。规划咨询包括编制与两型社会发展密切相关的综合性法规文件、城市群发展的区域规划及转型改革方案,并为地方两型产业建设、土地资源开发与利用等问题提供专业咨询;指导协调重大产业及基础设施项目,协调资源开发利用,协调部门进行资源补偿、生态补偿及污染补偿等;管理考评主要包括对城市群"两型社会"改革建设目标管理责任制的考核评价和奖惩工作;监督检查指对省直部门及三市政府"两型试验区"建设情况进行监督检查,对《长株潭城市群区域规划条例》实施情况进行监督检查等。

　　各市"两型办"具有指导、协调、监督、检查、协助等职能。经费仍来源于省政府及各市政府,没有直接的领导权与管辖权,因此在区域管理过程中执行力低,仍停留在协调引导上。

　　由于缺乏项目审批、财政、土地管理等权力,"两型办"及各市"两型办"未能在区域管理中发挥监督管理职责,体现"弱区域"的管理特征,有限的职责及职权缺失导致区域管理中协调引导的职能也受到影响。

2.3　区域管理地方机构职能及特征分析

　　长株潭城市群区域管理的地方机构是八市人民政府及市直机关,包括各市"两型办"。同时,规划建设跨市域的五大综合配套改革试验示范区也是地方性管理机构。

　　地方政府具有处理地方日常事务的决定权。由于受传统政绩观念影响,在区域管理上,地方政府对上级政府依赖较大,并且管理职权也有明确的界限划分,同级部门之间条块分割,各自独立,难以发挥跨行政区协调的职能。

　　五大示范区是区域管理的地方机构,但由于示范区分头管理,跨区域协调管理初衷难实现。示范区(大河西示范区、云龙示范区、天易示范区、昭山示范区、滨湖示范区)大部分在地理范围上跨越地级市的分割,建设起自己独立的管理系统,由内部管理委员会进行整个区域的管理,各市分头管理各自范围内的部分,导致示范区作用虚化。

　　在长株潭城市群区域管理中,地方机构呈现"两重系统、分头管理、示范区虚化"的基本管理特征。地方政府条块分割的管理体制延伸到示范区建设即成分头管理,示范区区域协同管制缺乏体制支撑,实际上无法发挥区域管理职能。

2.4　区域管理社会组织及公众参与分析

　　长株潭城市群的两型建设是建立在社会组织及公众参与的基础之上的。目前,社会组织已深入到城市群的工业、商业、教育、文化、交通、科技等各个领域,参与广度和深度前所未有,而公众参与亦在社会中逐步壮大。

长株潭城市群社会组织自20世纪90年代开始发展,速度迅猛。2012年末,湖南省长株潭地区有社会组织3400多个,比上年增长了8%,约占全省社会组织总数的16%。社会组织总收入已过20亿元,专职人员8.8万多人,为社会提供就业岗位24万多个。城市群中社会组织发展集中且数量多,已经形成相对齐全的门类,各自的责任分工明确,数量庞大,但总体来看仍处于探索起步阶段。长株潭社会组织是区域内崛起的管理力量,但缺乏适当制度的引导,尚不具备制定和执行区域决议的能力。

长株潭的两型建设有公众参与在其中,但是公民个体参与的力量仍然薄弱,对整个城市群的建设影响较小[3]。同时,城市群区域管理过程中公众参与以自发性为主。譬如浦发银行长沙分行数百名员工组织"清洁湘江母亲河活动",作为入湘十周年庆祝活动❶;30多个家庭团来到岳阳楼景区植树1000多棵❷;2014年植树节,45个环保工作者深入社区宣传绿色环保理念❸等。公众参与环境治理、区域治理热情高,但是,并未形成良好的公众参与机制,缺乏制度保障及政府的有利引导。

在长株潭城市群区域管理机制中,社会组织和公众参与体现了"发展迅速、参与流于形式、制度不健全"的基本特征。

3 长株潭城市群"绿心"及示范区建设管理机制分析

纵观长株潭城市群发展历程,实现两型发展,需要解决"绿心"保护与开发及两型示范区建设的核心问题。解决好这两个区域发展核心问题,可以有效发挥长株潭城市群的生态空间维护与两型建设示范效应。笔者将系统研究归纳长株潭城市群绿心管理机制与两型示范区的管理机制特征。

3.1 长株潭城市群"绿心"保护与开发传统管理机制分析

长株潭城市群"生态绿心"概念由来已久,从行政界线来看,处于长沙、株洲、湘潭三市交会处,三市建设和管理的边缘区。随着长株潭一体化战略实施,"绿心"将变成城市群的几何中心和城市群多条生态廊道的汇集点。从"绿心"特征来看,"绿心"管理机制包括"绿心"保护机制与"绿心"开发机制。

3.1.1 长株潭城市群"绿心"保护管理机制特征

长株潭城市群"绿心"保护管理机制是在《湖南省长株潭城市群生态绿心地区保护条例》中所确立的,"绿心"保护的管理主体是省人民政府、省直各部门、省两型办、各市人民政府及乡镇人民政府。按照条例规定,形成"省人民政府负责宏观把

---

❶ http://www.czt.gov.cn/Info.aspx? ModelId=1&Id=25642,清洁湘江母亲河。

❷ http://www.czt.gov.cn/Info.aspx? ModelId=1&Id=25447,"家庭团"植树1000多棵。

❸ http://www.czt.gov.cn/Info.aspx? ModelId=1&Id=25232,芙蓉区桐荫里社区"绿色雷锋"在行动。

控,省直部门负责专项管理,两型办负责协调监督管理,地方政府负责地方绿心保护"的管理机制。

但是,现阶段管理机制实际为"省政府及省直部门宏观把控,两型办协调与规划,地方政府分头落实上级政府行政命令"。而社会公众参与仅仅体现在"两型办"的规划编制、规划公告及政务门户网站的信息发布上。同时,虽然《湖南省长株潭城市群生态绿心地区保护条例》确立了"两型办"的监督检查职责,而控制性详细规划及建设项目审批过程中(图1),由于缺乏绝对行政权及与各市政府上下级隶属关系,导致监督检查难实现。根据《长株潭城市群生态绿心地区控制性详细规划及建设项目规划管理暂行办法》,公众参与主要体现在控制性详细规划的审批过程上,具体建设项目审批过程中,审批流程未突破层级审批模式,决策流程封闭性难以规避。

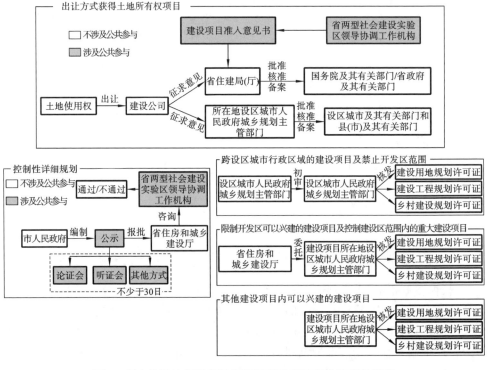

图1　绿心地区控制性详细规划及建设项目审批流程示意图

"绿心"保护管理机制是"政府单边管理"模式,省政府宏观把控,依托省直部门及"两型办"实现与地方政府的衔接,而"两型办"在机构设置上缺乏独立的财权与行政权力,对地方政府的监督丧失。府际关系上,上下级监督机制明显,中间的协调机构严重弱化,形成"两头大,中间小"的管理特征。管理主体上,社会组织及公众对"绿心"保护严重缺位。主要原因是消息不畅,所获取信息以网络为主,部分居民家中没有网络无法跟进"绿心"发展动态;网站公示晦涩难懂,有的图片模糊,有些网站难打开;公众参与的程序在实际过程中被忽略,公众成为被动接受者。非政府组织在"绿心"保护过程中发挥作用相当有限,主要原因包括两点。

(1) 缺乏足够的资金支撑,非政府组织的运作资金来源于社会募捐,政府对社会组织的资助不足。以环保组织绿色潇湘为例,2012年,所获总收入为571581.32元,其中2011年余额占0.11%,个人捐赠占4.13%,银行利息收入0.11%,活动收入6.14%,基金会项目收入占59.67%,其他收入占0.35%❶。

(2) 缺乏相关法规政策扶植,导致制度性困难重重。"绿心"保护管理机制体现为"政府单边治理,其他主体被动参与",仍然是我国传统政府运作下的"管理"模式,尚未形成多主体共同参与的"治理"模式。

3.1.2 长株潭城市群"绿心"开发管理机制特征

"绿心"保护与开发是相辅相成的,"绿心"保护机制是上下级政府间如何分工合作保护"绿心"不被侵蚀,生态空间地位得以维护的机制。"绿心"的开发管理机制注重于如何在限制开发区与控制开发区的前提下进行项目开发。

长株潭"绿心"地区建设项目管理机制发生过一次变迁,转折点是《湖南省长株潭城市群生态绿心地区保护条例》颁布。2013年3月前,"绿心"地区建设项目的审批权在地方政府,由地方政府负责项目立项,并监督检查项目实施情况。2013年3月,《湖南省长株潭城市群生态绿心地区保护条例》颁布之后,项目审批权收归省政府,地方不再具备项目立项权,实现由"分头谋划"到"统一管理"的特征转变。从纵向开发管理角度看,实现了审批权上移,有效地保障在省政府的强力监督下,"绿心"开发项目满足基本准入门槛。之前,由地方政府负责审批的大量建设项目对生态"绿心"产生蚕食效果。从横向跨市合作管理看,至今尚未形成跨市协调共同保护的管理机制。

长株潭城市群"绿心"开发管理机制特征是纵向由地方政府独立审批立项转向由省政府统一管理,横向依然是"分头建设,各自为政"。

3.2 长株潭城市群两型示范区管理机制特征

示范区建设是湖南省"两型建设"创新之举,长株潭城市群建设有"大河西、云龙、昭山、天易、滨湖"五大示范区。为便于管理,形成了十八块发展片区。十八片包括:大河西先导区、金霞片区、铜官片区、安青片区、云龙片区、清水塘片区、天元片区、区昭山片区、九华片区、天易片区、白沙片区、城陵矶片区、营田片区、界头铺片区、新市片区、德山片区、益阳东部新区、水府片区。在《长株潭城市群区域规划(2008—2020)》中,着力建设五个示范区,建立跨区域示范区,由省政府及两型办统一协调管理。而两型办的职能之一就是指导示范区建设,为示范区的两型建设问题提供服务及研究职能。而现状是,在示范区跨市管理层面,五大示范区均存在共性问题,即示范区跨区域合作管理模式未形成,示范区统一管理被十八片区各自管

---

❶ 数据来源于绿色潇湘环保组织2012年报。

委会管理所取代,导致示范区下属片区分头管理(图2、图3),示范区名存实亡,通过十八片落实空间布局与行政管理,各市分头管辖引发示范区整体效益难实现,区域规划中要求跨区域建设示范区成为一纸空文。

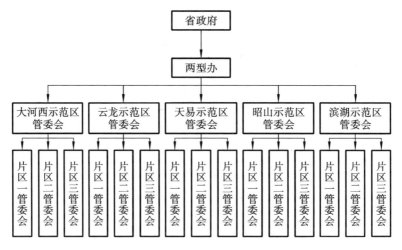

图2 示范区治理理想模式图

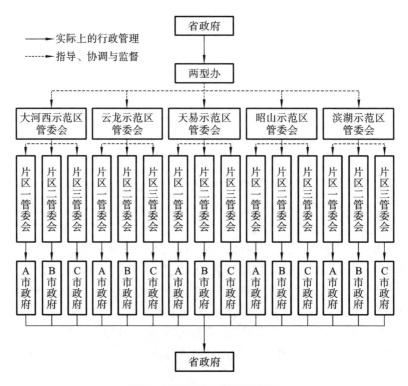

图3 示范区治理理想模式图

在管理模式中,不再设立以示范区为单位的管委会,而是形成十八片区各自管委会,分头管理各自片区,而各自片区管委会对片区所在市政府负责的基本管理体制。示范区管理机制基本形成"五区管委会虚化、十八片管委会强化、十八片分别对市负责、两型办负责指导协调"的发展特征。

4 长株潭城市群多中心网络治理机制建构

4.1 长株潭城市群构建多中心网络治理机制相关性

多中心网络治理模式是要实现区域治理的协同化,已成为现代区域治理主流趋势。多中心网络治理模式具备四个特征:①在地方社会生活中,存在民间的自治、管理自主化,不同的力量可以作为独立的决策主体参与到区域治理中,并且灵活组合,弹性化、多样化地解决公共问题;②强烈要求实现公众参与及社群自治,公众参与成了重要的发展策略;③各决策主体之间的利益也是多元化的,多元利益通过磋商、谈判等可以实现平衡与利益整合;④公共物品与公共服务的供给也是通过多种制度实现的[5]。多中心网络治理通过利益谈判、磋商、建立合作关系实现区域协同,长株潭城市群具有实现多中心网络治理的理论与现实的必要性。

从长株潭城市群"绿心"管理机制看,原来各自保护与开发已不再适应当前区域与城市群发展的需要。城市群的"绿心"保护与开发体现传统政府主导、层级明显、公众及社会组织参与严重不足的特征。而生态空间在保护与开发过程中,有必要打破传统的层级管理,加强多中心共同参与治理、跨政府协同保护与开发,实现传统管理机制向多中心协同治理的方向发展。首先,生态空间的完整性要求协同一体化的保护机制。分头管理的"绿心"保护机制,必将导致生态系统内部紊乱。其次,区域规划中的空间一体化要求建立跨区域合作机制。长株潭城市群区域规划规定的"绿心"功能若缺乏高效的跨区域协同治理的基本制度来统筹绿心的保护与发展,势必造成绿心保护与发展符合局部利益,与城市群发展的核心利益及区域整体利益相违背。最后,现状分头管理机制导致实际过程中监管缺失、权力寻租空间产生。开发项目的监督丧失及现状生态补偿机制缺失,难免出现"官商勾结,欺骗公众"的现象。

从长株潭城市群两型示范区传统管理机制看,现阶段跨区域协同管理与合作管理尚未形成,示范区的发展特征及发展要求改革现有的管理机制,建立多中心网络治理机制。首先,在产业上缺乏合作互补,片区层面容易产生恶性竞争,包括同市的不同片区及跨市的同片区,甚至示范区间,产业、政策恶性竞争造成重复建设与产业同构。其次,各片区归口不同市政府管理,片区地位无形降低,示范带头作用难以凸显。各市政府受传统的行政考评影响,发展中倾向于忽视两型发展,对污染企业进行包装改造,引入各片区,实际上还是形成以往的污染企业带头的非集约发展模式。再次,经济基础差异造成示范区引入产业门类不同,各市分头管辖造成产业引入立足点为城市,城市群层面产业分工与互补难以形成。最后,多中心多主体的参与形式未形成,造成示范区发展缺乏公众监督与反馈,上级政府与地方政府对接中,"报喜不报忧,欺上瞒下"现象时有发生。

4.2 长株潭城市群多中心网络治理机制构建

根据上述分析,本研究旨在针对现阶段长株潭城市群区域发展各自为政的管理特征,提出发展策略,实现由"传统管理"向现代意义"多中心治理"转变。

区域治理模式转变是分步骤和有重点的。同时,应充分借助区域规划的公共政策属性与空间规划功能,实现区域治理机制变革。多中心网络治理机制需要实现区域治理主体多元化与区域治理责任共同承担。通过网络设计将各区域治理主体纳入其中,并建立良好的信任机制与协调机制,实现网络化的区域治理模式[6]。

根据网络化治理的基本内涵,长株潭城市群多中心网络治理具有如下特征(图4)。

(1) 区域治理主体多元化,在区域治理过程中实现多主体合作治理(图5)。

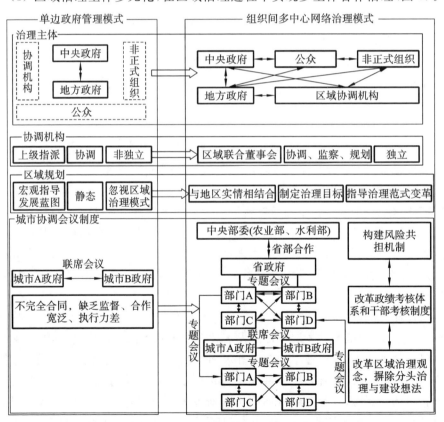

图4 长株潭城市群网络化治理模式示意图

(2) 区域多主体分工合作,每个区域治理主体有各自职责。

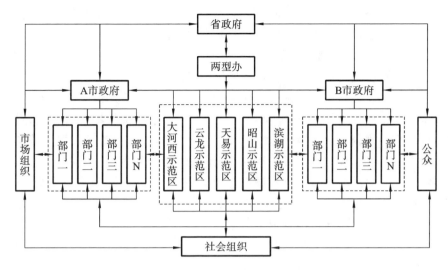

图 5　长株潭城市群区域治理主体网络关系示意图
(图片来源:笔者根据参考文献[6]的相关内容自绘而成)

(3) 形成相互协作且具有共同治理目标的治理网络。
(4) 具有以强大的共同价值观为基础的相互信任格局。
(5) 为避免区域协作断裂,具有可操作的区域风险承担体系。
(6) 可操作、具有指导意义的区域规划,对区域治理的演变产生强大作用。

5　长株潭城市群多中心网络治理优化策略

5.1　多途径、多方式实现区域管理主体多元化与协调化

5.1.1　加强行政体制改革,实现中央政府与地方政府合理区域管理分工

中央政府集权管理引发对地方发展实情的忽略,严重打击地方政府区域管理热情。中共"十八大"上针对行政体制改革提出加快政府职能转变、"大部门制"改革、政府管理创新等内容;中共十八届三中全会进一步提出"省直接管理县市体制改革"。据统计,截至 2014 年 1 月,国务院取消和下放的行政审批项目共计 2820 个,下放管理层级的行政审批项目 468 个,实现由"部门行政"向"公共行政"过渡。而湖南省当前行政体制改革也取得重大进展,据悉在 2009 年,全省共下放审批权限 74 项,取消年检年审项目 26 个之多,清理规范性文件 7.7 万件,废止 1.1 万件,宣布失效 2.5 万件[7]。

2009 年《湖南省长株潭城市群区域规划条例修订案》明确了省、市政府和部门之间的权责划分,在制度上保障区域管理有效性。然而,在长株潭城市群区域管理过程中,中央政府需将更多地方自主发展权让渡给地方政府,包括建设项目审批权、经济调控权、行政处罚权等。一方面有助于中央政府将更多精力集中于宏观调

控、产业发展战略制定、产业管理及指标管理❶等;另一方面提高地方政府自主性,包括土地审批、建设项目审批、环境保护、基本农田保护等,使区域管理政策与地方发展实情相契合[8]。对两型示范区应赋予更多行政权力,提高区域发展自主权,活化行政管理体制,最终形成权力协调的区域治理网络。

同时,进一步强化中央与地方合作管理,大力推动省部共建。截至2010年10月,长株潭城市群已与34个国家部委和71家央企、金融机构签订合作共建协议;并实施50多项规划环评、排污权交易、节水型城市等改革试验。长株潭城市群应深化省部共建机制,地方将区域管理的重大问题上升至国家层面,在省部达成共识的基础上,将重大区域项目安排到城市群区域。提升区域重大问题研究能力,为地方政府提供决策参考。国家通过地方积极试点和区域治理研究,有助于形成区域难题治理经验,为全国区域治理提供借鉴。

重大区域发展问题,一旦上升到国家层面及通过部省合作,引起中央政府关注的重大问题,中央政府需要进一步细化,在区域管理中,提供可供操作的实施章程,如"绿心"保护问题,需由国家发改委等职能部门联合业内专家,通过实地调研,制定保护框架,包括制定产业引导策略、项目准入门槛等。示范区建设中,政策模糊性体现在"两型"发展认识、"两型"发展内涵是什么、哪些产业门类是"两型产业"等,需要中央政府细化宏观政策,为地方提供可供实施的指导策略。

5.1.2 加强区域组织机构主体地位,赋予更多权力,实现区域协调、指导与监督职能

"两型办"在区域管理中应起到引导两型发展、提供政策咨询与指导、制定区域发展各项规划、监督管理区域发展绩效的作用。"两型办"应着力发展成为"区域联合董事会"的管理机构,并在机构组成、组织结构、管理职能及管理模式上具有自身特征。在机构组成上,人员安排不再是上级政府确定,而是按照一定比例吸纳各市市长、第三方社会组织、公众代表及相关企业代表。同时,按照选举制度推选区域组织负责人。在组织结构上,各市政府上级机构不再归属省发改委管理,而是直接对省政府负责,接受省政府监督。并且,将"两型办"建设成一级行政主体,赋予更多行政权及独立财权。其中,应在原有的综合处、改革处、发展处及规划局基础上,设立监察处,对五个示范区两型建设进行监督检查,实施奖惩。同时,拥有区域管理中关于两型建设的最高权威与统摄力,提高区域管理能力。

各示范区建立示范区管委会,由下属片区选举产生,示范区管委会负责管理各片区,提供政策支持,实施监督管理。同时,示范区及其下属片区在产业发展与两型建设的相关问题上直接由示范区管委会管理,赋予示范区行政代码,示范区管委会直接对"两型办"负责,由省政府进行统一管理。示范区管委会充分发挥示范区

---

❶ http://www.ycwb.com/ePaper/ycwb/html/2008-03/13/content_156359.htm,权力下放力度还应再大一些。

的跨区域协调管理的职能,包括基础设施跨区域建设、重大能源开发、跨区域环境保护问题等。

"绿心"保护问题上,管理机制要突破"两型办"协调职能,两型发展不仅是协调问题,还需要对生态环境实施强有力的监管。目前,对绿心生态空间保护重点需要建立"两型办"与三市政府职权关系,严格按照《湖南省长株潭城市群生态绿心地区保护条例》的规定,所有重大建设项目在城乡规划法规定的"一书两证"基础上考虑"绿心地区立项申请",重大建设项目立项与否以及建设的具体范围,应由省两型社会建设试验区领导协调工作机构组织协调省人民政府有关部门和长沙市、株洲市、湘潭市人民政府确定,并报省人民政府批准。对于已经开建项目,由两型办牵头、会同省直部门进行项目梳理,对于不合理的项目提出整顿意见,改变传统的各市分头立项建设的局面。

5.1.3 大力支持社会组织,提供资金扶持,引导社会组织发挥区域管理职责

区域网络治理体系中,第三方社会组织一方面履行区域治理职责,成为地方政府的治理合作者;另一方面发挥组织公众参与区域治理、实现公共参与的作用。

中央及地方政府首先需为非政府组织建立完善法律法规,构建良好管理制度。由于我国缺少类似于西方国家的非政府组织法,涉及社会组织的管理法规只有类似于《基金会管理条例》《民办非企业单位登记管理暂行条例》《取缔非法民间组织暂行办法》等,长株潭城市群作为国家级示范区,应借助政策优势,以非营利性、公益性为核心,在登记注册、监督管理、行政处罚、税制优惠等方面建立健全完善的非政府组织管理法律法规。其次,以两型建设为重点,着力扶植培育环保型社会组织。一方面,通过设立专项基金为社会组织提供管理经费,例如非政府组织应急管理基金、组织启动的专项基金等;另一方面,各市环保部门建立小额资金支持计划,为环保的非政府组织提供资金资助[9]。再次,根据网络化治理体系目标要求,加强各级政府部门与社会组织的联系。打破传统政府部门与非政府组织间的隶属关系,建立平等合作关系,达成合作协议,确立区域管理专项议题的合作框架与治理分工,形成非政府组织履行管理职责,地方政府提供指导与技术辅助的机制。最后,着力培养跨区域社会组织,尤其是跨越长株潭三市的社会组织。由三市政府联合管理与监督,涉及跨区域管理工作部分由该类组织承担完成,政府提供资金帮助、技术指导,构建跨区域共享的信息交流平台[10]。

5.1.4 鼓励公众参与区域管理,健全体制改革,完善公共参与机制

公众在区域管理中的作用一方面通过构成非政府组织的要素,实现区域治理与治理监督,或是通过群众监督、提供政策建议与实施反馈,进而帮助地方政府改善区域治理方法与效果;另一方面公众可以参与到部分区域管理活动中,提供管理监督。

总体而言,一方面建立并完善公众参与机制,包括关注重大区域项目的咨询、

听证、会审制度,提供制度安排,通过建立行业法规与程序法规等,保障公众参与区域管理的合法性与程序合法性;另一方面推动区域管理信息公开化,依托政府及非政府组织建立多项信息公开平台,使得各城镇居民均有机会获得区域管理的最新消息与数据。

5.2 构建区域风险共担机制,保障跨区域协同发展的制度稳定性

由于多中心网络化治理复杂外部环境及内部系统条件,现状的自愿合作及协议仅建立在不完全合同制上,责权不分,政府失信时有发生。长株潭城市群的风险共担机制就是要在八市之间建立利益相关机制。具体需要做到在目前的城市协议的基础上建立争端处理机制,在政府间建立处罚办法及"避免诈骗"的合同条款。同时,需考虑在一方运转不灵时,也有可供实施的替代方案保证正常区域管理实现。将责任细分,按一定比例分摊给网络管理系统的不同主体。在政府间建立顾问系统,为政府的决策提供技术及政策咨询[6]。

构建风险共担机制,改革传统政绩考核体系和干部考核制度。在考核体系中,对区域重大管理问题可以建立具有长株潭特色的考核指标,形成"两型建设"干部考核指标,如绿心生态空间保有率、湘江治污专项资金及财政拨款数、引入两型企业数量等。同时,建立社会公众为主体、自下而上的考核体系。区域管理问题上,加大开展类似于"公民评价政府"的活动,每年针对重大区域管理问题,建立定期的公民评价政府的基本制度,使其常规化、规范化,并纳入干部政绩考核中,打破传统由主管部门单方面考核政绩的现状。

5.3 构建跨城市协调会议制度,保障跨市区域协同的顶层沟通

针对当前高层联席会议制度的不稳定性,建议制定区域性法律法规,保障政府间的高层联席会议定期举行,就核心利益问题,以自愿谈判、合作入股方式,解决地方利益分歧。

高层联席会议制度应有所拓展,联席会议与专题会议相结合。联席会议由地方政府合作召开,重点讨论跨区域发展的重大综合区域联合问题。下属省直部门、市直部门的横向纵向联系通过专题会议讨论实现专项问题的区域发展协议。专题会议的内容应包括涉及基础设施建设管理、资源利用与生态补偿、产业合作发展等领域,特别是重大项目管理、重大项目库确立、项目选址协调及核发项目选址意见书等问题也需在专题会议上予以确立。专题会议所达成的区域发展协议应在跨政府间的联席会议的协议指导下制定,使不同层面的协议内容相互统一,互为补充。

5.4 发挥区域规划引领作用,实现区域管理目标及范式转变

区域规划是区域治理的蓝图性文本及指导性文件,应充分发挥其在区域治理职责、治理模式及治理策略方面的指导作用。首先,应充分明确区域规划的实施运

行主体。长株潭城市群区域规划的实施主体应是区域规划的编制部门,即湖南省"两型办",但由于"两型办"的特殊情况,应在强化"两型办"的行政地位基础上分级逐步建立区域规划管理、实施机构。此外,现阶段,长株潭城市群区域规划及其各专项规划存在对区域管理模式忽略、对地方区域发展实情缺乏正确认识的情况,特别是两型发展,存在"一刀切,一视同仁"的指标要求,没有差异化地针对地方实情提供可供操作的两型建设指标。

笔者认为应通过区域规划转变区域管理目标,从追求地方利益最大化及长株潭城市群空间一体化,转变为跨区域合作治理及区域协同发展。在区域治理方式上引导网络化区域治理主体形成,对于区域规划研究范畴内的城市群空间布局及产业功能布局坚持"多主体共同管理"原则。具体路径是在行政管理体系内合理放权,做到中央宏观把控管理、地方自主治理经营,进一步在制度上为非政府组织提供参与治理的有效机制,加强政策与资金扶植。并且按比例吸纳公民参与到非政府组织机构中,通过制度设计固化治理分工,政府做到"有所为,有所不为"。

涉及区域治理重大议题,要基于实际调研,真实反映地方发展基本情况,为区域管理提供理论指导。对于长株潭城市群区域一体化进程、湘江治理、"绿心"保护及两型社会建设四项重大议题,区域规划以实际调研为基础,确立切实可行的规划策略。同时,通过区域规划逐步引导区域管理方式的转变,由传统的单边政府管理模式向多中心网络化治理模式转变,打破政府对多项区域管理活动的责任垄断,在区域规划中鼓励地方培育非政府组织参与到重大区域项目中。坚持公众参与,包括区域规划制定过程,为公众参与提供理论框架,特别是涉及跨区域协同发展,在联席会议制度及专题会议制度中引入公众参与。最后,区域规划在思想上要打破传统的紧凑城市发展模式,应基于多中心城市群特征,形成网络城市模式。

6 结束语

就发展全局来看,长株潭城市群的区域管理机制深刻反映了当前我国行政体制的基本特征,传统的府际关系与行政思维,加上集权与分权的时空博弈,传统区域管理模式难以适应城市群尺度的区域合作与协同发展要求。长株潭城市群的区域管理机制的现状特征及其"绿心"保护与开发、两型示范区的管理机制的核心都是集权与分权的利益博弈及多元主体的利益平衡与协调。在现有的行政管理体制之下,针对长株潭城市群的具体管理特征,有针对性地强化管理中不同主体地位,建立跨区域协同机制,最终变传统区域管理为现代意义的多中心网络治理必将长远促进长株潭城市群的两型示范建设,在全国范围内起到区域治理现代化示范作用。

参考文献

[1] Berry B J L, Conkling E C, Ray D M. The global economy in transition [M]. 2nd edition. New Jersey: Prentice Hall Inc, 1997.

[2] 姬兆亮, 戴永翔, 胡伟. 政府协同治理: 中国区域协调发展协同治理的实现途径[J]. 西北大学学报: 哲学社会科学版, 2013(3): 122-126.

[3] 张鹏. 完善公共参与之对策探析——以长株潭城市群"两型社会"建设为研究对象[J]. 城市, 2010(10): 53-57.

[4] 朱佩娟, 刘湘云. 长株潭绿心地区空间冲突与空间协调研究[C]//城市时代, 协同规划——2013中国城市规划年会论文集(10-区域规划与城市经济). 2013: 1-17.

[5] 罗震东. 中国都市区发展: 从分权化到多中心治理[M]. 北京: 中国建筑工业出版社, 2007.

[6] 吴瑞坚. 网络化治理视角下的协调机制研究——以广佛同城化为例[J]. 城市发展研究, 2014(1): 108-113.

[7] 张衔春, 边防. 行政管理体制改革背景下规划审批制度优化对策[J]. 规划师, 2014(4): 28-32.

[8] 赵学彬. 政府治理视角下长株潭城市群空间增长研究[J]. 规划师, 2010(10): 97-102.

[9] 李立坚, 谢爱莲. 长株潭地区环保非政府组织的调查与发展障碍分析[J]. 湖南社科院学报, 2012(3): 83-86.

[10] 赵珊. 长株潭地区非政府组织参与应急管理的困境与对策研究[D]. 长沙: 湖南大学, 2009.

该文发布于《城市发展研究》2015年第1期, 作者为张衔春, 吕斌, 许顺才, 龙迪, 陈鹏。